增程式电动汽车动力系统匹配与控制

吴晓刚　杜玖玉　王九龙　著

科学出版社
北京

内 容 简 介

增程式电动汽车动力系统的匹配与控制是集汽车行驶工况开发、汽车动力系统匹配、能量管理、电池管理、增程器控制等研究内容为一体的综合研究领域。本书深入地介绍了增程式电动汽车的研究进展，增程式电动汽车动力系统的组成、匹配、建模、能量管理与成本优化及其增程器的控制。全书共 8 章，主要内容包括概述、增程式电动汽车动力系统结构及工作模式、汽车行驶工况构建、增程式电动汽车动力系统匹配设计、增程式电动汽车燃油经济性仿真模型的搭建、增程式电动汽车能量管理技术、面向电池衰减的增程式电动汽车全寿命周期成本优化和增程器输出功率控制方法。

本书可作为电动汽车动力系统设计人员的参考资料，也可供高等院校、科研院所中车辆工程等专业的高年级本科生、研究生和教职员工使用。

图书在版编目（CIP）数据

增程式电动汽车动力系统匹配与控制 / 吴晓刚，杜玖玉，王九龙著. —北京：科学出版社，2021.3
ISBN 978-7-03-067049-6

Ⅰ.①增… Ⅱ.①吴… ②杜… ③王… Ⅲ.①电动汽车－动力系统－系统设计－研究 Ⅳ.①U469.72

中国版本图书馆 CIP 数据核字（2020）第 241018 号

责任编辑：张 震 张 庆 / 责任校对：樊雅琼
责任印制：赵 博 / 封面设计：无极书装

科学出版社 出版
北京东黄城根北街 16 号
邮政编码：100717
http://www.sciencep.com

北京科印技术咨询服务有限公司数码印刷分部印刷
科学出版社发行 各地新华书店经销

*

2021 年 3 月第 一 版 开本：720×1000 1/16
2025 年 8 月第四次印刷 印张：11
字数：214 000
定价：99.00 元
（如有印装质量问题，我社负责调换）

前　言

国务院《"十三五"国家战略性新兴产业发展规划》指出，电动汽车是我国战略性新兴产业，同时，电动汽车也是《中国制造2025》确立的重点发展方向。但由于电动汽车搭载电池容量的限制，长续驶里程要求是其发展的重要瓶颈。增程式电动汽车以动力电池作为主要动力源，同时增加了增程器，相比于纯电动汽车能够显著延长续驶里程，可以作为由传统燃油汽车向纯电动汽车过渡发展期间的理想替代产品。因此，开展增程式电动汽车技术研究对加速实现汽车产业的纯电动化发展具有重大意义。

动力系统的匹配和控制是增程式电动汽车研发的核心议题，这对延长动力电池使用寿命、确保车辆高效安全运行具有重要意义。增程式动力系统具有强耦合和非线性等特征，因此，增程式动力系统的匹配计算、能量管理优化及增程器的控制是解决增程式电动汽车关键技术问题的重要途径。

本书结合作者多年的研究实践，叙述增程式电动汽车动力系统的设计、匹配和控制等方面的研究成果。第1章详细介绍电动汽车的发展意义，增程式电动汽车的发展历史及技术研究现状。第2章分析增程式电动汽车动力系统结构及工作模式。第3章介绍增程式电动汽车动力系统匹配和控制需要的汽车行驶工况的构建，进而构建东北地区的公交车和乘用车行驶工况。第4章论述增程式电动汽车动力系统匹配设计，包括增程式电动汽车动力系统匹配流程、关键零部件的参数计算及系统匹配方法。第5章论述搭建增程式电动汽车燃油经济性仿真模型的方法，包括机-电转换系统模型、能量消耗计算模型的构建，在此基础上，利用传统的ON-OFF控制方法和负载跟随控制方法对增程式电动汽车能耗进行计算，并开展基于能量流动图的分析。第6章介绍增程式电动汽车能量管理技术，围绕基于DP-PSR算法和凸优化算法的能量管理方法，开展增程式电动汽车能效及燃油经济性的分析。第7章以增程式电动客车为例，论述面向电池衰减的增程式电动汽车全寿命周期成本的优化方法，根据不同日出行里程，设置较经济的电池放电深度值。利用全寿命周期成本模型进行电池技术参数、经济环境参数及政策影响敏感度分析。第8章以柴油发动机和汽油发动机作为增程器原动机，论述增程器输出功率控制方法。

本书是在清华大学汽车安全与节能国家重点实验室的支持下，基于国家自然科学基金项目（51105220）等成果完成的，参与本书资料搜集与整理的有陈景夫、高明明、侯维祥、崔智昊、张锟、王昊、郭豪琦、李凌任、王文博、韩旭、于渤洋、刘郑心等。

  本书力图将增程式电动汽车动力系统的研究进展介绍给读者,虽然经过多次修改,但有些理论和技术尚在探讨,不足之处在所难免,望读者体谅。欢迎读者提出批评意见,共同推进我国电动汽车技术快速发展。

吴晓刚
2020 年 10 月于哈尔滨

目　录

第1章　概述 … 1
1.1　能源与环境挑战 … 1
1.2　增程式电动汽车的发展历史 … 4
1.3　增程式电动汽车技术研究现状 … 8
1.3.1　增程器的匹配控制 … 8
1.3.2　动力电池及管理系统 … 10
1.3.3　驱动电机及控制系统 … 11
1.3.4　能量管理策略 … 14
1.4　本章小结 … 17
参考文献 … 18

第2章　增程式电动汽车动力系统结构及工作模式 … 24
2.1　增程式电动汽车动力系统结构 … 24
2.1.1　增程式电动汽车的典型结构 … 24
2.1.2　增程式电动汽车与其他电动汽车的差异 … 25
2.1.3　增程式电动汽车的增程器发电模式及发动机种类 … 25
2.1.4　增程式电动汽车的驱动电机种类 … 31
2.1.5　增程式电动汽车的储能技术 … 33
2.2　增程式电动汽车动力系统工作模式 … 36
2.2.1　纯电动模式 … 37
2.2.2　增程模式 … 37
2.2.3　制动能量回收模式 … 40
2.2.4　停车充电模式 … 40
2.3　本章小结 … 41
参考文献 … 42

第3章　汽车行驶工况构建 … 44
3.1　汽车行驶工况概述 … 44
3.2　国内外汽车行驶工况简介 … 46
3.2.1　美国汽车行驶工况 … 46

3.2.2　欧洲汽车行驶工况 ·· 47
　　3.2.3　日本汽车行驶工况 ·· 49
　　3.2.4　中国汽车行驶工况 ·· 50
3.3　汽车行驶工况的开发方法 ·· 55
　　3.3.1　汽车行驶工况的构建方法 ·· 56
　　3.3.2　哈尔滨市城区乘用车行驶工况的构建 ···························· 56
　　3.3.3　哈尔滨市城区公交车行驶工况的构建 ···························· 63
3.4　汽车行驶工况的特征分析 ·· 66
　　3.4.1　哈尔滨市城区乘用车行驶工况与其他乘用车行驶工况对比分析 ··· 66
　　3.4.2　哈尔滨市城区公交车行驶工况与其他公交车行驶工况对比分析 ··· 67
3.5　本章小结 ··· 68
参考文献 ·· 68

第4章　增程式电动汽车动力系统匹配设计 ································ 71
4.1　增程式电动汽车动力系统匹配流程 ··· 71
4.2　增程式电动汽车驱动电机的匹配 ·· 72
　　4.2.1　动力系统设计指标的确定 ·· 72
　　4.2.2　整车参数及动力性计算 ·· 74
　　4.2.3　驱动电机的匹配计算及选型 ······································ 78
4.3　增程式电动汽车增程器的匹配 ··· 79
　　4.3.1　增程式电动汽车动力性仿真 ······································ 81
　　4.3.2　增程式电动汽车增程器匹配修正仿真 ··························· 83
4.4　增程式电动汽车动力电池的匹配 ·· 87
4.5　本章小结 ··· 88
参考文献 ·· 89

第5章　增程式电动汽车燃油经济性仿真模型的搭建 ····················· 90
5.1　增程式电动汽车机-电转换系统模型 ·· 90
　　5.1.1　整车动力学模型 ··· 90
　　5.1.2　发动机模型 ·· 91
　　5.1.3　发电机模型 ·· 92
　　5.1.4　驱动电机模型 ··· 92
5.2　增程式电动汽车动力电池模型 ··· 94
5.3　增程式电动汽车运行方式控制模型 ··· 96
　　5.3.1　能量分配采用CDCS策略且增程器采用ON-OFF控制方法的模型分析 ··· 97
　　5.3.2　能量分配采用CDCS策略且增程器采用负载跟随控制方法的模型分析 ··· 100

  5.3.3 能量分配采用 blended 策略且增程器采用恒定输出功率控制方法的模型分析 ········ 102

  5.3.4 增程式电动汽车不同辅件形式经济性仿真分析 ········ 105

 5.4 本章小结 ········ 109

 参考文献 ········ 109

第6章 增程式电动汽车能量管理技术 ········ 111

 6.1 增程式电动汽车能量管理目标 ········ 111

 6.2 基于 DP-PSR 算法的增程式电动汽车优化能量管理策略 ········ 112

  6.2.1 DP-PSR 算法的设计 ········ 112

  6.2.2 仿真结果分析 ········ 115

  6.2.3 硬件在环验证 ········ 117

 6.3 基于凸优化算法的增程式电动汽车优化能量管理策略 ········ 123

  6.3.1 凸优化算法概述 ········ 123

  6.3.2 优化变量与状态约束 ········ 125

  6.3.3 仿真结果分析 ········ 127

 6.4 本章小结 ········ 133

 参考文献 ········ 133

第7章 面向电池衰减的增程式电动汽车全寿命周期成本优化 ········ 135

 7.1 增程式电动汽车全寿命周期成本模型 ········ 135

  7.1.1 模型概述 ········ 135

  7.1.2 购置成本 ········ 136

  7.1.3 电池成本 ········ 137

  7.1.4 运营成本 ········ 138

 7.2 全寿命周期成本分析 ········ 142

 7.3 参数敏感度分析 ········ 144

  7.3.1 电池技术进步影响 ········ 144

  7.3.2 经济环境参数影响 ········ 146

  7.3.3 补贴政策影响 ········ 151

 7.4 本章小结 ········ 154

 参考文献 ········ 154

第8章 增程器输出功率控制方法 ········ 156

 8.1 原动机为柴油发动机的增程器输出功率前馈补偿+PID 反馈控制 ········ 156

  8.1.1 增程器控制目标的确定 ········ 156

  8.1.2 增程器前馈补偿+PID 反馈控制器的设计 ········ 157

8.1.3 增程器控制器的仿真分析 ………………………………………………… 157
8.2 原动机为汽油发动机的增程器集成与台架测试 …………………………… 159
   8.2.1 增程器动力系统测试平台及测试内容 ……………………………… 159
   8.2.2 增程器动力系统测试方法 …………………………………………… 160
8.3 本章小结 ………………………………………………………………………… 165
参考文献 ………………………………………………………………………………… 165

第1章 概　　述

1.1　能源与环境挑战

从19世纪开始，汽车工业历经了一百多年的发展，已经成为当代工业的重要组成部分和国民经济的重要支柱产业，汽车产业的蓬勃发展快速推动了国家经济及社会的进步，汽车工业作为集成现代化工业技术的产物，为社会的发展做出了重大的贡献。伴随着汽车工业的高速发展与汽车保有量的快速增长，汽车工业带来的能源安全和环境污染等负面问题也日渐突出。我国作为目前全球汽车产销量第一并且产销需求仍持续快速增长的国家，所面临的能源和环境问题就显得更加突出。根据公安部统计，我国2014~2018年小型载客汽车和私家车保有量情况如图1.1所示。从中可以看出，截至2018年底，我国私家车保有量达1.89亿辆，小型载客汽车保有量突破2亿辆，且汽车保有量呈现逐年递增的趋势[1, 2]。

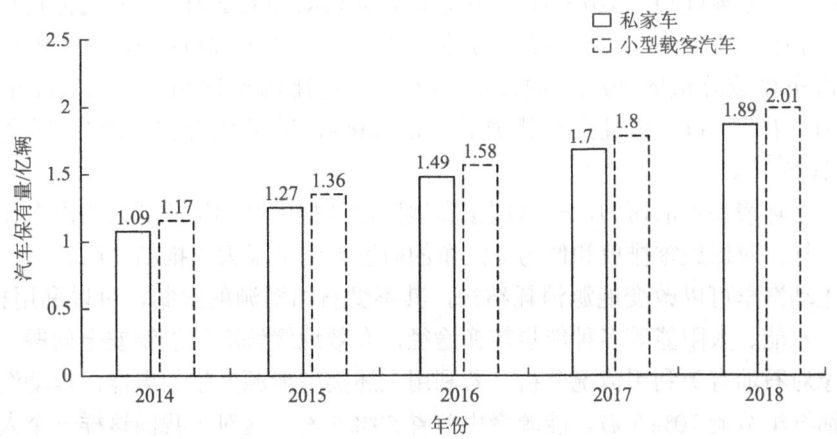

图1.1　我国2014~2018年小型载客汽车和私家车保有量情况[1, 2]

我国2013~2017年原油进口量数据如图1.2所示，据艾瑞咨询研究院2018年预计，到2023年，石油需求将达到1.047亿桶/日，比2017年增加了690万桶/日。根据中国石油企业协会发布的《中国油气产业发展分析与展望报告蓝皮书（2018—2019）》[3]，2018年，全球石油供应达9900万桶/日；石油消费量为9879万桶/日，同比增长1.58%。我国石油表观消费量达6.48亿吨，较上年增长6.95%，已经成为世界第一大原油净进口国，对石油进口的依赖度已高达65%，未来有可能超过70%。因此，改善现有的汽车能源结构，采用新型可持续能源替代对石油的依赖，是汽车行业亟待解决的问题。

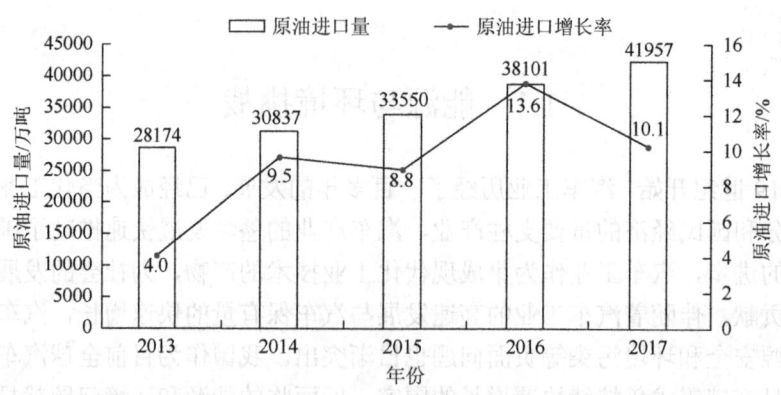

图1.2　我国2013～2017年原油进口量[4]

汽车工业不仅能源消耗巨大，而且汽车尾气已经成为污染物排放总量的主要贡献者。根据《中国机动车环境管理年报（2018）》显示，2017年，全国汽车排放一氧化碳（CO）2920.3万吨，碳氢化合物（HC）342.2万吨，氮氧化物（NO_x）532.8万吨，颗粒物（PM）48.8万吨。其中，柴油车排放的氮氧化物（NO_x）接近汽车排放总量的70%，颗粒物（PM）所占比例超过90%，而汽油车排放的一氧化碳（CO）超过汽车排放总量的80%，碳氢化合物（HC）所占比例超过70%[5,6]。

由于环境保护的压力，一些国家和地区已经把生产和销售低污染汽车作为了法定目标，对促进零排放和低污染汽车的研发起到了很大的推动作用。

电动汽车可以改变能源消耗结构，其不受石油资源的限制，可以利用核能、风能、水能、太阳能等多种能量转换途径，有效地缓解石油能源安全问题。据有关专家对石油有效利用情况分析，若利用上述类型能源产生的电能，电动汽车可比燃油汽车节能70%左右，能源费用节省50%左右，这对于我国这样一个人口众多、能源紧缺的国家是相当重要的。

为实现全球汽车产业的电动化发展，世界各国率先制定和颁布了众多发展新能源汽车的政策法规。有计划或已声明将停止销售内燃机汽车的部分国家如图1.3所示。美国加利福尼亚州规划至2020年，全面布局能够供100万辆纯电动汽车（electric vehicle，EV）及插电式混合动力汽车（plug-in hybrid electric vehicle，PHEV）充电使用的充电站等基础设施，同时计划纯电动汽车燃料电池汽车于2050年全面占据新车销售市场。德国交通部投资5亿欧元用于积极推动氢燃料电池技术的研发，同时针对新能源汽车产业提出提供购车补贴的激励政策。2017年10月，法国巴黎和英国牛津等城市也都提出在2040年左右禁售所有内燃机汽车，以实现新能源汽车完全占据汽车销售市场的计划。目前，已正式通过禁止新汽油或柴油内燃机汽车销售法案的国家包括挪威（2025）、斯洛文尼亚（2030）、爱尔兰（2030）、以色列（2030）、荷兰（2030）、丹麦（2035）、斯里兰卡（2040）、英国（2040）、法国（2040）、瑞典（2045）等。

图1.3 有计划或已声明将停止销售内燃机汽车的部分国家[4]

我国制定了众多相关政策法规以快速推进我国汽车产业的电动化发展。其中，《节能与新能源汽车产业发展规划（2012—2020年）》中指出，我国应加大产业投资，积极推进电池技术研发，全面推广应用汽车节能技术等，逐步提高新能源汽车的产销量，以实现汽车产业的绿色发展[7]。《中国制造2025》中指出，以全面实现我国汽车产业的绿色发展为目标，应持续开展对车载动力电池等车用零部件的开发设计，不断进行技术创新，将信息技术、智能网联等创新技术应用到新能源汽车上，以提高汽车的智能控制，全面促进新能源汽车的技术创新和发展[8]。《关于全面深入推进绿色交通发展的意见》中也指出，要逐步淘汰对环境污染严重的传统内燃机汽车[9]。

此外，为进一步促进新能源汽车产业的快速发展，我国也制定了新能源汽车购车补贴激励政策，同时于2017年又颁布了以绿色为主调并且采用新式设计、新材料和新工艺加工制造的新能源汽车专用号牌，以此彰显新能源特色和技术创新，方便新能源汽车的统一管理。随着政策红利的引入，我国2014～2018年新能源汽车及纯电动汽车保有量也呈现了逐年递增的态势，如图1.4所示。

在各国企业的大力投资和极力支持下，全球电动汽车产业获得了快速发展，但就现阶段来说，车载动力电池仍存在成本高、储能低等技术短板，严重制约纯电动汽车续驶里程的大幅度提高，导致在短期内难以全面实现纯电动汽车的市场化发展。

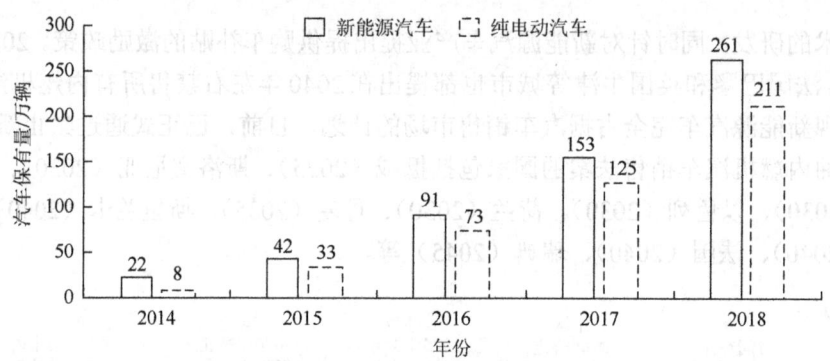

图 1.4　我国 2014~2018 年新能源汽车及纯电动汽车保有量情况[2]

相对而言，增程式电动汽车（extended-range electric vehicle，E-REV）搭载了增程器，汽车行驶过程可以分为电量消耗和电量维持两种工作阶段。当车辆启动运行时，汽车首先利用储存在动力电池中的电能驱动行驶，当电池组能量耗尽时，继续利用增程器（range extender，RE）来驱动车辆持续行驶，同时为电池充电。

由此可见，增程式电动汽车以动力电池作为主要动力源，同时增加了增程器，相比于纯电动汽车能够显著延长续驶里程，可以作为由传统燃油汽车向纯电动汽车过渡发展期间的理想替代产品。

1.2　增程式电动汽车的发展历史

在面向全球汽车产业电动化转型发展的大环境下，增程式电动汽车作为一种理想的过渡类交通工具受到了各国的广泛重视，各大车企都已经开始重视增程式电动汽车的技术积累与产品研发工作。

增程式电动汽车以美国通用汽车雪佛兰 Volt、菲斯克 Karma、宝马 i3 等车型为代表，图 1.5 和图 1.6 分别为雪佛兰 Volt 和菲斯克 Karma 增程式电动汽车外形。

最早于 2010 年完成开发并进行生产制造的增程式电动汽车是基于"E-Flex"系统设计开发的第一代雪佛兰 Volt，该车由 16kW·h 锂电池提供主要驱动能量，增程驱动模式下的辅助动力由 55kW 的发电机和 68kW 的发动机提供。作为一项全新增程技术，针对 Volt 开发的增程驱动技术引起了世界各国的极大关注。

此后，各大车企纷纷追赶，开始对增程式电动汽车进行研发。2011 年东京车展上，铃木推出了插电增程式概念车，该车配备一台排量为 0.66L 的汽油发动机，配合发电机和电池组，组成一套插电式增程器系统。这套系统在纯电动模式下可行驶 30km，总续驶里程可达 140km。

图1.5 雪佛兰Volt增程式电动汽车[10]

图1.6 菲斯克Karma增程式电动汽车[11]

随后,欧宝汽车公司基于"E-Flex"系统又进一步设计开发出了采用插电式混合动力技术并搭载320V锂离子电池和1.4L排量汽油发动机的欧宝Ampera车型,该款车型比第一代雪佛兰Volt充电效率更高,能量利用更加充分。

此外,宝马公司推出的宝马i3车型搭载了双缸发动机作为增程器的主要部件,车载动力电池容量达到33kW·h。此外,宝马i3采用碳纤维和铝合金车身实现了车身轻量化，使该车的最大行驶里程达到455km并具有良好的动力性能。宝马i3增程式电动汽车如图1.7所示。

图1.7 宝马i3增程式电动汽车[12]

KSPG、AVL及德尔福等一些汽车零部件公司也针对增程式电动汽车的专用部件和集成化设计方面展开了研究。AVL公司采用0.57L的直列双缸发动机作为增程发动机，开发了额定发电功率为15kW且最低比油耗仅为250g/(kW·h)的增程器。道路实车测试表明，搭载了该增程器的增程式电动汽车相比同级别传统汽车可节能50%。

同时，奥迪和VIA厂商也推出了增程式电动汽车，奥迪推出的纯电动汽车e-tron可实现纯电行驶50km左右，总续驶里程200km左右；VIA在2012年推出一款增程式皮卡VTRUX，可实现纯电续驶里程64km左右，总续驶里程640km左右。

2013年，日本马自达（Mazda）推出了基于马自达2（Mazda2）平台开发的Extender EV。动力系统方面，Extender EV搭载了最大功率为74kW、最大扭矩为153N·m的驱动电机，其百公里加速时间为10.8s。该车型锂离子电池组的能量为20kW·h，在纯电动模式下行驶时，可以达到200km的续航里程。此外，Extender EV搭载了一台转子发动机，该发动机的额定功率为19kW，排量仅为0.33L，可以使Extender EV的最大续驶里程达到380km，且该车型的CO_2排放量可以控制在15g/km以内。

法国EP Tender公司于2016年推出与公司同名的电动汽车增程器，汽车行驶的最高时速可以达到130km/h。目前该增程器还在升级研发中，预计升级完成后放电功率可达35kW，对普通电动汽车的增程里程能够达到600km。

虽然我国增程式电动汽车起步较晚,但近些年各大车企在相关技术研究与产品研发等方面投入了较大资金及研发力量,也取得了一些成果。

2010年,在深圳举行的第25届世界电动车大会暨展览会上,奇瑞汽车股份有限公司推出了国内首款微型增程式电动汽车S18D-REEV。该车配备了可以根据整车状态启动的里程增程器,解决了车辆在电量不足的形式下无法继续行驶的问题。S18D-REEV的综合续驶里程可以达到300km。

2013年,在广州举办的车展上,江淮汽车集团股份有限公司推出了一款增程式电动汽车,该车型匹配额定功率为35kW、额定扭矩为85N·m的发动机,同时搭载了两台永磁电动机,其总功率为91kW,总扭矩为276N·m,动力电池方面采用12kW·h的磷酸铁锂动力电池组。该车型的最高时速为120km,新欧洲行驶循环(new European driving cycle,NEDC)工况下纯电动模式续航50km,综合续航能力可以达到350km以上。

北汽新能源汽车股份有限公司于2013年开发了升级版的E150型增程式电动汽车。相比纯电动版,其车载电池的容量更小,减小了整车重量并降低了成本。经过实验,该车型在纯电动状态下可行驶55km,能够满足一般的出行要求。在增程状态下,400km的续航里程也能够保证长途行驶。另外,2015年北汽新能源汽车股份有限公司在德国成立了增程式电动汽车动力研发中心,增加了对增程式汽车动力续航性能和低成本开发的研究。

2014年,在第十三届北京国际汽车展览会上,国内第一款增程式电动轻客V80 Hybrid在展会上面世,是上汽大通汽车有限公司研发的商用车型。V80 Hybrid车型的百公里加速时间为21s,最高时速可达120km。此外,其综合油耗更低,低至4.8L/100km,综合节油率达到60%以上。增程器产生的电能可以直接输送到电动机以减少能量损失,提高了整车能量传递效率。

广汽传祺于2014年推出了增程式电动汽车GA5,如图1.8所示。其搭载的磷

图1.8 广汽传祺GA5增程式电动汽车[13]

酸铁锂电池组输出功率为13kW·h,该车型选择额定功率为45kW的永磁同步电动机作为驱动电机,纯电动行驶里程为80km,百公里加速时间11.6s,最高时速150km,增程状态下续航里程高于550km。此后,广汽集团在北京车展持续发力,新款 E-JET 型概念车面向大众,无论在纯电动还是增程模式下,性能相比首款车型都有不同程度提升,其纯电动行驶里程达到了100km,增程续航里程可达600km。

目前,我国增程式电动汽车的发展仍处于研发阶段,从整体上看来,国内市场的增程式电动汽车发展相对国外较为滞后,真正能够投入市场的增程式电动汽车数量不多,与发达国家相比还有一定的距离。

1.3 增程式电动汽车技术研究现状

电动汽车作为一个复杂系统,其研究涉及很多领域和学科,是控制工程、电气工程、材料科学与工程、车辆工程和计算机科学与技术等多学科结合的产物。增程式电动汽车的研究主要包含以下几个方面的关键技术:增程器的匹配控制、动力电池及管理系统、驱动电机及控制系统和能量管理策略。

1.3.1 增程器的匹配控制

增程器是增程式电动汽车动力系统的重要组成部分,增程式电动汽车动力系统原理图如图1.9所示,增程器主要由发动机、发电机和整流器等部分构成,

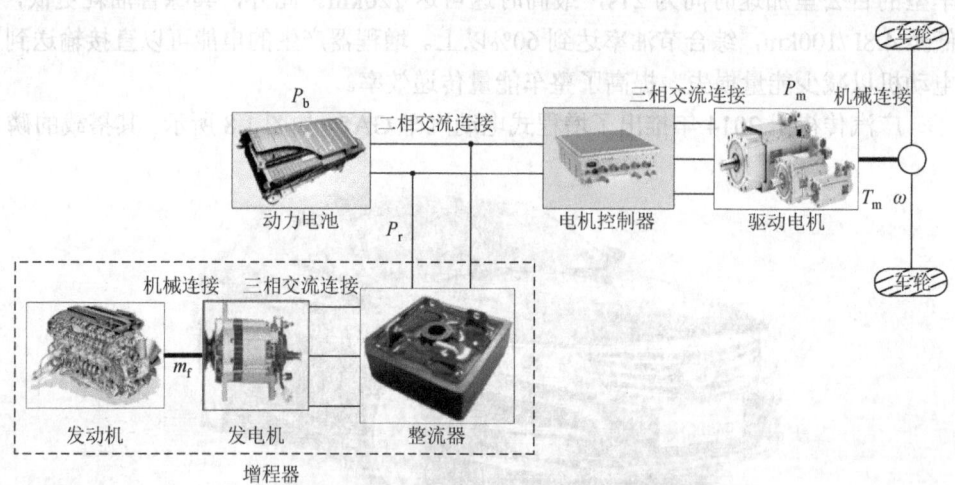

图1.9 增程式电动汽车动力系统原理图

m_f 为喷油量;P_b 为动力电池输出功率;P_r 为增程器输出功率;P_m 为驱动电机输出功率;
T_m 为驱动电机转矩;ω 为驱动电机角速度

承担着电池荷电状态(state of charge,SOC)不足时工作充电的任务,所以增程器也决定了增程式电动汽车的动力性和经济性。当前,国内外的企业专家和高校学者针对增程器的性能提升进行了相关研究,主要集中在增程器建模和控制策略两个方面。

在建立能表征发动机响应特性的模型方面,Hendricks 等忽略发动机各缸因工作状态不同而产生的转矩差异性,率先提出了发动机平均值模型,具有良好的仿真精度[14]。在 Hendricks 搭建的模型基础上,Chevalier 等加入卡尔曼滤波并完善了发动机进气系统模型,提出了燃油喷射过程中的湿壁效应,极大地完善了平均值模型[15]。基于此模型,清华大学的洪木南等通过发动机实验对模型中的参数进行参数辨识,得到能在线估计稳态和动态转矩的发动机平均值模型[16]。武汉理工大学的沈明锋和吉林大学的吴昊以该模型作为基础,分别应用半智能化和径向基函数(radial basis function,RBF)神经网络的控制方法来开发空燃比控制策略,具有较好的实用性和可靠性[17, 18]。此外,神经网络算法也推动了发动机模型的研究,如吉林大学的阴晓峰等和北京理工大学的刘树成等通过对发动机动态实验数据的反复学习,搭建了基于神经网络的动态发动机模型[19, 20]。

发动机的燃油消耗模型是研究控制策略经济性的基础,而一些控制策略研究所使用的发动机 MAP 图是稳态的,不能体现发动机在工作点调节过程中产生的动态油耗,缺乏足够的指导意义。国外有较多学者对发动机动态油耗模型进行研究并搭建模型,其中有基于 MAP 图进行动态修正和建立发动机的动态油耗模型。例如,Panis 等、Lindgren 等、Fabio 等分别以转矩增量[21]、转速与转矩增量[22]、进气歧管进气量[23]作为修正系数对 MAP 图进行动态修正,得到的结果与实际结果比较吻合。Ahn 等根据实验数据建立适当的模型,以车速和加速度预测汽车的动态油耗和排放,具有较精确的结果[24]。在此基础上,金辉等加入车辆比功率的修正模块,可以很好地预测燃油消耗量[25]。

研究增程器动态控制策略对改善整车动力性和经济性有重要意义。吉林大学曲晓冬等提出了基于比例积分(proportional integration,PI)双闭环的控制策略,以发动机转矩和发电机转速作为控制目标,具有良好的控制效果[26]。谢秀磊搭建增程器模型并提出了发电机与发动机之间的动态协调方法,以加快响应和节省燃油[27]。北京理工大学的成森等根据来自整车控制器的目标功率要求确定发动机的最佳工作点,通过调节发电机励磁电流对转速进行闭环控制[28]。熊华胜等对串联式混合动力客车增程器进行了研究,该增程器由柴油机、三相交流无刷同步发电机和不可控整流装置构成,针对发动机转速与驱动电机输出功率之间的强耦合特性提出前向反馈控制与电压主动控制相结合的控制策略[29]。申永鹏等在由自然吸气汽油机和永磁同步发电机组成的增程器上,提出了基于 PRP (Polak-Ribiere-Polyak)共轭梯度法的优化控制方法,可以显著减少油耗[30]。

在城市客车（发动机以柴油机为主）增程器的研究基础上，He 等、曹桂军等和程夕明等采用柴油发动机、电励磁同步发电机、不可控整流桥的构型来解决增程器的高成本问题[31-33]。但是电励磁同步发电机的功率密度和效率较低，因此影响了整个增程器的体积和效率。Giovanni 等和 Metin 等研究使用柴油发动机、永磁同步电机、脉冲宽度调制（pulse width modulation，PWM）整流器构型，通过系统的解耦，可以方便地对发动机转速和发动机/发电机转矩进行控制，使发动机工作在高效率区，很大程度上提高了增程器的效率和燃油经济性[34, 35]。但是，PWM 整流器却增加了增程器的成本。

1.3.2 动力电池及管理系统

电池管理系统（battery management system，BMS）作为增程式电动汽车关键技术之一，受到了国内外电动汽车生产商的广泛重视。动力电池作为增程式电动汽车及纯电动汽车中的关键部件，在车辆中承担着能量存储和释放的重任。对于增程式电动汽车，其动力系统的工作电压通常为 100 多伏至数百伏，动力电池由许多额定电压和容量都很小的单体电池通过串、并联组合而成。电池这一电化学能量存储装置的材料及生产工艺无法保证产品性能的一致性，而且在电池使用过程中，随着充/放电循环的不断增加也会使电池的电压、SOC、内阻等参数的不一致性越来越大。同时，电池的工作特性和结构对电池的使用过程的要求也很高，一次过放电或过充电就可能导致电池的失效，甚至引发电池燃烧、爆炸等。因此，对电池的管理显得尤为重要。

日本丰田公司推出的 Prius 混合动力电动汽车搭载了先进的电池管理系统，可实现电池的热均衡管理。同时，日本丰田公司的 RAV4 纯电动汽车也搭载了电池管理系统，可实现电池状态的检测和电池的保护[36]。Cheng 等搭建出了电池管理系统的仿真平台，该平台包含电池电压的检测模块、电池均衡模块、SOC 估计模块和电池健康状态（state of healthy，SOH）估计模块等，并对 SOC 估计算法进行了进一步仿真研究，其结果表明了算法的精确性[37]。Asumadu 等提出了嵌入式的电池管理系统，该电池管理系统以一个微控制器为处理核心，控制器实时跟踪电池的状态信息，在对电池输出能量进行优化的同时实现电池的均衡控制[38]。Garrett 等和 Wang 等分别对电池管理系统中的电池检测部分进行了深入细致的研究，他们分别采用分立的电阻、三极管、二极管和运算放大器等元件实现对若干个电池单体电压的检测，检测结果表明了检测到的电池单体电压不仅精度高，而且受温度的影响小[39, 40]。Lee 等就电池管理系统中的电池单体电压不一致的问题提出了解决电池单体之间均衡问题的方案，并利用模糊控制策略实现了单体电池的均衡，并对三个电池单体单元进行了均衡实验，实验结果表明了均衡电路和基于模糊控制的均衡算法的有效性[41]。

我国对新能源电动汽车给予了大力扶持,国内电池管理单元的技术也得到了长足进步和发展,但是目前大部分研究取得的成果处于功能验证和实验仿真状态,需要进一步努力来实现电池管理系统的产业化。上海交通大学的胡建红针对镍氢电池开发出了集中式的电池管理系统,采用一个控制核心实现了电池的单体电压、整体电压、整体电流等数据的采集和处理,并对电池的 SOC 进行了一定的研究并给出了估算方法,并对电压测量等电路和 SOC 估算方法进行实验,实验表明所开发的电池管理系统的检测和估计具备较高的精度[42]。北京交通大学的岳仁超针对铅酸蓄电池开发相应的电池管理系统,并在所建立的硬件的电池管理系统的平台上给出基于神经网络的 SOC 估算方法,为 SOC 的估算提供了一种新的可行的估计算法[43]。重庆大学的王江平针对混合动力汽车上的镍氢电池进行研究,对镍氢电池进行实验并分析了实验结果,提出了基于控制器局域网络(controller area network,CAN)总线的分布式的电池管理系统,分析了影响 SOC 估算的因素,提出了一种将卡尔曼滤波和安时积分法相结合的 SOC 估算方法,通过实验设计的管理系统功能实现了验证[44]。天津大学的张莹在研究电池管理系统时将重点集中于 SOC 的估算,提出了基于模糊逻辑的 SOC 估算方法,并针对算法中存在的缺陷提出了自适应神经模糊推理系统,对算法进行了仿真分析,证明了算法的有效性[45]。

电池及其管理技术也渐渐地成为电动汽车普及和应用的技术瓶颈,电池管理技术领域存在如下有待进一步解决的关键技术[46]。

(1) 电池的相关检测技术。电池的检测技术包含电池单体电压的检测、电池温度的检测、电池整体电压的检测和电池电流的检测等技术。

(2) 电池单体电压不一致的均衡技术。电池在充/放电过程中,电池单体电压的差异会导致电池寿命的降低,同时也会带来安全隐患,通过均衡技术解决该差异可延长电池寿命并消除安全隐患。

(3) 电池剩余电量估计技术。电池剩余电量估计可以实时估算出电池当前所剩的电池能量,提供整个车辆的能量信息,以便设计和实现控制策略,同时也可以为估算剩余里程提供参考。

(4) 绝缘检测技术。电动汽车的绝缘状况是其重要的安全因素,因此在线实时检测电池的绝缘状况可以为电动汽车控制策略提供参考,同时也保证了驾驶员和乘客的安全。

1.3.3 驱动电机及控制系统

电动汽车驱动电机通常需要适应以下工况:频繁的启动和停车、高变化率的加速度/减速度、高转矩且低速爬坡、低转矩且高速行驶。此外，还应具有非常宽的转速范围[47]。

开关磁阻电动机因噪声高和转矩脉动严重，在电动汽车领域的应用较少。目前实际应用于电动汽车的驱动电机主要为感应电动机、永磁无刷直流电动机和永磁同步电动机。

感应电动机目前仍大量应用于电动汽车中，尤其是在美国和欧洲国家。该类型电动机结构简单、可靠性高、控制技术相对成熟。但其控制技术难度大，低速性能较差，需要减速机构，容易发热。驱动电机本体方面的研究涉及驱动电机绕组的换接[48]和变极[49]等技术。

在感应电动机与永磁同步电动机的选择上，国外一些公司进行了一些探索。美国通用汽车公司与 Unique Mobility 公司、德国西门子股份公司、日本丰田汽车公司等对相同功率的感应电动机和永磁同步电动机进行了实验比较，得到的结论是：永磁同步电动机具有更高的效率（尤其是低速下）和功率密度，但成本较高。对于最大功率为 100kW 的两种电动机，在分别采用转差控制和相位超前控制时，永磁同步电动机在重量减少 4kg 的情况下，最大功率时的效率比感应电动机高 10%。而对于最大功率为 25kW 的两种电动机，比较结果是永磁同步电动机的价格比感应电动机高 20%。日本富士科技有限公司已提出适于大规模生产的永磁同步电动机装配后充磁技术，认为永磁同步电动机的价格不久就可以降至可以与感应电动机竞争的水平。

永磁电动机包括反电动势为方波的永磁无刷直流电动机和反电动势为正弦波的永磁同步电动机。永磁无刷直流电动机具有转矩和功率密度大、位置检测和控制方法简单、效率高的优点，但不足之处在于因换相电流难以达到理想状况而造成的一定程度的转矩脉动及振动噪声问题，故其可应用于有减速系统和车速要求不高的电动汽车驱动。

永磁同步电动机具有高效、高控制精度、高转矩密度、良好的转矩平稳性及低振动噪声的特点。通过合理设计磁路结构能获得较高的弱磁扩速能力，已经受到国内外电动汽车界的高度重视，并已在日本得到了普遍应用，是当前比较有竞争力的电动汽车驱动电机[50, 51]。

为进一步提高电动汽车性能，众多学者还致力于许多特殊结构驱动电机的开发，如 Chalmers 等提出的永磁磁阻混合同步电动机[52]，Rahman 等提出的永磁磁滞混合同步电动机[53]，Chan 等研究的永磁和电励磁混合励磁的同步电动机[54]。为实现单电动机双轮驱动要求以及提高功率密度和效率，Caricchi 等和 Kawamura 等提出了双转子电动机[55, 56]。同时，基于 Halbach 阵列的永磁电动机设计也开始在电动汽车上得到应用[57, 58]。这些新型驱动电机结构新颖、各具特色、结构及控制复杂程度各异，但应用于电动汽车牵引传动的驱动效果及适用性还有待于进一步研究。

驱动电机控制系统包括大功率电子器件、转换器、微处理器和电动机控制算法等。电动机控制微处理器主要有单片机和数字信号处理器（digital signal processor，DSP）芯片。电动机控制专用DSP芯片已被广泛采用，目前的研究热点是将微处理器与功率器件集成在一块芯片上。

针对目前在增程式电动汽车领域应用较为广泛的永磁同步电动机，主要的控制技术有双闭环控制、矢量控制和直接转矩控制。

1. 双闭环控制

在永磁无刷直流电动机控制系统中，常由位置传感器进行位置信息反馈，结合电动机转速的实时计算，构成了转速反馈控制直流调速系统[59]。该系统将转速作为系统被控量，通过调节转速误差有效地解决调速范围和静差率的矛盾。Gowthamam等、Krishnan等、Devendra等在数字仿真和实验平台上实现了对永磁无刷直流电动机速度闭环控制器的应用，但该方法存在在驱动电机的启动过程、制动过程及电动机堵转时没有对电枢电流进行限制的弊端[60-62]。

针对永磁无刷直流电动机在启动及发生堵转故障时存在较大的电流这一问题，Araz等在转速外环的基础上加入电流内环控制，以实现对电流和转矩的限制，构成速度、电流双闭环控制系统，这样电流内环能够发挥电流限幅作用，从而有效改善超调[63]。为了有效地抑制永磁无刷直流电动机控制系统的转矩脉动，提高抗干扰能力及改善动态性能，科研人员普遍采用转速环、电流环双闭环控制[64]。然而，该方法只适用于具有固定数学模型的控制系统，当系统中存在变化或者未知的动态量时，这种控制模式往往起不到理想的控制效果，甚至会出现系统不稳定的情况。

2. 矢量控制

矢量控制[65]是指基于转子磁场的方向建立同步旋转坐标系，并将定子电流分别分解到该同步旋转坐标系的两个坐标轴方向上，进而得到转矩电流和磁场电流两个分量，并对其进行独立控制，在此基础上使感应电动机的高性能控制得以实现[66-69]，永磁无刷直流电动机的控制也引入了这一方法。肖金凤等设计了一种基于逻辑比例积分微分（proportion integral differential，PID）反向传播神经网络的永磁无刷直流电动机磁场定向控制系统，该系统将神经网络与磁场定向控制策略相结合，并在数字仿真和实验平台上，利用该控制策略对永磁无刷直流电动机进行了控制[70]。Viswanathan等提出了一种新颖的电流控制空间矢量脉宽调制技术，以此来抑制三电平逆变器馈电的永磁无刷直流电动机的转矩脉动[71]。de Almeida用卡尔曼滤波法估计反电动势并通过锁相环进行分析和调整以获得位置信息，进而应用磁场定向控制实现永磁无刷直流电动机的高效率与低转矩波动运行[72]。

在大多数工业交流电动机驱动应用中，对磁场的控制已经实现了高效性，控制方法分为直接矢量控制和间接矢量控制[73]，区别在于前者需要磁通反馈，而后者不需要。Mishra等给出了基于模糊逻辑的矢量控制异步电动机的滞环电流控制与空间矢量脉宽调制（space vector pulse width modulation，SVPWM）控制的比较分析[74]。对于可变负载，滞环电流控制的动态响应比SVPWM方案快，但存在较大转矩脉动。该方法需要进行旋转坐标变换，并且基于转子坐标系实现对磁链的分析需要精确的电动机本体参数，因此对电动机本身参数的依赖性较强。

3. 直接转矩控制

直接转矩控制是指采用定子磁场定向，根据转矩和磁链的大小选择合理的电压空间矢量，实现对转矩的直接控制[75]。1988年，Depenbrock率先提出了六边形直接转矩控制方案[76]，随后，Takahashi等提出了圆形直接转矩方案[77]。此后，Buja等提出了花瓣形直接转矩控制方案，并在数字仿真和实验平台上，利用花瓣形直接转矩控制策略对永磁无刷直流电动机进行了控制[78]。有学者对永磁无刷直流电动机的拓扑结构进行了研究。例如，Masmoudi等研究了传统驱动器中由四开关逆变器供电的永磁无刷直流电动机驱动的直接转矩控制，并完成了对所提的三种控制算法的实验验证[79]。经过30多年的不断改进和完善，直接转矩控制技术的控制效果得到了充分提升，现在已经进入实用阶段。

除此之外，目前应用到驱动电机的控制算法还有神经网络矢量控制、模糊自整定比例积分微分控制和滑模变结构控制等。三种控制算法的对比如表1.1所示。

表1.1 驱动电机的控制算法对比

控制策略	优点	缺点
神经网络矢量控制	具有良好的动态响应性能，电动机参数变化对控制系统影响小	网络结构复杂、样本获取难
模糊自整定PID控制	无超调、响应快、转速波动小、鲁棒性强	结构及控制复杂
滑模变结构控制	快速性好、稳定性好、转速波动小、抗干扰能力强	结构复杂、控制算法复杂

1.3.4 能量管理策略

增程式电动汽车能量管理可分为基于规则的能量管理策略与基于优化的能量管理策略两大类[80]。其中，基于规则的能量管理策略主要有基于经验规则的能量管理策略和基于模糊规则的能量管理策略，基于优化的能量管理策略主要有基于DP的控制策略、基于PMP的控制策略、基于GA的控制策略和基于凸优化的控制策略[81]。

1. 基于规则的能量管理策略

1) 基于经验规则的能量管理策略

基于经验规则的能量管理策略主要依据工程实际经验,通过测试获得的静态数据,合理地控制动力系统部件的工作区域,并根据部件的特性确定动力系统的工作模式及能量的分配,最终实现提升能效的目的。该策略在制定过程中综合考虑了发动机的启停特性和工作点高效区,避免出现动力电池大电流放电现象,而且具有算法简单、实用性强、鲁棒性强等优点,该策略还可以根据工程经验对系统进行改进,目前已经得到了广泛的应用,但是其对工况的适应性差,能效提升效果不够充分。参考增程器的工作方式,现阶段基于经验规则的能量管理策略又可分为开关式、负载跟随式、负载跟随与开关式相结合的方式等。

Elbert 等从解析角度推导了发动机的全局最优开关条件,证明了最优的发动机开关条件是当且仅当发动机的请求功率超过某一非恒定阈值时,并通过使用凸优化迭代计算阈值和功率分配,找到了能量管理问题的最优解[82]。舒红等从车辆运行特点出发,对混联型 PHEV 的充电/放电及制动工况建立了以系统能效最优为目标的规则策略,使系统油耗降低近 37%[83]。Padmarajan 等以并联型 PHEV 作为研究对象,从发动机工作状态出发,提出了一种基于规则的混合型(blended)策略,并从发动机启停次数及燃油经济性角度与传统策略进行了对比,验证了所提策略的优势[84]。Liu 等以串联式 PHEV 为研究对象,设计了单优化点启停控制及优化曲线功率跟踪控制策略,并进行了对比分析及验证。结果表明,在理论与实际应用中采用功率跟踪控制策略都具有良好的燃油经济性[85]。谢星等采用功率跟踪能量管理策略,对带有燃料电池的混合动力系统能量管理问题进行了研究,该策略提升了能效并延长了电池寿命[86]。在增程式电动汽车的研究方面,张晓玲等提出了一种基于规则的逻辑控制策略,对发动机的启停控制逻辑进行确定,进而提高了能效[87]。申彩英等提出了一种经济性的控制策略,该策略通过判定电池 SOC 及加速踏板开度信息对发动机的工作状态进行切换,提高了系统动力性及经济性[88]。牛继高等利用 Cruise/Simulink 仿真平台对发动机定点控制策略及最优曲线控制策略进行了仿真,结果表明,采用最优曲线控制策略有利于提高燃油经济性及发动机小型化[89]。

2) 基于模糊规则的能量管理策略

基于模糊规则的能量管理策略在经验规则的基础上引入了模糊推理决策,将原始的逻辑替换成具有不同隶属度的控制规则,使能量管理策略逻辑性更强,更加符合人的思维。该策略在工程上易于实现,同时对工况的变化适应性较强,适用于较复杂的混合动力系统的控制,但是该策略规则的制定具有主观性,并不能实现经济性最优化。

在基于模糊规则能量管理策略的研究上，Xiong 等设计了工作模式判定及能量管理控制相结合的双模糊控制器，对混联型 PHEV 进行控制，保证了发动机的高效运行及动力电池 SOC 的维持，也使系统的能耗水平降低[90]。付主木等设计了以离合器输出转矩和动力电池 SOC 作为输入、以发动机输出转矩作为输出的模糊控制器，对并联型 PHEV 进行了仿真分析，降低了能耗及排放[91]。Zhao 等对等效燃油消耗最小的等效因子进行了模糊控制，整体提升了燃油经济性[92]。Won 等采用粒子群算法实现了转矩的优化控制[93]。

2. 基于优化的能量管理策略

基于优化的能量管理策略主要是在整个行驶工况下，建立具有状态约束的目标函数，求全局最优解后进而合理分配能量的一系列控制策略。目前，应用较为广泛的包括基于动态规划（dynamic programming，DP）的控制策略、基于庞式极值原理（Pontryagin's minimum principle，PMP）的控制策略、基于遗传算法（genetic algorithm，GA）的控制策略及基于凸优化的控制策略。

1）基于 DP 的控制策略

基于 DP 的控制策略被认为是一种较为理想的策略，其在进行全局优化的同时可提高燃油经济性，同时对其他策略的控制规律具有指导作用，但计算量较大，大部分都只能在离线环境下计算，并通过查表等方式实现。

Peng 等以混联型 PHEV 为研究对象，提出了一种以燃油消耗为目标的 DP 控制策略，并根据 DP 优化结果确定了能量分配规则，该策略有效降低了动力系统的能耗水平[94]。邹渊等以商用车为研究对象，采用 DP 算法对动力系统能量及换挡策略进行控制[95]。席利贺等以增程式电动汽车为研究对象，提出了一种以燃油与电能消费为优化目标的 DP 控制策略，提升了燃油经济性[96]。Chen 等以增程式电动客车为研究对象，利用 DP 算法设计了一种基于单一工况的能量管理策略，并应用于多个循环工况，实现了动力系统的优化控制[97]。Lin 等利用 DP 来寻找最优控制动作，包括换挡顺序和电动机与电机之间的功率分配，通过对 DP 控制行为的分析，提出可实现的近似最优规则[98]。

2）基于 PMP 的控制策略

基于 PMP 的控制策略通过适当的假设和 Hamiltonian 算子计算出全局最优解，在实现动力系统全局优化的同时降低了计算负担。

许世景等在确保电池电量平衡的条件下，以动力电池 SOC 为状态变量，以电池组输出功率为控制变量，采用 PMP 对串联式混合动力系统进行控制[99]。Zou 等采用 PMP 算法对并联式混合动力汽车（hybrid electric vehicle，HEV）进行优化控制，该策略与 DP 控制策略相比优化结果相似，计算效率更高[100]。Ebbesen 等以等效油耗最小（equivalent consumption minimization strategy，ECMS）为目标，将 PMP 算法应用于 PHEV 控制中,同时考虑了动力电池 SOC 与电池健康状态对系统的影响,延长了电池寿命、降低了成本[101]。Ngo 等综合 DP 算法和 PMP 算法的优势,设计了以 PMP 算法用于功率内环控制、以 DP 算法用于换挡外环控制的双环控制策略,计算效率明显提升[102]。

3)基于 GA 的控制策略

基于 GA 的控制策略是一种迭代搜索算法,能较快地找到最优值,主要应用于 PHEV 能量管理多目标优化问题。

Zhang 等针对发动机油耗、电池 SOC 状态及排放的优化问题,利用 GA 控制策略对系统性能进行权衡,整体提高了经济性与排放性能[103]。Boehme 等综合考虑 PHEV 部件参数对燃油和排放的影响及传动系优化设计问题,建立了基于 GA 的双层多目标优化策略,实现了 PHEV 能量管理与动力参数匹配的双重优化[104]。

4)基于凸优化的控制策略

凸优化是以求解最小值的目标函数为凸函数的一类优化问题,具有运算速度快的特点。凸优化方法的难点主要有两个:一是对目标泛函、约束条件的凸化,二是对凸函数、凸集的判定。凸优化问题的求解并没有一个解析表达式,但有很多求解方法。内点法是如今较为成熟的凸优化求解方法,该方法可以在多项式时间内以给定精度求解凸优化问题,求解时具有较好的数值稳定性。

Bonab 等提出了一种基于凸优化的能量管理策略,实现了动力总成的燃料最优控制。与 DP 算法相比,凸面求解器在测试的行驶周期中表现出更好的性能,所需时间要少得多[105]。Hu 等利用凸优化来评估三个最优控制任务之间的相互作用,其目标是最大限度地减少来自车载内燃机和发电厂的二氧化碳排放量[106]。Choi 等将电动汽车复合储能系统功率控制问题描述为一个同时使电池输出功率幅值和功率损耗最小化的凸优化问题,并建立了数学模型,使其可以在短时间内用通用求解器重复求解[107]。

综合对比以上能量管理策略可知,基于凸优化的控制策略具有"既能实现全局最优又能降低计算负担"的优点,已经在混合动力系统的研究中得到了广泛应用。

1.4 本章小结

随着空气污染及能源安全问题日益凸显,全球汽车行业开始向电动化发展。纯电动汽车虽然能够极大地利用清洁能源——电能,但是存在着行驶里程有限、电池造价高及充电缓慢等诸多问题。本书以增程式电动汽车为研究对象,旨在解决续航里程与使用清洁能源之间的矛盾。增程式电动汽车相当于在纯电动汽车上增加一个增程器,为动力电池提供电能以增加电动汽车的续驶里程。因此,增程式电动汽车可以看作混合动力汽车向纯电动汽车的一种过渡。

本章介绍了增程式电动汽车的发展进程并列举了几款具有代表性的车型。从增程器的匹配控制、动力电池及管理系统、驱动电机及控制系统和能量管理策略四个方面对增程式电动汽车技术研究现状进行了阐述。

参 考 文 献

[1] 中华人民共和国公安部. 全国私家车保有量首次突破 2 亿辆 66 个城市汽车保有量超过百万辆[EB/OL]. (2020-01-08) [2020-02-06]. https://www.mps.gov.cn/n2254314/n6409334/c6852472/content.html.

[2] 中华人民共和国公安部. 2018 年全国小汽车保有量首次突破 2 亿辆[EB/OL].(2019-01-12)[2020-02-06]. https://www.mps.gov.cn/n2254098/n4904352/c6354939/content.html.

[3] 王志刚, 蒋庆哲, 董秀成, 等. 中国油气产业发展分析与展望报告蓝皮书(2018—2019)[M]. 北京: 中国石化出版社, 2018.

[4] 艾瑞咨询研究院. 2018 中国新能源汽车行业研究报告[R/OL].(2018-12-29)[2020-02-06]. http://report.iresearch.cn/report_pdf.aspx?id=3317.

[5] 中华人民共和国生态环境部. 2018 年中国机动车环境管理年报[R/OL].(2018-06-01)[2020-02-05].http://www.mee.gov.cn/hjzl/sthjzk/ydyhjgl/201806/P020180604354753261746.pdf.

[6] 吴晓刚, 周美兰. 电动汽车技术[M]. 北京: 机械工业出版社, 2018.

[7] 国务院. 节能与新能源汽车产业发展规划(2012—2020 年)[R/OL]. (2012-07-09)[2020-02-05]. http://www.gov.cn/zhengce/content/2012-07/09/content_3635.htm.

[8] 国务院. 中国制造 2025[EB/OL]. (2015-05-19)[2020-02-06]. http://www.gov.cn/zhengce/content/2015-05/19/content_9784.htm.

[9] 中华人民共和国交通运输部. 交通运输部关于全面深入推进绿色交通发展的意见[EB/OL]. (2017-11-27) [2020-02-06]. http://xxgk.mot.gov.cn/jigou/zcyjs/201712/t20171206_2973177.html.

[10] 佚名. 2011 款雪佛兰 Volt[N/OL]. (2012-10-15)[2020-02-06]. https://dealer.autohome.com.cn/107917/photo_s682_872049.html.

[11] 佚名. 垂涎你完美的"胴体"2018 北美车展最值得关注的几款新能源车型[N/OL]. (2018-01-15)[2020-02-06]. http://www.sohu.com/a/216805867_100083734.

[12] 敏敏. 宝马 i3 全球需求旺盛产能将大幅增加[N/OL]. (2014-06-02)[2020-02-06]. https://www.qi-che.com/rp/20140602987953.html.

[13] 佚名. 传祺 GA5 PHEV 明日上市综合续航 600 公里[N/OL]. (2015-12-15)[2020-02-06]. http://www.sohu.com/a/48587619_114771.

[14] Hendricks E, Jensen M, Chevalier A, et al. Problems in event based engine control[C]//Proceedings of 1994 American Control Conference, Baltimore, 1994: 1586-1587.

[15] Chevalier M, Hoepffner J, Bewley T R, et al. State estimation in wall-bounded flow systems. Part 2. Turbulent flows[J]. Journal of Fluid Mechanics, 2006, 552: 167-187.

[16] 洪木南, 欧阳明高. 基于汽油机平均值模型的在线转矩估计[J]. 机械工程学报, 2009, 45(4): 290-294.

[17] 沈明锋. 汽油发动机空燃比控制策略研究及其电控单元设计[D]. 武汉: 武汉理工大学, 2015.

[18] 吴昊. 基于 NARMAX 与 RBF 神经网络的发动机 AFR 联合模型预测控制[D]. 吉林: 吉林大学, 2015.

[19] 阴晓峰, 谭晶星, 雷航龙, 等. 基于神经网络发动机模型的动态三参数换挡规律[J]. 机械工程学报, 2005,

41(11): 174-178.

[20] 刘树成, 魏巍, 杨阳, 等. 发动机动态特性组合神经网络建模新方法[J]. 北京理工大学学报, 2014, 34(11): 1130-1134.

[21] Panis L I, Vlieger I D, Pelkmans L, et al. Effect of speed reduction on emissions of heavy duty lorries[J]. Highway & Urban Environment, 2007, 12: 53-61.

[22] Lindgren M, Hansson P A. Effects of transient conditions on exhaust emissions from two non-road diesel engines.[J]. Biosystems Engineering, 2004, 87(1): 57-66.

[23] Fabio C, Wang J, Patil C, et al. Development and experimental validation of a control-oriented diesel engine model for fuel consumption and brake torque predictions[J]. Mathematical and Computer Modelling of Dynamical Systems, 2011, 17(3): 261-277.

[24] Ahn K, Rakha H, Trani A, et al. Estimating vehicle fuel consumption and emissions based on Instantaneous speed and acceleration levels[J]. Journal of Transportation Engineering, 2002, 128(2): 182-190.

[25] 金辉, 周敏, 李世杰, 等. 基于瞬态修正的车辆燃油消耗模型建模[J]. 北京理工大学学报, 2017, 37(5): 473-477.

[26] 曲晓冬, 王庆年, 于远彬, 等. 增程式电动车的APU控制策略的研究[J]. 汽车工程, 2013, 35(9): 763-768.

[27] 谢秀磊. 增程式电动车辅助动力单元动态建模及协调控制研究[D]. 吉林: 吉林大学, 2016.

[28] 成森, 郝利君, 何洪文, 等. 串联型混合动力电动汽车辅助动力系统[J]. 汽车工程, 2003, 25(3): 243-245.

[29] 熊华胜, 卢兰光. 串联式混合动力城市客车APU控制策略研究[C]//第二十九届中国控制会议论文集, 北京, 2010: 4950-4954.

[30] 申永鹏, 王耀南, 孟步敏, 等. 电动汽车增程器燃油效率优化控制[J]. 控制理论与应用, 2014, 31(6): 701-708.

[31] He B, Ouyang M, Li J. Reduced order robust gain scheduling control of diesel APU for series hybrid electric vehicle[J]. Asian Journal of Control, 2006, 8(3): 227-236.

[32] 曹桂军, 欧阳明高. 柴油串联式混合动力控制系统的试验研究[J]. 清华大学学报(自然科学版), 2009, 49(11): 1843-1851.

[33] 程夕明, 孙逢春, 欧阳明高. 串联混合电动汽车辅助功率单元输出控制[J]. 电工技术学报, 2007, 22(4): 69-76.

[34] Giovanni F, Luigi G, Francesco V. Control of auxiliary power unit for hybrid electric vehicle[J]. IEEE Transactions on Control Systems Technology, 2007, 15(6): 1122-1130.

[35] Metin G, Seta B, Douglas J G. Sliding mode based powertrain control for efficiency improvement in series hybrid-electric vehicle[J]. IEEE Transactions on Power Electronics, 2006, 21(3): 779-790.

[36] Kelly K J, Mihalic M, Zolot M. Battery usage and thermal performance of the Toyota Prius and Honda Insight during chassis dynamometer testing[C]//Proceedings of the Annual Battery Conference on Applications and Advances, Long Beach, 2002: 247-252.

[37] Cheng K W E, Divakar B P, Wu H J, et al. Battery-management system(BMS)and SOC development for electrical vehicles[J]. IEEE Transactions on Vehicular Technology, 2011, 60(1): 76-88.

[38] Asumadu J A, Haque M, Vogel H, et al. Precision battery management system[C]//Proceedings of the IEEE Instrumentation and Measurement Technology Conference, Ottawa, 2005, 2: 1317-1320.

[39] Garrett D B, Stuart T A. Transfer circuit for measuring individual battery voltages in series packs[J]. IEEE Transactions on Aerospace and Electronic Systems, 2000, 36(3): 933-940.

[40] Wang X, Stuart T. An Op Amp transfer circuit to measure voltages in battery strings[J]. Journal of Power Sources, 2002, 109(2): 253-261.

[41] Lee Y S, Jao C W. Fuzzy controlled lithium-ion battery equalization with state-of-charge estimator[C]//Proceedings of

the IEEE International Conference on Systems, Man and Cybernetics, Washington, 2003: 4431-4438.

[42] 胡建红. 基于 MC9S12DP512 与 CAN 总线的电池管理系统研究与设计[D]. 上海: 上海交通大学, 2008.

[43] 岳仁超. 电池管理系统的研究[D]. 北京: 北京交通大学, 2010.

[44] 王江平. 混合动力汽车 MII/Ni 电池管理系统设计与研究[D]. 重庆: 重庆大学, 2010.

[45] 张莹. 动力镍氢电池管理系统的研究[D]. 天津: 天津大学, 2007.

[46] 杨春雷. 电动汽车电池管理系统关键技术的研究[D]. 哈尔滨: 哈尔滨工业大学, 2011.

[47] 杨竞衡. 电动汽车的电气传动系统[J]. 电气传动, 1999(4): 3-10.

[48] Hong H. Electrical two-speed propulsion by motor winding switching and its control strategies for electric vehicles[J]. IEEE Transactions on Vehicular Technology, 1999, 48(2): 607-618.

[49] Mori M, Mizuno T, Ashikaga T, et al. Control method of an inverter-fed six-phase pole change induction motor for electric vehicle[C]//Proceedings of the Power Conversion Conference, Nagaoka, 1997: 25-32.

[50] Terashima M, Ashikaga T, Mizuno T, et al. Novel motors and controllers for high performance electric vehicle with 4 in-wheel motors[C]//Proceedings of the IEEE International Conference on Industrial Electronics, Control, and Instrumentation, Taibei, 1996: 20-27.

[51] Terashima M, Ashikaga T, Mizuno T, et al. Novel motors and controllers for high-performance electric vehicle with four in-wheel motors[J]. IEEE Transactions on Industrial Electronics, 1997, 44(1): 28-38.

[52] Chalmers B J, Musaba L, Gosden D F. Variable-frequency synchronous motor drives for electric vehicle[J]. IEEE Transactions on Industry Applications, 1996, 32(4): 896-903.

[53] Rahman M A, Qin R. Permanent magnet hysteresis hybrid synchronous motor for electric vehicles[J]. IEEE Transactions on Industrial Electronics, 1997, 44(1): 46-53.

[54] Chan C C, Chau K T, Jiang J Z, et al. Novel permanent magnet motor drives for electric vehicles[J]. IEEE Transactions on Industrial Electronics, 1996, 43(2): 331-339.

[55] Caricchi F, Crescimbini F, Mezzetti F, et al. Multi-stage axial-flux PM machine for wheel direct drive[C]//Conference Record of the 1995 IEEE Industry Applications Conference Thirtieth Annual Meeting, Orlando, 1995: 679-684.

[56] Kawamura A, Hoshi N, Kim T W, et al. Analysis of anti-directional-twin-rotary motor drive characteristics for electric vehicle[J]. IEEE Transactions on Industrial Electronics, 1997, 44(1): 64-70.

[57] 袁琼, 江建中. 横向磁场永磁电机[J]. 微特电机, 2002(3): 3-4, 7-11.

[58] 王凤翔. Halbach 阵列及其在永磁电机设计中的应用[J]. 微特电机, 1999, 27(4): 22-24.

[59] 张春喜, 孙立军, 朱建良, 等. 永磁电动机的控制技术[J]. 电机与控制学报, 2005, 9(1): 15-19.

[60] Gowthaman E, Vinodhini V, Hussain M Y, et al. Speed control of permanent magnet brushless DC motor using hybrid fuzzy proportional plus integral plus derivative controller[J]. Energy Procedia, 2017, 117: 1101-1108.

[61] Krishnan P H, Arjun M. Control of BLDC Motor based on adaptive fuzzy logic PID controller[C]//Proceeding of the IEEE International Conference on Green Computing, Communication and Electrical Engineering, Coimbatore, 2014: 6922372.

[62] Devendra P, Alice M K, Saibabu C. Design and implementation methodology for rapid control prototyping of closed loop speed control for BLDC motor[J]. Journal of Electrical Systems and Information Technology, 2018, 5(1): 99-111.

[63] Araz D, Frederik D B, Pieter D, et al. Improved dynamic behavior in BLDC drives using model predictive speed and current control[J]. IEEE Transactions on Industrial Electronics, 2016, 63(2): 728-740.

[64] 韦汉培, 王超, 张懿, 等. 基于DSP的永磁无刷直流电动机变频调速控制系统[J]. 变频器世界, 2015(6): 46-48.

[65] Ramachandiran G, Padmanaban S, Frede B, et al. Analysis and implementation of parallel connected two-induction

motor single-inverter drive by direct vector control for industrial application[J]. IEEE Transactions on Power Electronics, 2015, 30(12): 6472-6475.

[66] Divyasree P, Binojkumar A C. Vector control of voltage source inverter fed induction motor drive using space vector PWM technique[C]//Proceedings of the IEEE International Conference on Energy, Communication, Data Analytics and Soft Computing, Chennai, 2017: 2946-2951.

[67] Rajgire C M, Wankhede M M N, Karvekar S S. Design and implementation of sensorless vector control of induction motor drive using fuzzy-adaptive controller[C]//Proceedings of the IEEE International Conference on Computing Methodologies and Communication, Erode, 2017: 313-317.

[68] Yousfi L, Bouchemha A, Bechouat M, et al. Vector control of induction machine using PI controller optimized by genetic algorithms[C]//16th Proceedings of the International Power Electronics and Motion Control Conference and Exposition, Antalya, 2014: 1272-1277.

[69] Karthik D, Chelliah T R. Analysis of scalar and vector control based efficiency-optimized induction motors subjected to inverter and sensor faults[C]//International Conference on Advanced Communication Control and Computing Technologies, Ramanathapuram, 2016: 462-466.

[70] Xiao J F, Zhang L, Ou M, et al. BLDC motor field orientation control system based on LPIDBP neural network[C]//IET International Conference on Information Science and Control Engineering, Shenzhen, 2012: 2476.

[71] Viswanathan V, Jeevananthan S. Novel space-vector current-control method for torque ripple reduction of brushless DC motor based on three-level neutral-point-clamped inverter[C]//Proceeding of the IEEE International Conference on Green Computing, Communication and Electrical Engineering, Coimbatore, 2014: 6922420.

[72] de Almeida T E P, de Paula G T, de Castro A G, et al. Sensorless vector control for BLDC machine[C]//Proceedings of the Power Electronics Conference, Juiz de Fora, 2017: 1-6.

[73] Sakunwanthanasak I, Boonsang S. Indirect vector control of induction motors using a PI-fuzzy controller with the simplified implementation without current sensors[C]//Proceedings of the IEEE International Conference on Information Technology and Electrical Engineering, Chiang Mai, 2015: 364-369.

[74] Mishra T, Devanshu A, Kumar N, et al. Comparative analysis of hysteresis current control and SVPWM on fuzzy logic based vector controlled induction motor drive[C]//Proceedings of the IEEE International Conference on Power Electronics, Intelligent Control and Energy Systems, Delhi, 2016: 7853632.

[75] 夏长亮, 张茂华, 王迎发, 等. 永磁无刷直流电机直接转矩控制[J]. 中国电机工程学报, 2008, 28(6): 104-109.

[76] Depenbrock M. Direct self-control (DSC) of inverter-fed induction machine[J]. IEEE Transaction on Power Electronics, 1988, 3(4): 420-429.

[77] Takahashi I, Ohmori Y. High-performance direct torque control of an induction motor[J]. IEEE Transactions on Industry Applications, 1989, 25(2): 257-264.

[78] Buja G, Bertoluzzo M, Keshri R K. Torque ripple-free operation of PM BLDC drives with petal-wave current supply[J]. IEEE Transactions on Industrial Electronics, 2015, 62(7): 4034-4043.

[79] Masmoudi M, Badsi B E I, Masmoudi A. DTC of B4-inverter-fed BLDC motor drives with reduced torque ripple during sector-to-sector commutations[J]. IEEE Transactions on Power Electronics, 2014, 29(9): 4855-4865.

[80] Wu X G, Chen J F, Hu C. Dynamic programming-based energy management system for range-extended electric bus[J]. Mathematical Problems in Engineering, 2015: 1-11.

[81] 赵秀春, 郭戈. 混合动力电动汽车能量管理策略研究综述[J]. 自动化学报, 2016, 42(3): 321-334.

[82] Elbert P, Nüesch T, Ritter A, et al. Engine on/off control for the energy management of a serial hybrid electric bus via convex optimization[J]. IEEE Transactions on Vehicular Technology, 2014, 63(8): 3549-3559.

[83] 舒红, 秦大同, 胡明辉, 等. 轻度混合动力汽车再生制动能量管理策略[J]. 机械工程学报, 2009, 45(1): 167-173.

[84] Padmarajan B V, McGordon A, Jennings A, et al. Blended rule-based energy management for PHEV: system structure and strategy[J]. IEEE Transactions on Vehicular Technology, 2016, 65(10): 8757-8762.

[85] Liu W, He H W, Wang Z X. A comparison study of energy management for a plug-in serial hybrid electric vehicle[J]. Energy Procedia, 2016, 88: 854-859.

[86] 谢星, 周苏, 王廷宏, 等. 基于 Cruise/Simulink 的车用燃料电池/蓄电池混合动力的能量管理策略仿真[J]. 汽车工程, 2010, 32(5): 373-378.

[87] 张晓玲, 贝绍轶, 汪伟, 等. 增程式电动汽车控制策略的仿真分析[J]. 机械设计与制造, 2016(11): 142-145.

[88] 申彩英, 胥帆. 增程式混合动力汽车控制策略研究[J]. 中国农机化学报, 2016, 37(6): 143-145, 181.

[89] 牛继高, 周苏. 增程式电动汽车增程器开/关机时刻的优化[J]. 汽车工程, 2013, 35(5): 418-423.

[90] Xiong W W, Zhang Y, Yin C L. Optimal energy management for a series-parallel hybrid electric bus[J]. Energy Conversion and Management, 2009, 50(7): 1730-1738.

[91] 付主木, 王聪慧, 普杰信. PHEV 模糊控制能量管理策略建模与仿真[J]. 系统仿真学报, 2012, 24(6): 1314-1319.

[92] Zhao D Z, Winward E, Yang Z J, et al. Real-time optimal energy management of electrified engines[J]. IFAC-PapersOnLine, 2016, 49(11): 251-258.

[93] Won J S, Langari R. Intelligent energy management agent for a parallel hybrid vehicle-Part II: torque distribution, charge sustenance strategies, and performance results[J]. IEEE Transactions on Vehicular Technology, 2005, 54(3): 935-953.

[94] Peng J K, He H W, Xiong R. Study on energy management strategies for series-parallel plug-in hybrid electric buses[J]. Energy Procedia, 2015, 75: 1926-1931.

[95] 邹渊, 侯仕杰, 韩尔樑, 等. 基于动态规划的混合动力商用车能量管理策略优化[J]. 汽车工程, 2012, 34(8): 663-668.

[96] 席利贺, 张欣, 孙传扬. 基于动态规划的 E-REV 能量管理策略研究[J]. 北京交通大学学报, 2016, 40(5): 120-125.

[97] Chen J F, Wu J F, Wu X G, et al. Study on energy management strategy based on DP for range extended electric bus in Chinese driving cycles[C]//Proceedings of the IEEE Conference and Expo Transportation Electrification Aasia-Pacific, Beijing, 2014: 6941152.

[98] Lin C C, Peng H, Grizzle J W, et al. Power management strategy for a parallel hybrid electric truck[J]. IEEE Transactions on Control Systems Technology, 2003, 11(6): 839-849.

[99] 许世景, 吴志新. 基于 PMP 的 HEV 全局最优能量管理策略研究[J]. 中国机械工程, 2014, 25(1): 138-141.

[100] Zou Y, Liu T, Sun F C, et al. Comparative study of dynamic programming and Pontryagin's minimum principle on energy management for a parallel hybrid electric vehicle[J]. Energies, 2013, 6(4): 2305-2318.

[101] Ebbesen S, Elbert P, Guzzella L. Battery state-of-health perceptive energy management for hybrid electric vehicles[J]. IEEE Transactions on Vehicular Technology, 2012, 61(7): 2893-2900.

[102] Ngo V, Hofman T, Steinbuch M, et al. Optimal control of the gearshift command for hybrid electric vehicles[J]. IEEE Transactions on Vehicular Technology, 2012, 61(8): 3531-3543.

[103] Zhang Y, Liu H P, Guo Q. Varying-domain optimal management strategy for parallel hybrid electric vehicles[J]. IEEE Transactions on Vehicular Technology, 2014, 63(2): 603-616.

[104] Boehme T J, Frank B, Schori M, et al. Multi-objective optimal powertrain design of parallel hybrid vehicles with respect to fuel consumption and driving performance[C]//Proceedings of the European Control Conference, Strasbourg, 2014: 1017-1023.

[105] Bonab S A, Emadi A. Fuel-optimal energy management strategy for a power-split powertrain via convex optimization[J]. IEEE Access, 2020, 8: 30854-30862.

[106] Hu X, Moura S J, Murgovski N, et al. Integrated optimization of battery sizing, charging, and power management in plug-in hybrid electric vehicles[J]. IEEE Transactions on Control Systems Technology, 2016, 24(3): 1036-1043.

[107] Choi M E, Lee J S, Seo S W. Real-time optimization for power management systems of a battery/supercapacitor hybrid energy storage system in electric vehicles[J]. IEEE Transactions on Vehicular Technology, 2014, 63(8): 3600-3611.

第 2 章　增程式电动汽车动力系统结构及工作模式

2.1　增程式电动汽车动力系统结构

2.1.1　增程式电动汽车的典型结构

增程式电动汽车是在纯电动汽车基础上增加增程器,以延长其续驶里程的一种新型电动汽车。增程式电动汽车通常搭载一个动力电池组和一个由"内燃机+发电机+整流器"或"燃料电池"等组成的增程器。增程式电动汽车与纯电动汽车和串联式混合动力汽车一样采用纯电驱动的方式工作,与插电式混合动力汽车一样可以外接插电,增程式电动汽车典型结构如图 2.1 所示。

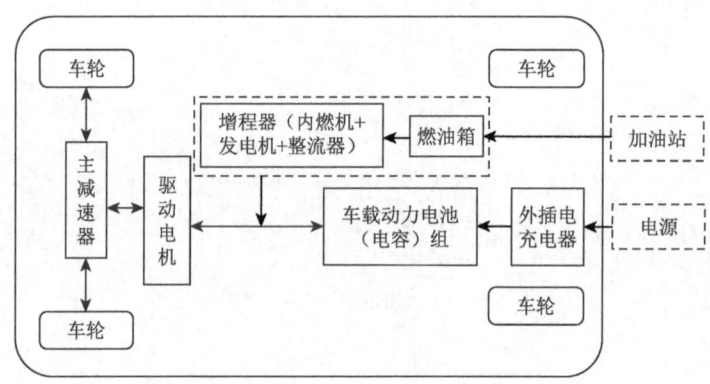

图 2.1　增程式电动汽车典型结构

在典型的增程式电动汽车结构中,动力电池和增程器并联,通过功率转换器向驱动电机输出功率。动力电池作为主要动力源,要保证车辆的动力性能并吸收制动回馈能量和提供一定的纯电动续驶里程。驱动电机将电能转化为机械能,通过传动装置将转矩传递至车轮。驱动电机应具有再生制动功能,当车辆制动时,将机械能转化为电能,输送到动力电池。相比纯电动汽车,增程式电动汽车在行驶里程方面有很大的优势,弥补了纯电动汽车续航里程短这一大缺点。相比传统油电混合动力汽车,增程式电动汽车的发动机始终处于最佳工作状态,所以在排放方面优势十分突出。而相比新型油-电混合动力汽车,增程式电动汽车以动力电池驱动为主,更偏向于纯电动驱动，具备纯电动汽车的低噪声、零排放、可以综合利用能源及行驶成本低等特点，因此可视为从混合动力驱动向纯电动驱动的一种过渡。

2.1.2 增程式电动汽车与其他电动汽车的差异

1. 增程式电动汽车与其他纯电动汽车的差异

纯电动汽车的能量全部来源于电池，为了满足整车性能和使用需求，所需电池技术已经超出目前电池发展的技术水平。为了保证续航能力，纯电动汽车通常对电池采用80%深度放电。增程式电动汽车可以通过车载发电单元的工作，弥补由于电池能量密度较低导致续驶里程不足的缺陷，同时在电池电量较低时保证车辆行驶的动力性，大大降低电池容量，有利于降低电动汽车的成本。

2. 增程式电动汽车与插电式混合动力汽车的差异

插电式混合动力汽车与增程式电动汽车的工作模式非常类似，两者都可以由动力电池单独输入能量即行驶在纯电动模式下，且当动力电池容量接近设定的下限后都转由另外一种动力源继续提供汽车所需的能量，但两者在工作原理上有着本质的区别。从驱动的角度分析，增程式电动汽车无论工作在纯电动模式还是增程模式下，其车轮始终仅由驱动电机独立驱动[1]。插电式混合动力汽车如果工作在混合动力模式下，则发动机要和电动机一起驱动车轮，这个过程需要复杂的动力耦合。从系统选型的角度分析，增程式电动汽车必须是串联式混合动力型；而插电式混合动力汽车可以是并联式混合动力型，也可以是混联式混合动力型。从性能的角度分析，只有增程式电动汽车才可以最大程度地发挥出纯电动汽车的潜力。增程式电动汽车的动力电池及驱动系统需要在设计之初实现良好的匹配，这样才能达到既定的性能指标（如最高车速、最大爬坡度及目标续驶里程等）。而插电式混合动力汽车因为发动机也参与驱动，对驱动系统的匹配要求就更高。从电气化程度的角度分析，增程式电动汽车的电动化驱动程度无疑更高，具体的表现就是电功率占总输出功率的比例是100%，而插电式混合动力汽车则可能达不到100%。

2.1.3 增程式电动汽车的增程器发电模式及发动机种类

为电动汽车加设增程器是一种解决电动汽车"里程焦虑"的有效方法，增程器一般由发动机与发电机共同构成，当动力电池的可用能量低于指定阈值后，增程器会对动力电池进行充电。增程器也是其他问题的实用解决方案，例如，增程器可以在车辆停止时更有效地使用加热和制冷功能，从而有助于进一步减少二氧化碳排放。

增程器的基本要求如下：①在电池无法提供电能的条件下，其峰值功率足以让汽车实现某个速度的运行；②紧凑和轻便，在电动汽车上安装具有简便性和经济性；③优异的燃油效率，将电动汽车减排的优势最大化；④严格符合低污染物排放的法规。

增程器从能量转换过程区分，包括直接发电（燃料电池发电、太阳能发电等）和热机与发电机组合发电（外燃机发电、内燃机发电等）两种模式。

1. 发电模式

1) 直接发电

目前，直接发电装置成本普遍较高，例如，氢燃料电池汽车虽具有零排放、能量转换率高、高能量密度、电池寿命长及加氢时间短等综合优势，但液态氢的生产和储存成本较高，使氢燃料汽车补充燃料极为不便。太阳能发电技术目前仍无法承担汽车行驶所需能量，太阳能汽车也并未实现量产，因此直接发电装置不适合作为增程器使用。

2) 热机与发电机组合发电

热机的可选种类十分丰富，主要分为外燃机发电和内燃机发电。大多数发电站所使用的发电装置都是外燃机发电，避免了传统内燃机的爆震问题，实现了低噪声、低污染和低运营成本，同时外燃机可使用多种燃料，对燃料的纯度要求较低。但外燃机附属设备庞杂，无法快速启动，因而限制了其在汽车上的应用。内燃机以柴油机和汽油机等往复活塞式内燃机为主，除此之外还有旋转活塞式和自由活塞式内燃机以及燃气轮机等。往复活塞式内燃机具有效率较高、质量较轻和功率较大等一系列优点，技术比较成熟。在内燃机中，虽然旋转活塞式和自由活塞式内燃机以及燃气轮机具有体积小、质量轻的优势，但由于制造成本较高、可靠性不足，均未达到量产条件。

往复活塞式内燃机可靠性高、制造成本低，虽然其效率有待提高，但在目前研究现状下仍是增程器用发动机的最佳选择。几类热机的特点对比见表2.1。

表 2.1 几类热机特点对比

热机类型	体积	质量	效率	可靠性	成本
外燃机	大	重	低	高	低
往复活塞式内燃机	中	中	中	高	低
旋转活塞式内燃机	小	轻	高	低	高
自由活塞式内燃机	小	轻	中	低	高
燃气轮机	小	轻	中	中	低

提升往复活塞式内燃机效率的方法有两种,一种是采用阿特金森循环,另一种是采用均质充量压缩燃烧技术[2]。

阿特金森在奥托循环内燃机的基础上,采用一套复杂的连杆机构使发动机的做功行程大于压缩行程,有效提高了发动机效率。米勒舍弃了复杂的连杆结构,而是利用配气机构来实现做功行程大于压缩行程的效果,提前关闭进气门,减少进气量,或推迟进气门的关闭时刻,使吸入的混合气又"吐"出去一部分,以达到实际压缩行程减小的目的。阿特金森循环在提高效率的同时也存在缺点:一是低转速扭矩小,低转速进气门早关或晚关引起充气效率下降;二是长活塞行程不利于发动机高转速运转。

均质充量压缩自燃(homogeneous charge compression ignition, HCCI)的燃烧方式结合了柴油机压燃和汽油机均质混合气点火燃烧的特点,基本特征是均质、压燃和低温火焰燃烧。与传统的点燃式发动机相比,它取消了节气门,泵气损失小、燃烧持续期短,可以得到与压燃式发动机相当的较高热效率。与传统柴油机相比,由于混合气是均质的,燃烧反应几乎是同步进行,没有火焰前锋面,燃烧火焰温度低(低于2000K),NO_x排放低,几乎没有PM排放。另外,HCCI燃烧方式能使用包括汽油、柴油、天然气、液化石油气、甲醇、乙醇、二甲醚及混合燃料等在内的多种燃料。但是HCCI的运行对废气再循环率、压缩比和空燃比要求较高,可接受的、不发生爆震的HCCI工况被限制在了很小的参数范围内,小负荷工况时混合气浓度过低,发动机易"失火"。而大负荷工况下发动机放热速率过快,发动机容易产生爆震。

虽然阿特金森循环和HCCI燃烧方式不适宜在燃油车上应用,但增程式电动汽车的发动机与车轮完全解耦,不受车辆行驶工况影响,且可以始终工作在特定工况上,因而可以适应阿特金森循环和HCCI燃烧方式对发动机工况的要求。因此,阿特金森循环和HCCI燃烧方式在增程式电动汽车上有较好的应用前景。

目前大多数增程器由发动机串联发电机组成,其作用是给汽车驱动电机或蓄电池进行供电,并不参与驱动车轮。根据增程器的工作方式及应用场合,增程器发动机应具有体积小、质量轻、输出功率大、效率高、可靠性高、成本低等特点。总的来说,增程器发动机种类主要包括汽油发动机、柴油发动机、转子发动机和燃料电池发动机等。

2. 发动机种类

1)汽油发动机

汽油发动机通过火花点火提供可燃混合气着火所需要的能量,燃烧相位通过改变点火提前角来控制。当空气和燃油比在理论空燃比($\lambda=1$)附近时,现在使用的三元催化转化器具有较高的转化效率，所以汽油发动机通过电控系统保证混合气为理论空燃比。同时，均质的理论空燃比混合气也能使汽油发动机的碳烟排放在一个相对较低的水平。但是，汽油发动机也有着明显的缺点：为了避免爆震，常采用较小的压缩比，这就降低了汽油发动机的热效率。电控系统通过调节气门开度来保证进气的空燃比并且调节负荷，这就增大了汽油发动机的泵气损失，特别是汽油发动机负荷较小时，其燃油效率大大降低。因此，目前传统汽油发动机所需要解决的就是在维持较低排放的基础上尽量降低油耗。

2）柴油发动机

柴油发动机的高压缩比带来较高的燃烧效率，油耗比汽油发动机可以减少30%以上，但其工作比较粗暴，颗粒物与氮氧化物（NO_x）排放量较多。为了满足国家第四阶段机动车污染物排放标准（简称国四）及更高的排放标准，柴油发动机的后处理设备越来越复杂，其价格高达整机的1/3。旋转活塞式内燃机具有功率高、振动小、运转平稳、结构简单等优点，但因该发动机燃料经济性差，故未能广泛使用。自由活塞式内燃机机组布置和功率选择有较大的灵活性，但由于布置分散、附属设备多，应用范围受到限制。

3）转子发动机

转子发动机是于20世纪50年代出现的一种以三角转子旋转运动代替活塞往复运动的新型内燃机[3,4]。转子发动机工作过程与四冲程往复活塞式发动机类似，同样有进气、压缩、膨胀做功、排气四个过程[5]。虽然转子发动机工作原理与往复活塞式发动机类似，但由于其特殊的结构和运动方式，其性能与往复活塞式发动机有很大区别[6]。从如下几个方面介绍转子发动机的特点[7]。

(1) 动力性：一方面，因为转子发动机没有专门的配气机构及活塞连杆等复杂运动件，其结构简单紧凑，功率密度比较高，即在相同的动力输出下，转子发动机往往要比往复活塞式发动机重量轻、体积小[8,9]；另一方面，转子发动机省去了限制气口开闭速度的进排气门，因此其气门可以迅速开到最大值，在相同转速下，转子发动机的时面值远大于往复式活塞发动机，且转子发动机的进气过程要持续270°偏心轴转角，这导致转子发动机充气效率较高，而且扭矩对转速变化的敏感度也不像往复活塞式发动机那样高，即使在很高的转速下扭矩也不会因为进气变差而降低。

(2) 经济性：转子发动机热效率低导致的高油耗问题是限制其广泛应用的原因之一，导致其热效率低的主要原因有以下几点。①转子发动机漏气问题严重。因为转子的相邻燃烧室之间仅有一片径向密封片相隔，膨胀做功的燃烧室内的高温高压混合气会泄露至进气室或排气室，这浪费了部分能量，且转子发动机进气和燃烧过程在缸体的不同位置，不均匀的温度压力分布加剧了漏气现象；②转子发动机的燃烧室狭长，所以面容比较大，传热损失也较大；③进排气重叠限制了转子发动机的排气口位置,一般将排气相位设计得较早,这使燃气不能充分膨胀,排气损失较大;④为了改善燃烧,转子上有一个凹坑,这使转子发动机的压缩比较小,热效率较低;⑤转子发动机燃烧室狭长,到压缩上止点附近,燃烧室内的流场被完全挤压成转子转动方向的单向流,单向流阻碍了火焰向燃烧室尾部的传播,因此燃烧持续期较长,这说明其示功图定容度较差,因此热效率较低。

(3) 运转性能:转子发动机振动噪声较小,因为机轴转一圈,对往复机来说,活塞就做了一次往复运动,而对转子发动机来说,其转子只转过了1/3圈,转子发动机做功时间长,扭矩波动较小。此外,转子发动机没有进、排气门,因此没有气门撞击气门座导致的噪声。

(4) 排放:转子发动机的CO和NO_x排放大致和往复活塞式发动机相当,因为CO主要受空燃比影响,这可以通过喷油量控制,NO_x则被较低的燃烧温度所限制。未燃HC排放量高是转子发动机的一个主要问题,其原因有以下几点。①为避免火花塞与转子相撞,不得不将火花塞放在缸体的火花塞孔内,这就导致火花塞周围的区域内废气难以被新鲜的混合气替代更新,较高的残余废气系数导致失火率较高。在小负荷或怠速工况下,这个问题尤为严重;②燃烧室狭长,火焰传播距离长,火焰传播慢,燃料还未烧完就从排气口进入大气变成HC排放;③火焰传播速度等于湍流火焰速度加气体迁移速度,转子发动机内基本是转子运动方向的单向流,而火花塞点火的位置通常在燃烧室的中前部,这说明火花塞上游的燃料需要靠逆流传播的火焰锋面点燃,因此燃烧室尾部的燃料很难完全燃烧,燃烧室后方的未燃混合气是排放物中HC的重要来源之一;④较大的面容比导致转子壁面传热较多,壁面温度低使淬熄层较厚;⑤为了润滑燃烧室壁面及转子密封片,不得不将润滑油注入燃烧室,这样润滑用的机油也参与了燃烧,这也会导致HC的排放。

4) 燃料电池发动机

燃料电池发动机是一种发电装置,将燃料和氧化剂通过电化学反应转换为电能[10],其能源的转换率较高,除产生少量的水之外并无其他有害物质排出,在业界一直被认为是新能源汽车发展的终极目标。燃料电池的工作原理不同于内燃机,没有点火装置,其储能装置中的燃料并不需要经过燃烧,电能的形成完全由燃料中的化学能直接转化而成,没有燃烧的过程,因此无任何有害物质排出,仅仅是通过氢气及氧气的化学反应转换成电能[11]。

简单的化学反应方程式为

$$2H_2 + O_2 \longrightarrow 2H_2O$$

基本工作过程如下。

(1) 储能装置中的氢气通过供气系统或导气装置输送至阳极。

(2) 每 1 个 H_2（氢分子）在催化剂（阳极）的作用下被分解为 2 个 H^+（氢离子），并释放出 2 个 e^-（电子）。

(3) 在另一端，氧气（或空气）通过供气系统或导气装置被输送至阴极，同时，氢离子穿过电解质到达阴极，电子通过外电路也到达阴极。

(4) 在阴极催化剂的作用下，氧离子和氢离子与电子发生反应生成水。

这时，只要在电池的两端进行连接并加上负载，阳极的电子将会通过外电路到达阴极，由于电子的移动，在外部电路中产生电流，持续给负载供电。只要车辆有足够多的燃料，燃料电池就能源源不断地输出电能[12]。

燃料电池的反应特点如下。

(1) 能量转换效率高。不同于传统的内燃机，燃料电池不需要通过燃料的燃烧使其产生的热能转化为机械能，而主要是通过燃料储存系统中的氢气与空气中的氧气产生化学反应进而直接转化为电能，其过程中能量转换率非常高，不受"卡诺循环"的影响，理论上燃料电池的化学能转换效率可达 100%，实际能量转换效率也已高达 60%~80%，是普通内燃机热效率的 2~3 倍。

(2) 良好的环境相容性。燃料电池的工作原理决定了其不同于其他汽车能源。在其能量的转化过程中，燃料电池不需要通过燃料燃烧产生热能再做功转换成机械能，其电能的生成是通过燃料与氧化剂的化学反应，无有害气体排放，无空气污染问题，工作过程中的噪声也大大低于汽柴油发动机，因此具有非常好的环境相容性，是一种高效率、高转化率的清洁能源。

(3) 使用寿命长。燃料电池不同于其他电池，不需要进行充电放电的过程，工作温度相对较低，只需确保燃料的供给就能确保稳定的电能输出。

(4) 能源补充快。通常，氢气是燃料电池最主要也是最常用的燃料，氢气的生产途径较为广泛，燃料的补充或更换氢气瓶所需时间较短，一般只需几分钟，相比之下，纯电动汽车的动力蓄电池充电时间一般需要 2~7h，更换蓄电池更是一项复杂工作[13]。

(5) 制氢原料多。燃料电池所需的燃料（一般指氢气）可以从多种气体中分解出来，如石油气、天然气及甲烷等，也可以采用电解水的方式获得，其来源较为广泛[14]。

几种增程器发动机特性对比如表 2.2 所示，其中，"0"为基准线；"+"表示好；"-"表示差；"++"表示很好。

表 2.2 增程器发动机特性对比[15]

参数	单缸两冲程汽油机	两缸四冲程汽油机	两缸四冲程柴油机	单活塞转子发动机
振动噪声	0	0	−	++
尺寸	0	0	0	++
重量	0	0	−	+
成本	+	+	0	0
效率	0	0	++	−

单活塞转子发动机和两缸四冲程汽油机被认为是在增程发电应用中较有前景的发动机。虽然单活塞转子发动机比两缸四冲程汽油机单体成本要低，但两缸四冲程汽油机比单活塞转子发动机的平台更为通用化，降低了制造成本。两缸四冲程汽油机的成熟技术使其具有明显的优势，是当前增程器用发动机较为理想的选择。随着转子发动机应用的增多，其在车载发电中的优越性能将逐步得到体现。除了常用的发动机以外，原动机还有许多其他选择，如斯特林发动机、小型蒸汽轮机、直线发动机等。采用均质混合气压燃技术的发动机，由于集合了柴油机和汽油机的优点，也有望在未来的增程器上得到应用。

2.1.4 增程式电动汽车的驱动电机种类

增程式电动汽车的驱动电机应具有调速区间宽、低速输出扭矩大、高速输出功率大等特点，同时驱动电机可以双向工作，以便实现制动能量回收。

应用于电动汽车上的驱动电机种类较多，根据其工作时所需的电源分类，驱动电机包括直流驱动电机、交流驱动电机和方波驱动电机，如图 2.2 所示。按其

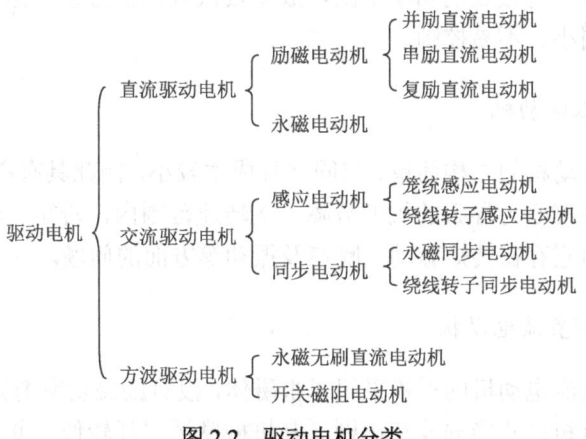

图 2.2 驱动电机分类

机械结构可分为：励磁电动机、永磁电动机、感应电动机、同步电动机、永磁无刷直流电动机和开关磁阻电动机等。就目前而言，永磁无刷直流电动机、感应电动机、同步电动机和开关磁阻电动机在电动汽车行业应用较多，不同驱动电机的性能对比见表 2.3。

表 2.3　不同驱动电机性能对比[16]

驱动电机类型	优点	缺点
永磁同步电动机	效率高、比功率高、调速范围宽、可靠性好	功率范围较小、成本较高
感应电动机	体积小、易维护、价格低	功率较低、控制复杂
开关磁阻电动机	结构简单、高启动转矩、成本低	控制复杂、存在转矩脉冲、噪声大
永磁无刷直流电动机	技术成熟、控制简单、调速方便	体积大、重量大、维护困难

1. 永磁同步电动机

永磁同步电动机输入的是交流正弦波或近似正弦波，利用连续转子位置反馈信号进行控制，其定子与传统交流电动机相似。永磁同步电动机的功率效率及功率因数高、发热小，并且结构简单、体积小、噪声小，驱动电机允许通过的过载电流较大，它的优势还有传动系统质量较小但功率大。永磁同步电动机的转子采用永磁体、无绕组、无铜耗，低负荷工作时铁损小。其效率及比功率高、调速范围宽且精度高、运行平稳、可靠性好等优势十分明显，是当前增程式电动汽车驱动电机中较优的选择。

2. 感应电动机

感应电动机具有较宽的功率范围，成本较低且维修方便。但它的缺点是系统复杂、调速范围小、不易控制。

3. 开关磁阻电动机

开关磁阻电动机的结构简单、坚固并且成本较小，因此具有高速运行的能力，不需要考虑因高离心力导致的机械故障。宽转速范围内，转矩、转速可灵活控制是它的优点，但它存在转矩脉动、噪声及振动等方面的问题。

4. 永磁无刷直流电动机

永磁无刷直流电动机的磁极采用了永磁体，没有励磁功率消耗，其效率较高。此外，由于没有机械式换向器和电刷，其机械摩擦损耗较低。并且它体积小、重量轻,与直流电动机一样易于控制。转子中没有环形电流,只有定子有热量产生,所以易于冷却。此外,电动机的寿命只随绕组的绝缘、轴承和永磁体寿命而变化,低廉的维护成本、较长的使用寿命和高可靠性都是它的优点。但永磁无刷直流电动机成本高,不能获得大于基速两倍的最高转速,并且存在危险性及磁体退磁的可能。

2.1.5 增程式电动汽车的储能技术

1. 电池储能技术

目前,在增程式电动汽车上应用的电池主要有铅酸电池、镍镉电池、镍氢电池和锂离子电池[17]。

1) 铅酸电池

铅酸电池的价格成本低、技术成熟、功率容量相对较高,使用较为广泛,但是循环寿命短,并且比容小、能量密度低、温度特性差、过于笨重。此外,高度腐蚀性的硫酸会对车内人员带来安全隐患。而电极上的铅具有毒性,也不利于环境保护。

2) 镍镉电池

镍镉电池的技术优点为高比功率、长循环寿命。该电池在使用时具有高耐受度、宽放电电流内电压不跌落、快速充电能力强、工作温度范围宽、自放电率低、腐蚀性极低等优点。虽然其具有优异的长期储存的能力,但镍镉电池也存在一些缺点,如初始成本高、单体蓄电池电压相对较低、镉有致癌性且会对环境产生危害等。

3) 镍氢电池

镍氢电池的特性类似镍镉电池,两者之间原理上的差异在于金属氢化物中的氢的利用。目前,镍氢电池在镍基蓄电池中具有最高的比能量和比功率,另外其对环境友好,有平坦的放电曲线和快速再充电能力。但是,它依然存在初始成本高的缺点,还存在一种记忆效应,且可能在充电时发热。

4) 锂离子电池

锂离子电池的循环寿命长,单体电池工作电压高,可以快速充/放电。缺点是在过充电和过放电状态下电池可能会因热失控发生产气或爆炸,因此需要多重保护机制,导致锂离子电池的成本过高。

表2.4展示了上述四种电池的单体电压、质量比能量、质量比功率、循环寿命这四种性能参数。因为增程式电动汽车的主要能量是电能,所以电池的质量和体积都应该尽可能小,否则会影响整车经济性能。

表 2.4　四种电池性能参数比较

性能	种类			
	铅酸电池	镍镉电池	镍氢电池	锂离子电池
单体电压/V	2.0	1.2	1.2	3.7
质量比能量/(W·h/kg)	30～50	50～70	75～80	100～220
质量比功率/(W/kg)	150～400	>190	160～230	190～320
循环寿命/次	500～800	1500～2000	500～1000	>2000

锂离子电池中，磷酸铁锂（$LiFePO_4$）电池质量比能量和质量比功率较高，同时具有充/放电性能优良、循环寿命长及成本较低等优点，是当前增程式电动汽车动力电池较为理想的选择。

2. 超级电容储能技术

超级电容器是一种新型的储能元件，性能方面集合了电解电容与传统电池的优点[18]，其容量是同体积普通电容器的10000倍，功率密度是传统电池的10～100倍，但能量密度是传统电池的10%左右。超级电容器充/放电速度快、功率密度高，所以能承受瞬时大功率输入和输出的要求，特别适用于高频率循环脉冲负载的应用。超级电容器作为一种绿色的替代能源正逐渐得到重视，未来在车载应用中具有较好的发展前景[19]。

超级电容器可作为短时间的功率输出源应用于增程式电动汽车，在电动汽车启动、加速和爬坡时与其他能量元件（蓄电池、燃料电池等）共同为汽车提供能量，不仅可以提高能量利用率、改善运动特性、减小瞬时大功率对电池造成的损害，而且能够更高效地实现能量回收[20]。实验研究表明，加入超级电容器的混合储能系统在电压、电流稳定性方面具有明显优势[21]。目前大多数汽车制造商都开始将超级电容器加入汽车储能系统，用于储存制动能量。例如，全新一代马自达6将超级电容器用于制动能量回馈系统，其燃料消耗降低约10%。

3. 飞轮储能技术

飞轮储能系统具有充电快、清洁、工作效率高等特点，且有无限次充电和放电循环的能力，可以作为辅助能源用于增程式电动汽车，受到许多汽车制造企业的重视，其中沃尔沃集团和捷豹汽车公司已在传统燃油汽车内部加入新型飞轮储能装置。

飞轮储能系统是一种短期或中期储能系统，不能长时间用于系统供能，具有较高功率密度的飞轮储能系统常作为辅助能源用于汽车储能。表2.5列出了飞轮、蓄电池和超级电容器三种储能元件的技术参数。

表 2.5　三种储能元件技术参数

技术参数	飞轮	蓄电池	超级电容器
循环效率/%	>90	>90	>90
单位容量成本/[美元/(kW·h)]	2000～5000	>600	1000～5000
质量比功率/(W/kg)	1～5	250～340	0.5～10
质量比能量/(W·h/kg)	10～50	100～250	0.5～5
循环次数/次	500000～1000000	1000～10000	500000～1000000
自放电/(日/%)	100	0.1～0.3	20～40
工作温度/℃	−30～100	0～45	−40～80

飞轮作为辅助能源的电动汽车动力系统，主要由蓄电池、飞轮、功率变换器、电动机等组成[22]。当车辆处于匀速平稳行驶状态时，飞轮电池处于能量保持状态或待工作状态。当车辆处于制动工况时，将回收的能量给飞轮电池充电。当需要加速或有瞬时大功率需求时，飞轮电池释放已存储能量，并与蓄电池一起为汽车提供能量，不但可以降低由于瞬时功率过大对蓄电池造成的损失，而且可以保证车辆平稳运行、提高整车能量系统的稳定性、减少对驱动电机及其他部件的损害、延长电动机寿命。自 2000 年以来，已有学者提出了在客车和赛车上将飞轮应用于制动能量回收的概念，部分火车和大型客车也都安装了飞轮储能装置。2013 年，沃尔沃集团在 s60 轿车中装配了飞轮储能系统，用于制动能量回收和提供能量，可减少 25%的燃油消耗，并最高可提供 58.84kW 的功率输出。但目前飞轮储能系统还没有足够大的能量密度，无法作为主供能系统，而且储能技术还不完全成熟，存在技术难点，如高速旋转时飞轮转速不稳定及转速下降过快等。

4. 太阳能储能技术

太阳能储能系统具有清洁、安全、经济等优点，同样受到了汽车企业的青睐。寻求高效、稳定的太阳能能源系统已成为许多汽车企业研究的重点之一。由于太阳能系统受到环境、温度等因素的制约，太阳能汽车还处于研发和测试阶段，但是将太阳能作为汽车能源的研究正在不断深入。

近年来，提高太阳能储能系统的转化效率，并将其作为汽车主要能源的研究正在不断深入。日本应庆义塾大学设计了一款名为 luciole（萤火虫）的概念车，车顶安装了高效光伏板，给 12V 的辅助电池充电，当辅助电池充满后，辅助电池又会给主供电电池充电。在电量充足的情况下，可以行驶 800km。太阳能作为安全经济的能源，在汽车上的应用也不仅限于汽车动力系统，还可为汽车辅助电器设备提供能量，如汽车玻璃的升降、维持车内温度等，是未来汽车发展的方向之一。

5. 混合储能技术

各种储能技术都有其特有的性能优势，单一储能系统不能同时满足功率密度和能量密度的要求，混合储能系统则可以集合各种储能技术的性能优势。

燃料电池多用于车载混合储能系统，提供汽车行驶的主要能源。辅助动力源作为能量缓冲单元。当需要瞬时大功率时，由辅助动力源和燃料电池共同提供，而且还可将制动回馈的能量暂时储存在辅助动力源中。

由超级电容器、燃料电池和蓄电池组成的车载混合储能系统，如图 2.3 所示，超级电容器、燃料电池和蓄电池可通过控制单元变换连接方式提供驱动电机运转所需能量，使能量在输出过程中更加稳定，以确保汽车更平稳地行驶。当系统能量需求较低时，仅由蓄电池提供能量；当能量需求变化频繁时，由超级电容器提供波动的能量，或者由蓄电池和超级电容器共同提供；当蓄电池能量不足时，燃料电池开始工作，超级电容器辅助燃料电池系统为系统提供所需的瞬时大功率。另外，超级电容器还可以存储制动回馈的能量。在这种结构中，可实现三种动力源的能量优化匹配。

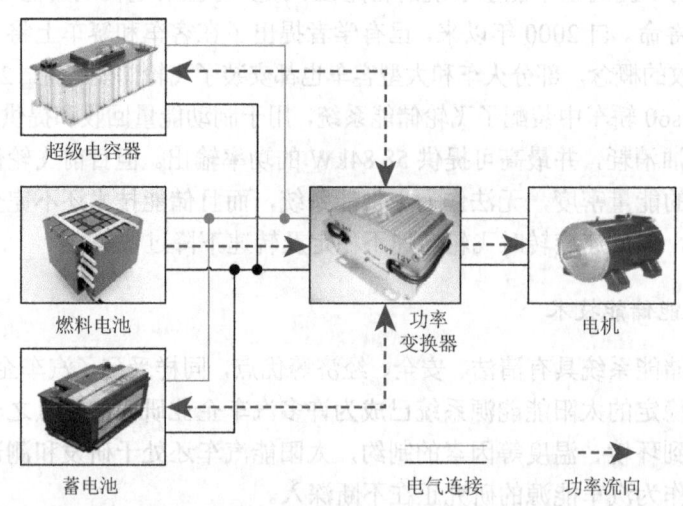

图 2.3 一种由超级电容器、燃料电池和蓄电池组成的车载混合储能系统

2.2 增程式电动汽车动力系统工作模式

增程式电动汽车在初期行驶阶段，整车的需求功率完全由充满电的动力电池提供，增程器不参与工作，此时增程式电动汽车相当于纯电动汽车。当电池

组的能量消耗到一定程度时,增程器启动,与动力电池协同工作,此时增程式电动汽车相当于混合动力汽车。与纯电动汽车相比,增程式电动汽车电池成本大幅下降。增程器的使用,主要是为了在动力电池电量不足时延长续驶里程。因此,增程器用发动机可以始终工作在高效率区,其功率显著降低。根据电池的 SOC 来划分,增程式电动汽车有两种基本的运行模式,即增程模式和纯电动模式[23]。

当动力电池为 0＜SOC≤最低阈值时,若增程器前一状态为关闭,则增程器启动,发电机工作。若增程器前一状态为启动,则增程器保持运转状态至 SOC 值为最低阈值,此时电动汽车在增程模式工作。

当动力电池为最低阈值＜SOC≤最高阈值时,若增程器前一状态为关闭,则增程器保持关闭状态至 SOC 值降为最低阈值,此时电动汽车工作在纯电动模式;若增程器前一状态为启动,则增程器保持运转状态至 SOC 值为最高阈值,此时电动汽车在增程模式工作。

当动力电池为最高阈值＜SOC≤1 时,增程器保持关闭状态至 SOC 值降为最高阈值,此时电动汽车工作在纯电动模式。

增程式电动汽车含有动力电池和增程器两个能量来源,所以可根据车辆的实际状态对车辆的能量系统进行不同的管理,因此又可以将增程式电动汽车的工作模式分为更具体的四种,分别是:纯电动模式、增程模式和制动能量回收模式和停车充电模式。

2.2.1 纯电动模式

当电池 SOC 处于较高状态时,整车行驶的需求能量全部来源于动力电池,增程器不启动。该模式下车辆行驶时的能量传递过程为"动力电池-驱动电机-机械传动系统-车轮",由于在该模式下增程器发动机不启动,能量传递与纯电动汽车完全相同,并且实现了零油耗、零排放。该模式下的增程式电动汽车就是一辆纯电动汽车,纯电动模式的能量流动方向如图 2.4 所示。

2.2.2 增程模式

在纯电动模式下,随着增程式电动汽车行驶距离的增加,电池 SOC 也在逐渐下降,一般在控制策略中会设置一个阈值 SOC_{min},当 SOC 下降到这个阈值后,车辆运行状态就进入了增程模式。增程模式又可以分为以下三种情况,具体能量流动方向如图 2.5 所示。

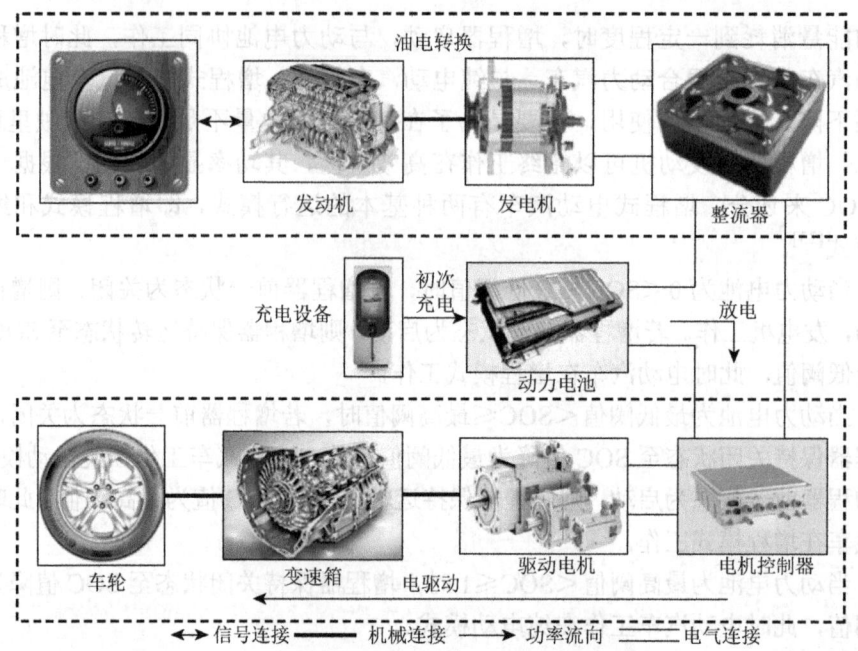

图 2.4 纯电动模式能量流动方向

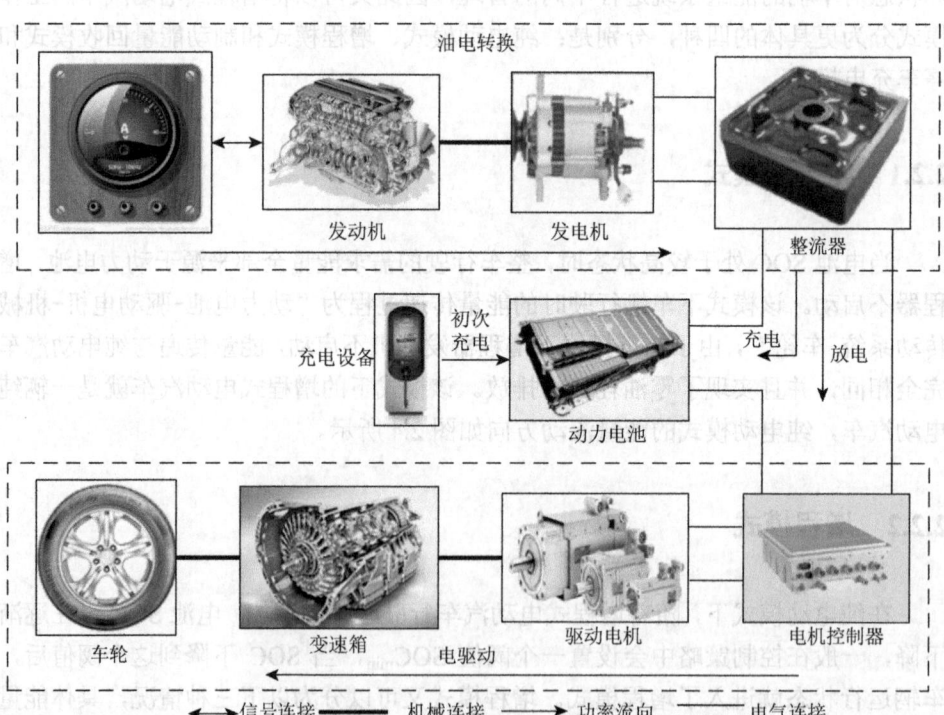

(a) 增程器输出的功率大于车辆行驶的需求功率时

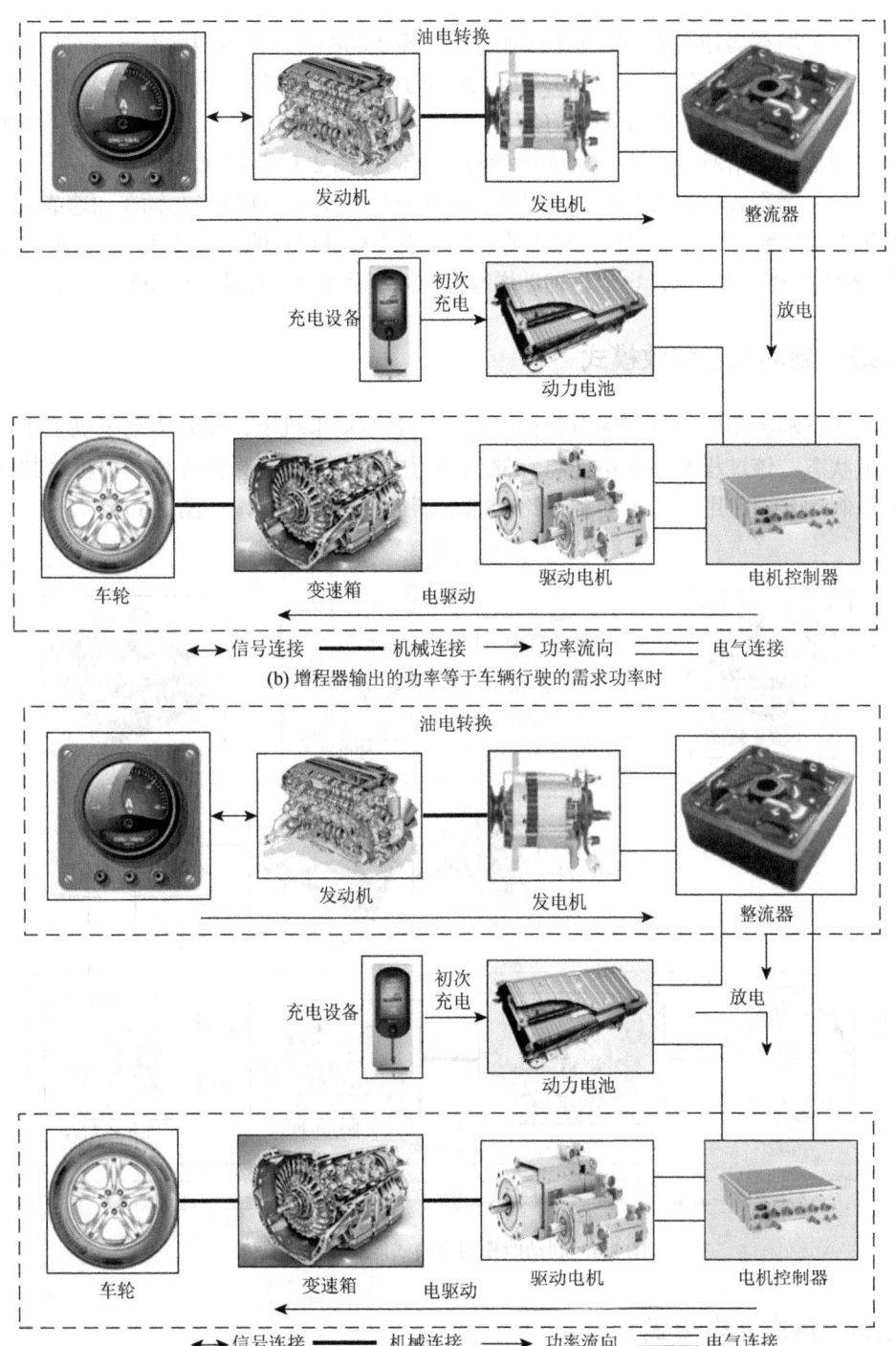

图 2.5 增程模式能量流动方向

（1）增程器输出的功率大于车辆行驶的需求功率时，此时增程器输出的功率一部分传送到驱动电机，多余的部分传送到动力电池储存起来，如图 2.5（a）所示。

（2）增程器输出的功率刚好跟上车辆行驶的需求功率时，此时增程器输出的功率全部提供给驱动电机，电池不参与工作，如图 2.5（b）所示。

（3）增程式电动汽车配备的增程器功率一般都较小，所以当车辆在加速或者爬坡等需求功率较大时，增程器输出的功率将小于车辆行驶的需求功率，若此时电池的 SOC 在允许范围内，电池将辅助增程器共同驱动车辆，如图 2.5（c）所示。

2.2.3 制动能量回收模式

在车辆制动时，将车辆自身的动能作用到驱动电机上，此时驱动电机工作在发电状态，该过程产生的电能将存储到动力电池，制动能量回收模式下机械制动和电制动共同作用，二者的制动比例由车辆行驶状态决定，如图 2.6 所示。

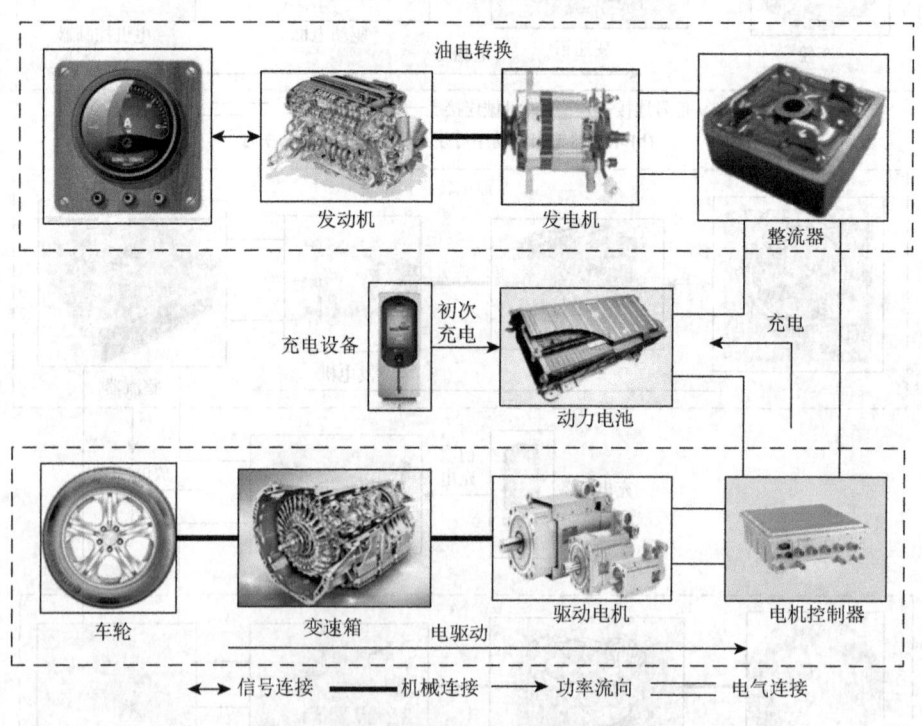

图 2.6 制动能量回收模式能量流动方向

2.2.4 停车充电模式

当车辆结束行驶处于停车状态时，如果此时动力电池的 SOC 较低，则可以利用增程器给动力电池充电，图 2.7 为停车充电模式下的能量流动方向图。

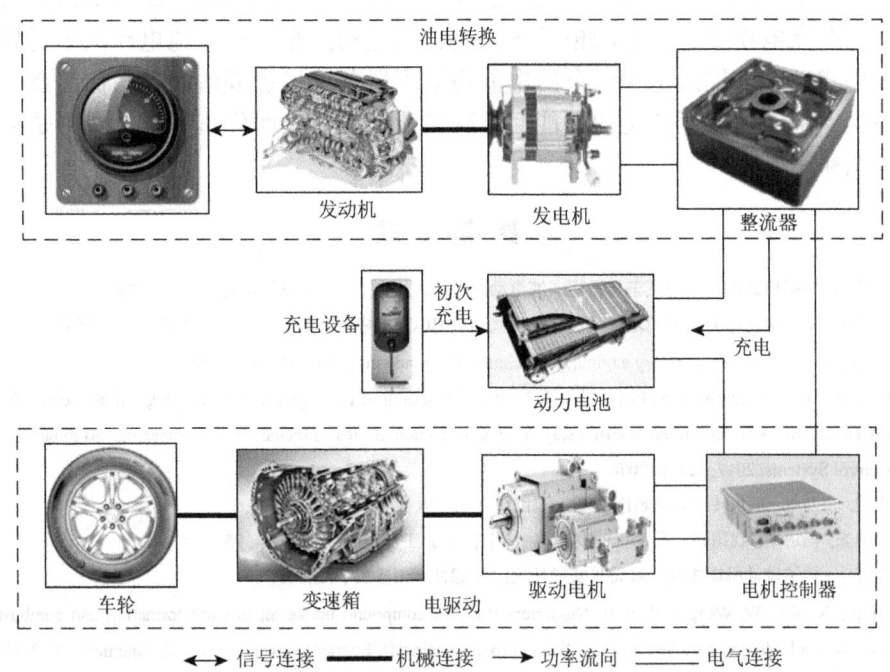

图 2.7　停车充电模式能量流动方向

2.3　本章小结

增程式电动汽车解决了纯电动汽车续航里程短的问题，在纯电动汽车的基础上，增加增程器以延长电动汽车的续航里程，有效解决了用户的"里程焦虑"。增程器是能够发电且给车载动力蓄电池充电的辅助能量装置，当动力电池有足够电量时，增程式电动汽车的驱动系统的动力全部来源于蓄电池。在一定的行驶距离范围内，增程式电动汽车相当于纯电动汽车（增程器未开启），完全依靠蓄电池提供的动力来完成，实现"零油耗、零排放"。在蓄电池能量低于一定值的情况下，增程器开启为驱动电机提供动力，延长它的续航里程。

本章介绍了增程式电动汽车的基本结构及关键部件——增程器、驱动电机及其控制器、储能系统，它们三者的关系是储能系统和增程器并联，向驱动电机输出功率。增程器主要由内燃机、发电机和整流电路组成，通过对比可以发现，增程式电动汽车的内燃机通常选择两缸四冲程汽油机，增程式电动汽车的发电机和驱动电机以永磁同步电动机为宜，而储能系统中的动力电池通常选择锂离子电池中的磷酸铁锂（$LiFePO_4$）电池。

除此之外，本章还对增程式电动汽车的几种工作模式及对应的能量流动方向做了详细介绍，几种工作模式分别是：纯电动模式、增程模式、制动能量回收模式和停车充电模式。纯电动模式下，增程式电动汽车工作与纯电动汽车无异；增程模式下，增程式电动汽车的电能由增程器单独提供或增程器与储能系统共同提供；制动模式下产生的电能回收到储能系统中；而停车充电模式则是为储能系统补充电能。

参 考 文 献

[1] 汪炼. 浅谈插电式混合动力汽车与增程式纯电动汽车的区别[J]. 工程建设标准化, 2015(1): 286.

[2] 缪金荣. 基于优化动力技术的增程式混合动力汽油机 HCCI 燃烧研究[D]. 上海: 上海交通大学, 2011.

[3] Ashley S. New spin on the rotary engine[J]. Mechanical Engineering, 1995, 117(4): 80-82.

[4] Fedyanov E A, Zakharov E A, Prikhodkov K V, et al. Modelling of flame propagation in the gasoline fueled Wankel rotary engine with hydrogen additives[J]. IOP Conference Series: Mechanical Engineering, Automation and Control Systems, 2017, 117: 012076.

[5] 卢发, 余乃彪. 三角转子发动机[M]. 北京: 国防工业出版社, 1990.

[6] 梁健光, 杨道荫. 我国转子发动机的发展与展望[J]. 动力工程, 1997(5): 79-84, 95.

[7] 陶佳宇. 转子发动机燃烧及排放特性实验研究[D]. 镇江: 江苏大学, 2018.

[8] Yang J X, Ji C W, Wang S F, et al. Numerical study of compound intake on mixture formation and combustion process in a hydrogen-enriched gasoline Wankel rotary engine[J]. Energy Conversion and Management, 2019, (185): 66-74.

[9] 潘剑锋, 陈瑞, 范宝伟, 等. LPG 转子发动机缸内燃烧影响因素研究[J]. 农业机械学报, 2015, 46(1): 329-337.

[10] Jiao K, Li X. Water transport in polymer electrolyte membrane fuel cells[J]. Progress in Energy and Combustion Science, 2011, 37(3): 221-291.

[11] Chan C C. The state of the art of electric, hybrid, and fuel cell vehicles[J]. Proceedings of the IEEE, 2007, 95(4): 704-718.

[12] Wang Y, Moura S J, Advani S G, et al. Optimization of powerplant component size on board a fuel cell/battery hybrid bus for fuel economy and system durability[J]. International Journal of Hydrogen Energy, 2019, 44(33): 18283-18292.

[13] Mori D, Hirose K. Recent challenges of hydrogen storage technologies for fuel cell vehicles[J]. International Journal of Hydrogen Energy, 2009, 34(10): 4569-4574.

[14] 毛宗强, 甘颖. 氢燃料电池汽车新进展[J]. 太阳能, 2012(8): 17-22.

[15] 王耀南, 孟步敏, 申永鹏, 等. 燃油增程式电动汽车动力系统关键技术综述[J]. 中国电机工程学报, 2014, 34(27): 4629-4639.

[16] 张兵, 赵景波. 增程式电动汽车驱动系统关键技术研究综述[J]. 江苏理工学院学报, 2016, 22(2): 31-36, 44.

[17] 宋永华, 阳岳希, 胡泽春. 电动汽车电池的现状及发展趋势[J]. 电网技术, 2011, 35(4): 1-7.

[18] 周新民, 孙晖. 新型储能元件综述——超级电容及其应用[J]. 变频器世界, 2009(6): 28-30.

[19] 曹秉刚, 曹建波, 李军伟, 等. 超级电容在电动车中的应用研究[J]. 西安交通大学学报, 2008(11): 1317-1322.

[20] 赵坤, 王槿榕, 王德伟, 等. 车载超级电容储能系统间接电流控制策略[J]. 电工技术学报, 2011, 26(9): 124-129.

[21] Burke A. Ultracapacitor technologies and application in hybrid and electric vehicles[J]. International Journal of Energy Research, 2010, 34(2): 133-151.
[22] 张维煜, 杨恒坤, 朱熀秋. 电动汽车用飞轮电池关键技术和技术瓶颈分析[J]. 中国电机工程学报, 2018, 38(18): 5568-5581.
[23] Wu X G, Jiang T T, Du J, et al. Comparison of different driving cycles control effects of an extended-range electric bus[C]//Proceedings of the IEEE International Conference on Measurement, Information and Control, Harbin, 2013: 1073-1076.

第3章 汽车行驶工况构建

3.1 汽车行驶工况概述

汽车行驶工况是车辆能耗计算、车辆测试和限值测定的基础,同时也是电动汽车动力系统匹配设计的基础[1-3]。

近些年,我国一直沿用欧洲的 NEDC 工况,对汽车工业进行能耗和排放的管理[4]。NEDC 工况由欧洲市区运转循环和市郊运转循环两部分组成[5],其中,市区运转循环由 4 个 195s 的小循环单元组成,包括怠速、启动、加速及减速停车等几个阶段,最大速度 50km/h,平均速度 18.35km/h,最大加速度 1.042m/s^2,平均加速度 0.599m/s^2。市郊运转循环时间 400s,最大速度 120km/h,平均速度 62km/h,最大加速度 0.833m/s^2,平均加速度 0.354m/s^2。NEDC 工况示意图如图 3.1 所示。

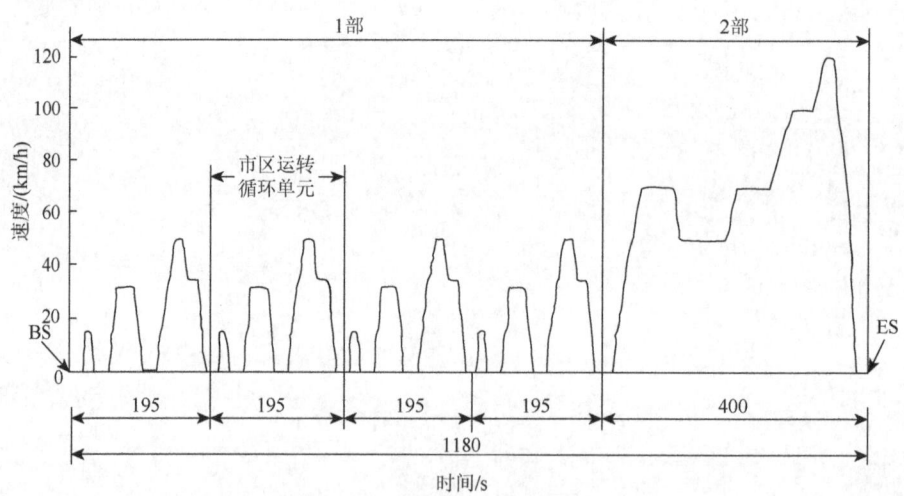

图 3.1 NEDC 工况示意图[5]
BS:取样开始;ES:取样结束

自从实施机动车排放测试标准以来,我国一直采用 NEDC 工况,但多年的实践下来,暴露出了越来越多的问题。NEDC 工况测试结果与我国实际驾驶情况相差较大,这种工况测试法基于匀速状态下的油耗和排放进行测试。若考虑城区内的实际车辆行驶状态,与 NEDC 测试结果会有较大的差别,这也是我国公告油耗与实际油耗常有出入的主要原因。

NEDC 工况过于理想化,这种理想化主要体现在三个方面:①实验室模拟工况与实际道路情况存在较大差异,尤其是我国幅员辽阔,地区道路条件差异较大,而 NEDC 工况没有考虑这些实际情况;②NEDC 工况测试要求忽视外部条件影响,如气压、温度、驾驶习惯等,在实际驾驶中,油耗易受到外部因素影响;③NEDC 工况测试未考虑驾驶者的实际驾驶情况,如空调开启等。

电动汽车动力系统与传统燃油汽车完全不同,其能耗、性能(包括电池充/放电次数、衰减性等)与续驶里程等重要指标的评价,在沿用 NEDC 工况的情况下,已经出现了诸多弊端:一是不能有效评价新能源汽车技术适应性,如制动能量回收、怠速启停、电动转向等;二是我国新能源车缺少以行驶工况等技术为支撑的独立自主的政策支持体系,脱离了实际的工况特征,技术选择与开发水平难以实现跨越式发展。例如,插电式混合动力汽车测试中,认证油耗 $= C \big/ \left(1 + \dfrac{纯电续驶里程}{25}\right)$,其中 C 为燃油消耗量,25 指 100km 中有 25km 为混合动力行驶,该数值的设定来自于 NEDC 标准,是以欧洲驾驶习惯制定的,而我国实际情况与之存在偏差。因此,需要了解我国车主的平均行驶里程,确定新的混合动力行驶里程,最终对其做出调整。同时,由于测试中未考虑空调情况,能耗定义与实际应用也存在偏差。随着汽车产业的进一步发展,现有工况已不能准确评价新能源汽车能耗,不利于新能源汽车技术跨越式发展。面对新能源汽车的爆发式增长,新能源汽车新工况标准体系的建立与完善成为当务之急。

纵观欧美日等国家和地区的汽车产业发展历史,标准体系在其走向汽车强国的过程中起着重要的辅助作用。随着我国汽车工业转型升级和新能源汽车推广应用的快速发展,行业内要求开发我国自己的汽车行驶工况、提升国际竞争能力的呼声越来越高。目前,我国已经具备了独立制定行驶工况的条件。制定符合我国国情的汽车行驶工况体系能够更好地促进汽车节能减排和技术升级,推动我国汽车工业做大做强。

增程式电动汽车是城市交通运输中的主要载体,其行驶特征在一定程度上反映了所在城市的交通状况和人们的出行规律,汽车行驶工况不仅可以帮助交通部门合理规划交通运行方案,还可以使科研机构和车辆企业科学地设计车辆动力系统参数。通过研究增程式电动汽车的行驶特征,可以为增程式电动汽车的动力系统参数匹配提供数据支持,这对科学评价增程式电动汽车充电和换电的经济性有着重要意义。

3.2 国内外汽车行驶工况简介

汽车行驶工况是一个地区的燃油消耗量和尾气排放量评估的基础。国外很早就对汽车行驶工况、燃油消耗量与污染物排放量三者之间的关系进行了研究并建立了相应的模型,并不断地对模型进行修正和补充。目前,美国汽车行驶工况、欧洲汽车行驶工况和日本汽车行驶工况是世界上著名的三大工况。其中,瞬态工况以美国联邦测试程序(federal test program, FTP)工况为代表,模态工况以欧洲汽车行驶工况为代表。

3.2.1 美国汽车行驶工况

美国最早对车辆行驶工况进行开发研究。美国汽车行驶工况主要包括认证用工况(FTP 系)、研究用工况[WVU(West Virginia University)系]和短工况[I/M(inspection/maintenance)系],适用于重型车、轻型车及发动机等,包含了市区路段、郊区路段、高速路段及不同驾驶模式和高低温等多种道路状况和气候因素。目前在世界各国应用比较广泛的是 FTP75 工况[6],其示意图如图 3.2 所示。

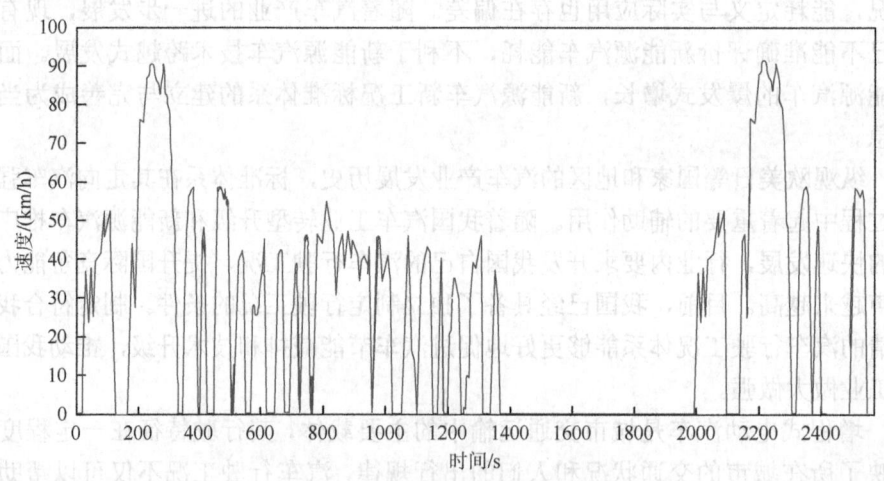

图 3.2 美国 FTP75 工况示意图[6]

1966 年,美国加利福尼亚州提出了"7 工况法",这是世界上最早的行驶工况。当时洛杉矶市中心的空气质量状况很差,研究发现是上下班途中汽车废气排放造成的。相关学者通过调查构建出一条具有代表性的上下班路线(简称 LA4),

经过对汽车的运行速度时间进行解析，建立了 LA4 工况。LA4 工况选取怠速时间、平均速度、最大速度、每个行驶过程的停车次数为特征参数，平均每隔 37.6min 完成一次行程。1972 年，美国国家环境保护局将 LA4 工况作为汽车排放的测试标准（简称 FTP72 工况）。1975 年，在 FTP72 工况基础上增加了两个阶段，将 FTP72 工况扩充为 FTP75 工况。FTP75 工况的总运行时间为 2475s，总行驶里程为 1.78km，平均速度为 34.07km/h，行驶的最高速度为 91.23km/h，停车次数为 2.0 次/km。

随着时间的推移，道路状况发生了很大的变化，车辆的行驶速度也逐渐提高，车辆的排放特点也发生了变化。为了更好地反映实际交通状况，车辆行驶工况开发人员结合新的车辆使用情况和道路交通状况开发了一系列新的车辆道路行驶工况，对 FTP75 工况进行了补充和改善。实际上美国开发出了很多种不同的工况，只是目前主要应用的是 FTP75 工况而已。FTP75 工况是在 FTP72 工况基础上增加了热车等环节，共分成三个部分，分别是冷启动、瞬态运行、热启动。在瞬态运行之后会进行一个熄火浸车处理，时间为 9~11min。FTP75 工况的优点是更加贴近实际和瞬态，但是 FTP75 工况的上升沿数量多，明显的急加速工况出现 31 次，非常激烈，怠速时间也更长，相比 NEDC 工况，其变化更加剧烈、更加符合实际驾驶特征。

另外，FTP75 工况还增加了两个附属工况，一个是 US06 工况，专门用于考察高速大负荷。首先，车辆会进行一个高速、高加速度的测试，然后进行预处理使车辆达到暖机条件，最后维持 1~2min 的怠速状态，随即直接进入 US06 驾驶循环开始正式实验。另一个是 SC03 工况，SC03 工况用来对夏季高温下的空调开启状态进行单独测试。此时的实验温度会控制在 35℃（正负不超过 5℃），光照强度平均值要达到 850W/m^2，也是进行预处理后熄火、热浸、热启动再开始实验。US06 工况和 SC03 工况等对 FTP75 工况进行了进一步的补充，形成了更加详细、覆盖范围更广的 SFTP 工况，2001 年之后生产的车型均采用这一工况进行认证排放测试。

美国工况要求对每年进入市场的轻型车的燃油消耗量上限进行标定，并以平均燃油经济性对汽车公司进行评价。美国西弗吉尼亚大学的研究人员通过对几条公认的繁忙道路上的混合动力和燃油公交车的行驶状况进行调查，通过分析构建了一个含有 10 个短行程的公交车行驶工况，之后又对该行驶工况进行了补充，短行程数目达到 20 个，形成了纽约公交车行驶工况，以此作为货车和公交车的行驶工况。

3.2.2 欧洲汽车行驶工况

欧洲各国联系较为紧密，道路交通状况相差不大，所以共同制定了欧洲的燃油及排放标准。1970 年，欧洲国家燃油及排放标准开始陆续被各个国家所采用，

1972年，欧洲统一的工况试验法实行，1974年，欧洲经济委员会（Economic Commission of Europe，ECE）工况作为欧洲综合法规出现，到1984年，修订为ECE15-04工况。欧洲行驶工况作为评价汽车的燃油消耗和污染物排放的标准，得到了世界上很多国家的认可。

截至2018年9月，欧洲使用的是ECE+额外城市行驶循环（extra urban driving cycle，EUDC）工况，两者合称为NEDC工况。NEDC工况中的第一部分是代表汽车在城市市区行驶的ECE工况，该部分由4个基本循环组成，每个基本循环包括15种行驶方式，因此又称为"十五工况法"。在欧Ⅲ型式认证和生产一致性排放限值标准发布之前，用ECE工况进行试验时，首先要进行冷启动，汽车怠速运转40s。之后，测试变得更为严格，取消了40s的冷启动时间，直接按照工况过程重复进行4次基本循环。ECE工况的平均车速为18.7km/h，运行时间为780s，总行驶距离为4.052km。第二个部分是代表汽车在郊区运行的EUDC工况，平均速度为62.6km/h，速度最大值为120km/h，运行时间为400s，行驶距离为6.955km。NEDC工况对乘用车适用，要求乘用车的总质量小于或等于3500kg。

除了ECE15工况以外，欧盟还建立了轻型车行驶工况，对轻型车的排放状况进行评价。这个工况是由6个欧洲国家利用乘用车进行了大量数据采集，通过对数据的统计解析后构建的，它反映轻型车在市区、郊区及高速公路上的行驶特征。Modem-hyzem工况是在轻型动力车辆工况研究中的代表。

从2018年9月开始，欧洲实行全球轻型车统一测试循环（worldwide harmonized light-duty driving test cycle，WLTC）工况，它取代了NEDC工况成为欧洲汽车新标准[7]。之前NEDC工况一直作为全欧洲的排放标准执行，我国工业和信息化部排放标准也是借鉴了该工况的标准。但是NEDC工况自诞生之初就饱受争议，在这一套测试体系中，整车的行驶工况基本都是稳态运行，这也使在该测试循环下所得到的油耗、排放等数据均低于用户的实际使用情况。WLTC工况示意图如图3.3所示。

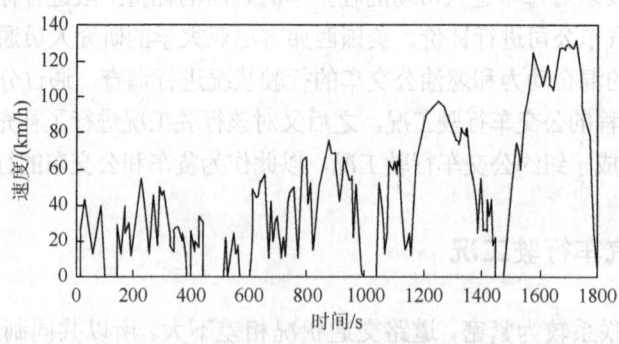

图3.3 WLTC工况示意图[7]

WLTC 为联合国推行的轻型汽车测试程序,由日本、美国、欧洲等国家和地区的专家共同制定。WLTC 根据功率质量分为三个等级,并对应最大设计车速的 6 种试验循环,包括不同类型的低速、中速、高速、额外高速阶段。相比 NEDC 工况,其特点是测试标准更贴近真实的行驶工况。除此之外,WLTC 中还加入了真实驾驶排放(real driving emissions,RDE)测试以保证结果的准确性。RDE 测试中会将车开到公共道路中,分别测试城市道路、郊区道路及高速公路等不同路况,使测试结果更加符合真实情境下的排放结果。

3.2.3 日本汽车行驶工况

日本主要有三种汽车行驶工况,分别为 Japan 10 工况、Japan 11 工况和 Japan 10-15 工况[8]。

日本第一个行驶工况是反映汽车在市中心行驶状况的 Japan 10 工况,20 世纪 90 年代以前,日本对车辆油耗、排放情况进行测试使用的工况就是这个工况,该工况主要反映了车辆在城市道路上行驶的状态。Japan 10 工况含一个热启动工况,汽车在测试以前,要以低于 40km/h 的速度行驶 15min 以上来进行热车。后来,日本研究人员又开发了模拟汽车在郊外或从郊外行驶到市区的 Japan 11 工况。Japan 11 工况含冷启动工况,汽车需要放置在室温为 20~30℃的环境中至少 6h 以上才能运行,Japan 11 工况是 1976 年以后生产车型的测试标准。

随着城市道路和车辆状况的变化,结合实际车辆行驶状况,日本研究人员对 Japan 10 工况进行了修正和完善,并于 1991 年后将 Japan 10 工况改进为 Japan 10-15 工况,一直使用到现在。三个 Japan 10 工况和一个 Japan 15 工况构成了 Japan 10-15 工况,该工况行驶时间为 660s,速度的最大值为 70km/h,平均速度为 22.7km/h。Japan 10-15 工况如图 3.4 所示。

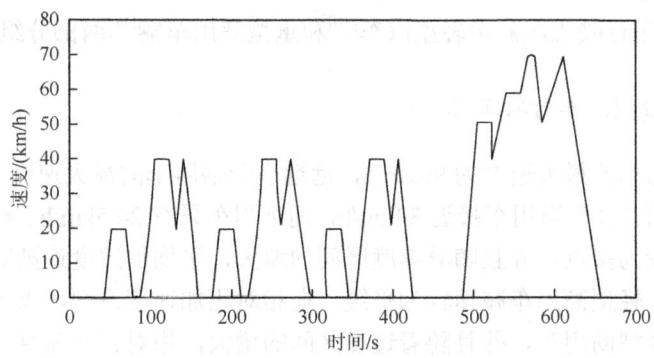

图 3.4 Japan 10-15 工况示意图[8, 9]

在应用中,研究人员发现应用Japan 10-15工况进行排放和油耗等测试得到的结果与实际车辆行驶中的排放油耗不相符。2005年,日本开发了JC08工况,该循环工况时间为1200s,测试路程为8.171km,车辆平均速度为24.4km/h,最高车速为82km/h,该工况循环模拟了城市交通拥堵路况,包含市区、市郊和高速路三部分,主要应用于对轻型车进行排放测试认证,是一种用于汽车转鼓实验平台上的车辆行驶工况,目前JC08工况已在日本全面投入使用。

JC08工况是日本在2007年推行的,制定过程中比较多地借鉴了美国标准思路,但也有一些自己的特色,目前仅在日本应用。该工况的冷启动和热启动分别占到了25%和75%。整个测试中一共包含了26个上升沿,相比NEDC工况,其匀速行驶的时间极短,松油门的次数也更多,踩停前的速度也多设置在50km/h左右,更符合实际驾驶情况。JC08工况最大的特点在于其考虑到了减速带和碎石路工况,这种工况通常不会踩停,但会急减速,引起速度波动。

3.2.4 中国汽车行驶工况

欧洲在多年的实践中也发现NEDC工况的诸多不足,转而采用WLTC工况,但该工况的怠速时间占比和平均速度这两个最主要的工况特征与我国实际工况的差异很大。作为车辆开发评价的基础依据,开展深入研究并制定反映我国实际道路行驶状况的测试工况显得越来越重要。

工业和信息化部于2015年委托中国汽车技术研究中心有限公司牵头组织行业开展"中国新能源汽车产品检测工况研究和开发"(简称"中国工况")项目,该项目的研究即《中国汽车行驶工况》(GB/T 38146.1—2019)和(GB/T 38146.2—2019)的前期研究工作,主要包括:①广泛深入地了解我国汽车实际行驶工况特征;②开发乘用车和各类商用车的中国汽车行驶(China automotive test cycle,CATC)工况。

《中国汽车行驶工况》由轻型汽车[10]和重型商用车辆[11]两部分组成。

1. 中国轻型汽车行驶工况

轻型商用车的最大速度为99km/h,远远小于乘用车的最大速度130km/h。在平均速度方面,轻型商用车接近33km/h,而乘用车只有26.5km/h。在平均加速度方面,二者较为接近,并且随着速度区间的增大,平均加速度逐渐降低。在平均减速度方面,轻型商用车减速较为平缓。在相对正加速度方面,乘用车的相对正加速度大于轻型商用车,并且随着速度区间的增大,相对正加速度逐渐降低。乘用车和轻型商用车行驶工况特征差异显著,有必要为轻型商用车单独构建行驶工况。另外，在行业内也开展了中国轻型汽车行驶工况体系构成的合理性调研，最终确定了中国轻型汽车行驶（China light-duty vehicle test cycle，CLTC）工况，包括中国轻型乘用车行驶（China light-duty vehicle test cycle for passenger car，CLTC-P）工况和中国轻型商用车行驶（China light-duty vehicle test cycle for commercial vehicle，CLTC-C）工况。

1）中国轻型乘用车行驶（CLTC-P）工况

CLTC-P 工况共包含低速、中速和高速 3 个速度区间，工况时长共计 1800s，其中低速区间时间占比为 37.4%，中速区间时间占比为 38.5%，高速区间时间占比为 24.1%，平均速度为 29.0km/h，最大速度为 114.0km/h，怠速时间占比为 22.1%。CLTC-P 工况示意图如图 3.5 所示。

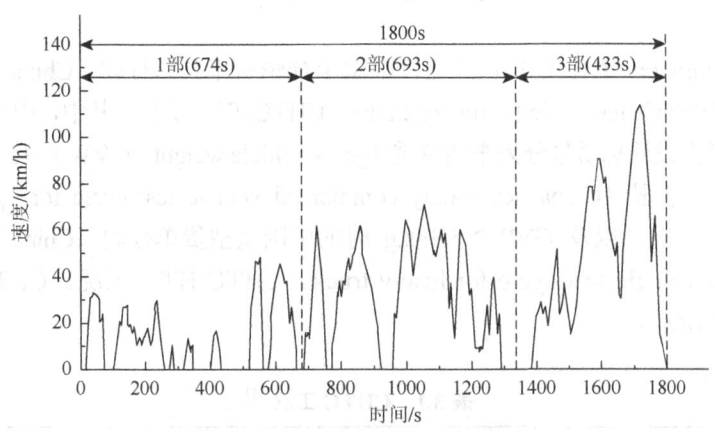

图 3.5　CLTC-P 工况示意图[10]

2）中国轻型商用车行驶（CLTC-C）工况

CLTC-C 工况共包含低速、中速和高速 3 个速度区间，工况时长共计 1800s，其中低速区间时间占比为 40.8%，中速区间时间占比为 34.2%，高速区间时间占比为 25.0%，平均速度为 32.9km/h，最大速度为 92.0km/h，怠速时间占比为 20.3%。CLTC-C 工况示意图如图 3.6 所示。

2. 中国重型商用车行驶工况

中国重型商用车行驶工况（China heavy-duty commercial vehicle test cycle，CHTC）包含以下几类：中国城市客车行驶（China heavy-duty vehicle test cycle for bus，CHTC-B）工况、中国普通客车行驶（China heavy-duty vehicle test cycle for coach，CHTC-C）工况、中国货车行驶（China heavy-duty commercial vehicle test cycle for truck，CHTC-T）工况、中国自卸汽车行驶（China heavy-duty commercial vehicle test

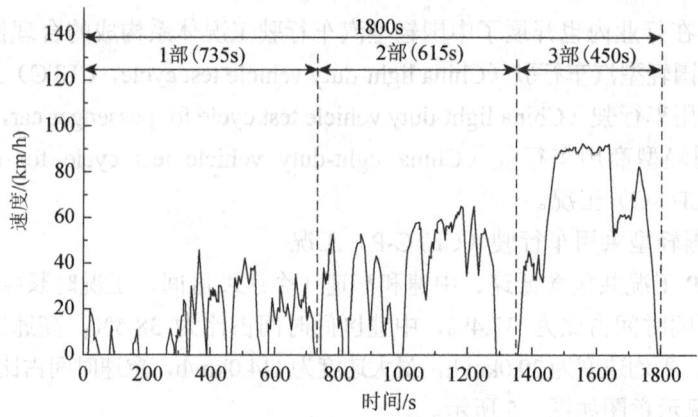

图 3.6 CLTC-C 工况示意图[10]

cycle for dumper，CHTC-D）工况、中国半挂牵引车列车行驶（China heavy-duty commercial vehicle test cycle for tractor-trailer，CHTC-TT）工况。其中，中国货车行驶工况根据最大设计总质量分为车辆总重（gross vehicle weight，GVW）≤5500kg 时的中国轻型货车行驶（China heavy-duty commercial vehicle test cycle for light truck，CHTC-LT）工况，以及 GVW>5500kg 时的中国重型货车行驶（China heavy-duty commercial vehicle test cycle for heavy truck，CHTC-HT）工况。CHTC 工况分类如表 3.1 所示。

表 3.1 CHTC 工况[11]

重型商用车类别	CHTC 曲线
城市客车	CHTC-B
普通客车（不含城市客车）	CHTC-C
轻型货车（GVW≤5500kg）	CHTC-LT
重型货车（GVW>5500kg）	CHTC-HT
自卸汽车	CHTC-D
半挂牵引车列车	CHTC-TT

1）中国城市客车行驶（CHTC-B）工况

CHTC-B 工况持续时间设置为 1310s，1310s 的持续时间既能满足统计学的代表性，又具备在实验室内进行排放测试和油耗测试的可行性。其中，低速区间时长为 399s，高速区间时长为 911s。进一步地，基于各区间统一的速度加速度分布，利用卡方检验方法挑选出最优的片段组合，即 CHTC-B 工况。城市客车行驶（CHTC-B）工况示意图如图 3.7 所示。

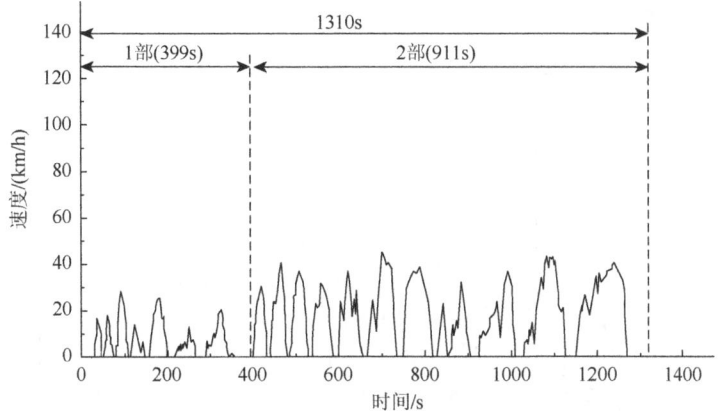

图3.7 城市客车行驶（CHTC-B）工况示意图[11]

2）中国普通客车行驶（CHTC-C）工况

CHTC-C 工况共包含 3 个速度区间，工况时长共计 1800s，其中市区区间时间占比为 16.9%，城郊区间时间占比为 49.6%，高速区间时间占比为 33.5%，平均车速为 39.2km/h，最高车速为 95.7km/h，怠速时间占比为 18.2%。中国普通客车行驶（CHTC-C）工况示意图如图 3.8 所示。

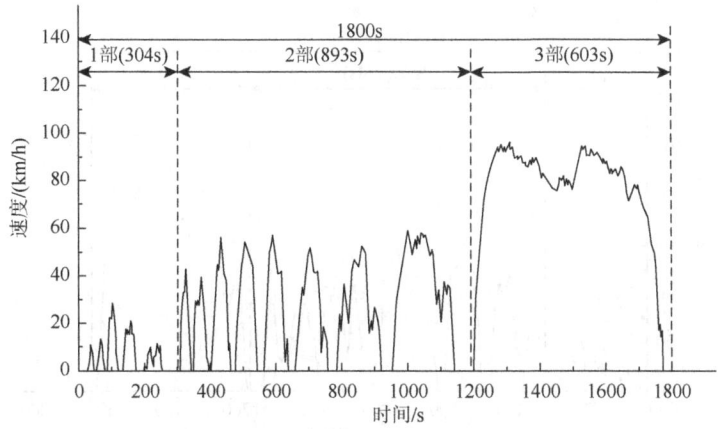

图3.8 中国普通客车行驶（CHTC-C）工况示意图[11]

3）中国重型货车（GVW＞5500kg）行驶（CHTC-HT）工况

CHTC-HT 工况共包含 3 个速度区间，工况时长共计 1800s，其中市区区间时间占比为 19.0%，城郊区间时间占比为 54.9%，高速区间时间占比为 26.1%，平均速度为 34.7km/h，最高速度为 88.5km/h，怠速时间占比为 13.7%。中国重型货车（GVW＞5500kg）行驶（CHTC-HT）工况示意图如图 3.9 所示。

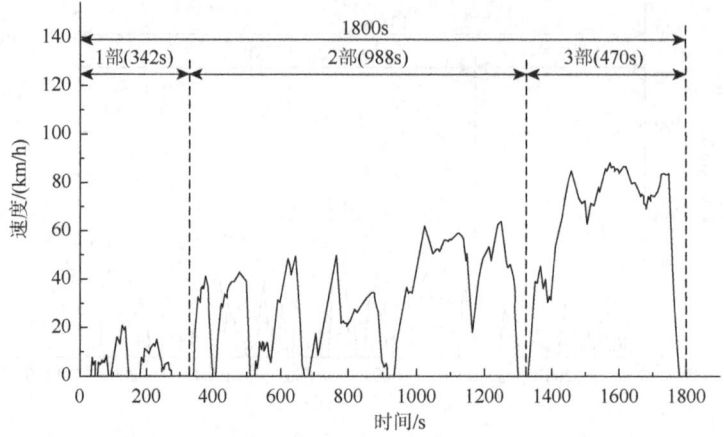

图 3.9 中国重型货车（GVW>5500kg）行驶（CHTC-HT）工况示意图[11]

4）中国轻型货车（GWT≤5500kg）行驶（CHTC-LT）工况

CHTC-LT 工况共包含 3 个速度区间，工况时长共计 1652s，其中市区区间时间占比为 18.7%，城郊区间时间占比为 59.0%，高速区间时间占比为 22.3%，平均速度为 34.6km/h，最高速度为 97.0km/h，怠速时间占比为 12.4%。中国轻型货车（GWT≤5500kg）行驶（CHTC-LT）工况示意图如图 3.10 所示。

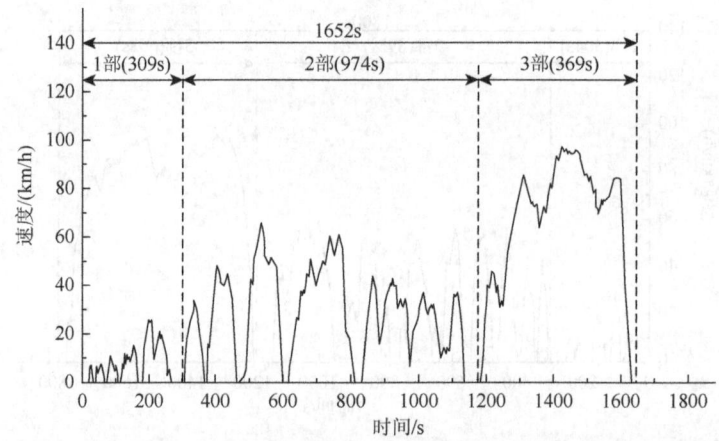

图 3.10 中国轻型货车（GWT≤5500kg）行驶工况（CHTC-LT）示意图[11]

5）中国自卸汽车行驶（CHTC-D）工况

CHTC-D 工况共包含 2 个速度区间，工况时长共计 1300s，其中低速区间时间占比为 41.5%，高速区间时间占比为 58.5%，平均速度为 23.2km/h，最高速度为 71.4km/h，怠速时间占比为 20.2%。中国自卸汽车行驶（CHTC-D）工况示意图如图 3.11 所示。

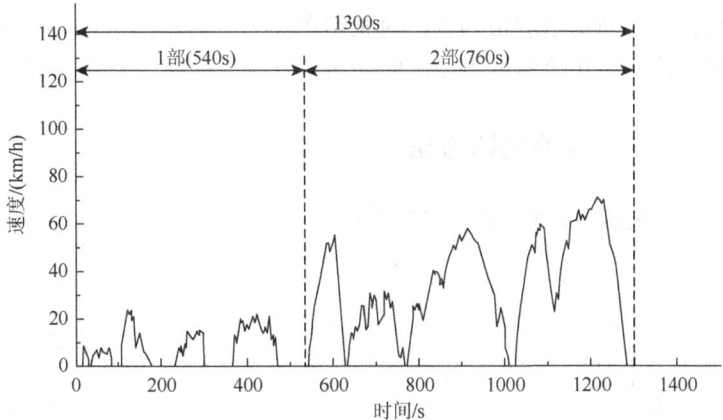

图 3.11 中国自卸汽车行驶（CHTC-D）工况示意图[11]

6）中国半挂牵引车列车行驶（CHTC-TT）工况

CHTC-TT 工况共包含 2 个速度区间，工况时长共计 1800s，其中低速区间时间占比为 26.3%，高速区间时间占比为 73.7%，平均速度为 46.6km/h，最高速度为 88.0km/h，怠速时间占比为 8.6%。中国半挂牵引车列车行驶（CHTC-TT）工况示意图如图 3.12 所示。

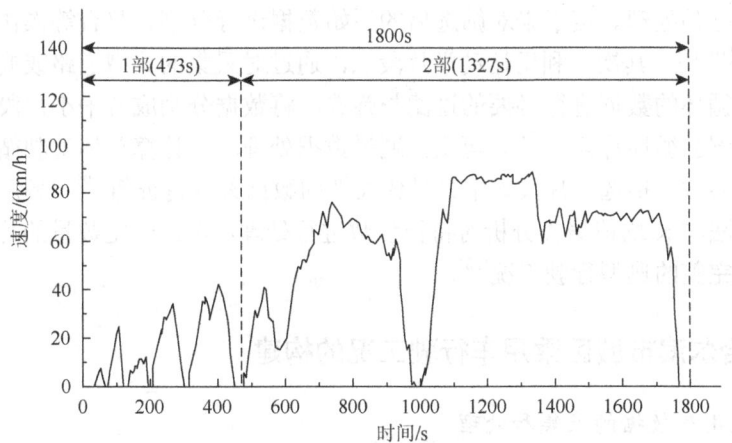

图 3.12 中国半挂牵引车列车行驶（CHTC-TT）工况示意图[11]

3.3 汽车行驶工况的开发方法

为了实现增程式动力汽车动力系统匹配与控制，需要构建既能够反映车辆真实行驶状态，又适合于动力系统匹配与能量管理的车辆行驶工况[12, 13]。为此，本节以我国东北地区的哈尔滨市为例,对乘用车和公交客车的运行数据进行采集和处理,在此基础上构建哈尔滨市城区的乘用车行驶工况和公交车行驶工况。

3.3.1 汽车行驶工况的构建方法

汽车行驶工况构建流程如图 3.13 所示。

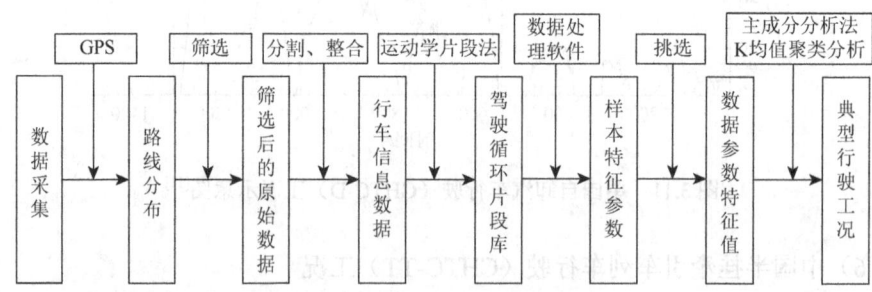

图 3.13 汽车行驶工况构建流程

由图 3.13 可知,构建汽车行驶工况时,主要有以下步骤:首先,需要利用全球定位系统(global position system,GPS)对行驶车辆的行驶数据进行采集,从而得到行驶车辆的路线分布[14,15]。在此基础上,通过筛选原始数据的方法对采样的数据进行预处理。接下来对筛选后的原始数据进行分割、整合等操作得到行车信息数据[16,17]。其次,利用运动学片段法,通过对采集的典型道路或典型区域的若干驾驶循环的数据进行必要的过滤与筛选,将数据分割成若干小片段并按顺序组成一个驾驶循环片段库[18]。再次,通过数据处理软件计算总体驾驶循环片段样本的特征参数,挑选出片段库中最具代表性的数据参数特征值[19]。最后,利用主成分分析法与 K 均值聚类分析对特征参数进行处理,选出一定数量的片段,进而构成一个完整的典型行驶工况[20]。

3.3.2 哈尔滨市城区乘用车行驶工况的构建

1. 乘用车数据的采集和处理

1) 数据采集

为确保所构建的典型工况能够具有普遍适用性,真实地反映道路的实际行驶工况,需要采集一定数量不同行驶路线的行驶数据。选择接受工况数据采集的志愿车辆主要集中在主城区,包括道里区、南岗区、道外区、香坊区、平房区、松北区。

按照主城区车辆保有量比例,研究过程所选择的志愿车辆分布情况如表 3.2

所示。通过 GPS 设备配备相应的可视化软件可得到私人乘用车在哈尔滨市城区主要的运行路线[21, 22]。

表 3.2　哈尔滨市城区志愿车辆分布情况

行政区域	车辆数/辆
道里区	16
南岗区	23
道外区	15
香坊区	16
平房区	3
松北区	4

为了使调查的数据客观、准确、翔实且具有代表性，以不同职业、年龄等作为依据，按照以下原则采集数据：①根据主城区的人口比例选取采集车辆并登记相关信息；②根据不同职业与不同通勤距离，分发和安装 GPS 设备；③进行正常运行车辆的工况数据采集；④定期回收设备和数据，根据数据规范验证数据有效性。

2）数据预处理方法

工况研究的调查样本由出行特征数据库中的驾驶循环组成，一个完整的行驶工况包括怠速模式、加速模式、匀速模式和减速模式四种行驶状态。驾驶循环是指车辆的一次有效出行，即车辆从起点到终点的行驶过程。GPS 设备采集的大规模数据中，受周围干扰信号的影响，会存在一些信号偏差和一些不合理数据点，如丢失点和突变点等。因此，需要先对原始数据进行过滤和筛选，再对筛选后的数据进行分割、整合处理，经过挑选和计算得到大量的乘用车信息[23]。

2. 乘用车行驶工况构建方法

首先将采集的数据分为运动学片段，剔除影响较小和数据波动较大的数据，组成驾驶循环库，然后计算总体样本的特征参数，除去各速度段中的加减速时间占比、匀速时间占比和怠速时间占比，将剩下的特征参数利用主成分分析法与 K 均值聚类分析法相结合的方法进行数据处理，最后选出候选工况片段拟合成哈尔滨市城区典型行驶工况[24]。

1）运动学片段法

采用运动学片段法对采集的数据进行初步处理，挑选出最能表征驾驶循环工况特征的参数（简称特征参数）[25]。运动学片段是指将汽车行驶数据的速度时间曲线分割成一系列的驾驶循环片段，而每个驾驶循环片段是指乘用车从一个怠速

（速度为 0）开始到下一个怠速前结束的一个行驶区间。通过对采集的典型道路或典型区域的若干驾驶循环的数据进行必要的过滤和筛选，将数据分割成若干小片段并按顺序组成一个驾驶循环片段库。

本节选取了 21 个特征参数用于表征驾驶循环工况，其含义如表 3.3 所示。

表 3.3 驾驶循环工况特征参数

特征参数	t_a/s	t_d/s	t_c/s	t_i/s	S/km	V_m/(km/h)	V_a/(km/h)	a_{am}/(m/s^2)	a_{aa}/(m/s^2)	a_{dm}/(m/s^2)	a_{da}/(m/s^2)
含义	加速时间（加速度 $a \geq 0.1$m/s^2）	减速时间（加速度 $a \leq -0.1$m/s^2）	匀速时间（加速度 -0.1m/s$^2 < a < 0.1$m/s^2）	怠速时间	行驶距离	最大速度	平均速度	最大加速度	加速段平均加速度	最大减速度	减速段平均减速度
特征参数	P_0/%	P_1/%	P_2/%	P_3/%	P_4/%	P_5/%	P_a/%	P_d/%	P_c/%	P_i/%	
含义	0~10km/h 速度时间占比	10~20km/h 速度时间占比	20~30km/h 速度时间占比	30~40km/h 速度时间占比	40~50km/h 速度时间占比	50~60km/h 速度时间占比	加速时间占比	减速时间占比	匀速时间占比	怠速时间占比	

2）主成分分析法

主成分分析法采用降维的思想，利用线性变换的计算方法得到携带原数据大量信息的特征参数[26]，主要计算步骤如下。

（1）利用数据之间的相关性，计算各个数据之间的相关系数。

（2）初始数据的标准化处理，得到各个数据的标准差与平均值。

（3）计算贡献率与特征值。

（4）提取及计算主成分得分。

采集的乘用车数据，经运动学片段分割后共提取了 21 个道路行驶特征参数，经筛选后对 11 个典型特征参数 t_a、t_d、t_c、t_i、S、V_m、V_a、a_{am}、a_{aa}、a_{dm}、a_{da} 进行主成分分析，得到 11 个主成分的累计贡献率、贡献率及差值，相应的主成分贡献率分布图如图 3.14 所示。

主成分分析法采用降维的思想，在数据的内部进行成分提取，根据相关研究可知，当累计贡献率达到 80%以上即可反映原变量的信息[27, 28]。从图 3.15 可以看出每一个主成分主要对应的特征参数，将其中的主要参数列于表 3.4 中。计算得出图 3.15 中的四个主成分的累计贡献率已经达到了 84.362%，说明前四个主成分即可代表行驶工况特性，利用四个主成分进行进一步计算可以使问题得到简化。

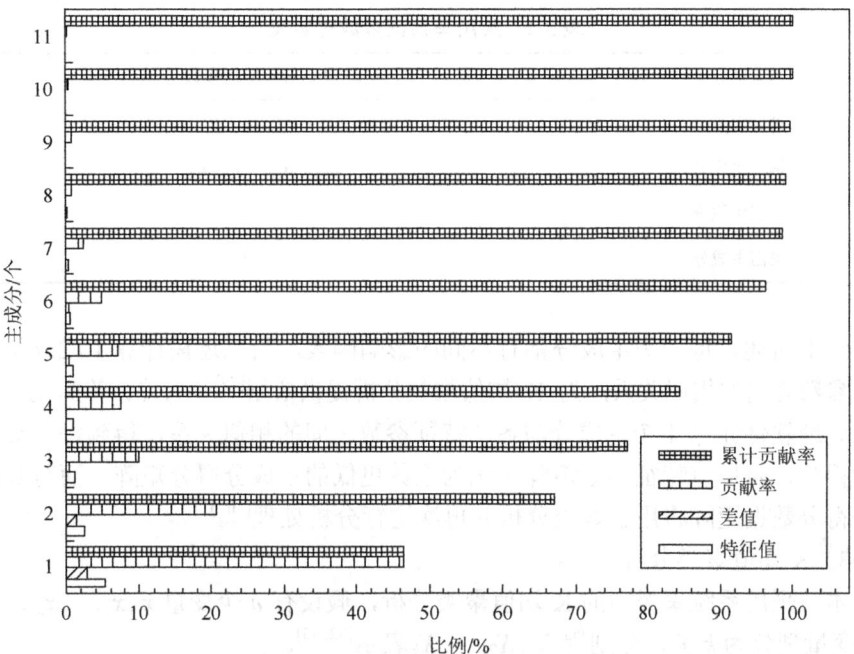

图 3.14 主成分贡献率分布图（乘用车）

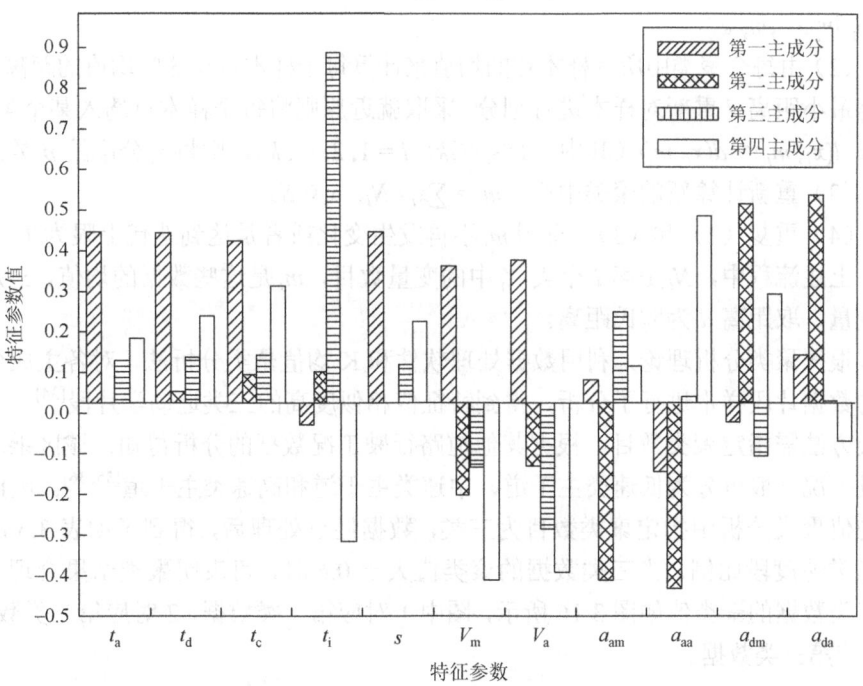

图 3.15 各个主成分分布图（乘用车）

表 3.4　乘用车特征参数对照表

主成分	主要对应特征参数
第一主成分	t_a、t_d、t_c、S
第二主成分	a_{am}、a_{aa}、a_{da}、a_{dm}
第三主成分	t_i
第四主成分	V_m、V_a

综上所述，每一类主成分都有不同的影响因素，所以还需计算主成分与各个特征参数之间的相似关系，为 K 均值聚类分析提供依据[29]。为使计算简化，利用数据处理软件计算 4 个主成分与各个特征参数之间的相似关系，得到每一类主成分的得分，将原有特征参数矩阵简化为维数更低的主成分得分矩阵。而得到的主成分得分数据矩阵将用于聚类分析并再次进行分析处理[30,31]。

3）K 均值聚类分析

本节采用系统聚类中的 K 均值聚类分析，假设有 n 个变量 $x_1, x_2, \cdots, x_n$，现将 n 个变量划分为 k 类，分别用 $X_1, X_2, \cdots, X_k$ 表示[32,33]。

K 均值聚类法流程如下：

（1）在原始数据样本 $S = \{x_1, x_2, \cdots, x_n\}$ 中随机选取 k 个样本作为初始聚类中心 $m_1, m_2, \cdots, m_k$。

（2）由每个聚类中所有样本点的均值来计算每个样本点与这些均值的距离，并根据最小距离 d 重新对样本进行划分，采取就近原则将每个样本点选入某个类中；如果 $d(x_1, m_p) \leqslant d(x_i, m_i)$（其中，$1 \leqslant p \leqslant k$，$i = 1, 2, \cdots, k$），则将 x_i 分配给 p 类。

（3）重新计算新的聚类中心：$m_i = \sum x_i / N_i$，$x_i \in S$。

（4）重复（2）和（3），直到 m_i 不再发生变化或者是达到迭代上限为止。

上述流程中，N_i 是第 i 个类 X_i 中的变量数目，m_i 是这些数据的均值，x_i 是均值变量，取距离 d 为欧氏距离。

根据聚类分析理论，利用数据处理软件和 K 均值聚类分析法，对各主成分得分的数据片段样本进行了分析，得到特征值相似度高的三类运动学片段[34]。系统聚类方法需指定聚类数目，根据其他道路行驶工况数据的分析得知，城区乘用车行驶工况一般可分为低速类主干道、中速类主干道和高速类主干道[35,36]。因此，K 均值聚类分析中指定聚类数目为三类，数据经过处理后，得到了如表 3.5 所示的三类速度段比例。当三类数据的聚类值大于 0.6 时，可表明聚类结果合理。得到三类数据的聚类值如图 3.16 所示，图中 1 对应第一类数据，2 对应第二类数据，3 对应第三类数据。

表 3.5 各类乘用车平均行驶特征值

特征参数	t_a	t_d	t_c	t_i	S	V_m	V_a	a_{am}	a_{aa}	a_{da}
第一类	20.117	18.843	13.980	17.431	0.180	18.470	8.851	1.236	0.490	0.592
第二类	46.294	37.647	23.764	16.235	0.848	44.5	23.385	1.503	0.546	0.655
第三类	73.892	71.923	74.753	33.523	1.880	34.846	16.948	1.465	0.511	0.504

特征参数	P_0	P_1	P_2	P_3	P_4	P_5	P_a	P_d	P_c	P_i
第一类	53.694	19.661	6.297	0.347	0	0	29.628	26.883	19.672	23.817
第二类	24.729	18.955	19.633	29.069	11.893	3.564	36.425	30.421	18.708	14.446
第三类	27.916	24.508	28.498	9.886	4.721	2.938	27.463	28.115	20.669	23.753

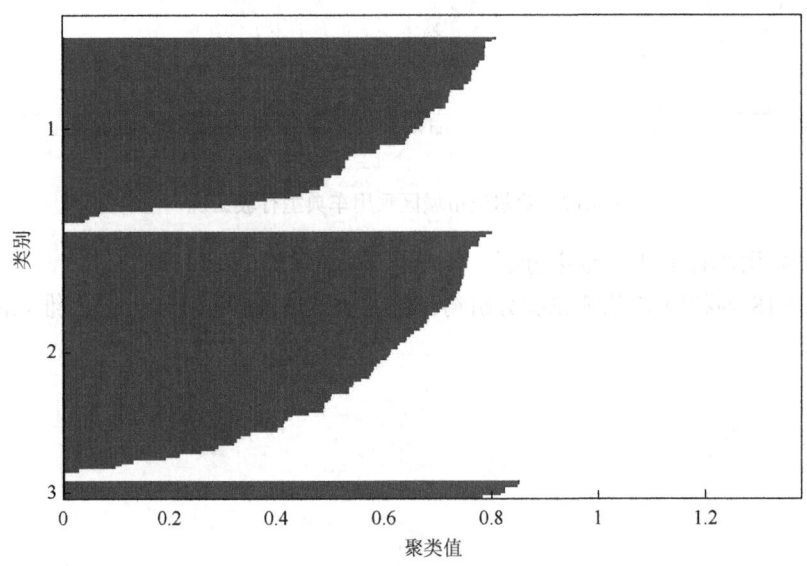

图 3.16 三类数据的聚类值

3. 乘用车行驶工况的构建

1) 行驶工况构建结果

利用 K 均值聚类分析得到三类不同的聚类数据，这三类不同的聚类数据代表着三类不同速度片段，将对应数据放在相应的类别中，再通过聚类计算得到各类平均特征值，分别计算每类中各数据片段与此类平均特征值的相关系数[37]。相关系数越接近，说明此段数据越能代表此类数据特性。根据相关系数的大小选出每类相关性高的数据片段组成候选工况，将每一片段从第一个怠速开始截取到最后一个怠速结束，得到完整的循环驾驶数据片段，最后再对筛选出的循环驾驶片段进行处理，得到哈尔滨市城区乘用车典型行驶工况。图 3.17 所示为最终通过选取相关性高的运动学片段构成的 1400s 典型工况。

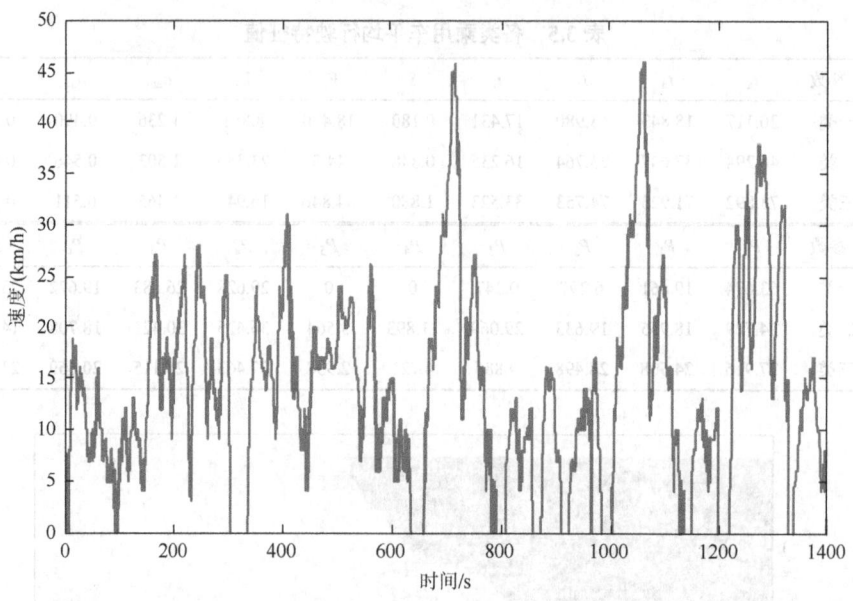

图 3.17 哈尔滨市城区乘用车典型行驶工况

2）乘用车行驶工况结果分析

图 3.18 为利用 K 均值聚类分析得到的各类速度段分布情况，从三维立体图来

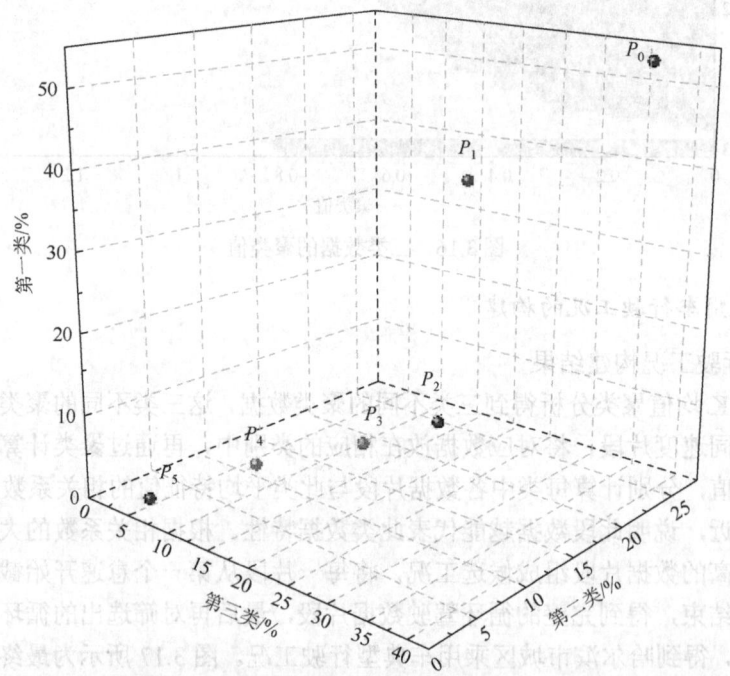

图 3.18 K 均值聚类分析的各类速度段分布图

看，聚类分析后的第一类主要为 P_0，其速度区间为低速区间，大部分低于 10km/h。第二类为相对高速类，主要为 P_2 和 P_3，速度为 20~40km/h。而第三类则为中速段，主要为 P_1，速度为 10~20km/h。

图 3.19 为通过 K 均值聚类分析得到的三类速度中的加速、减速、匀速、怠速比例分布图，其中加速与减速所占比例较高，表示哈尔滨市乘用车行驶工况加减速频繁。

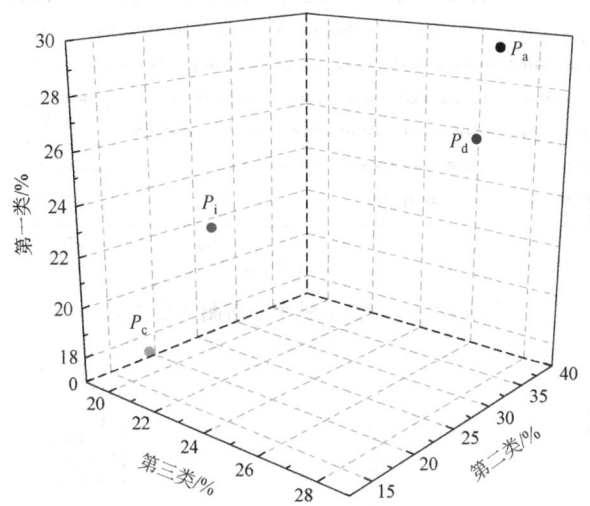

图 3.19 三类速度中的加速、减速、匀速、怠速比例分布图

3.3.3 哈尔滨市城区公交车行驶工况的构建

公交车行驶工况的构建方法与乘用车工况构建方法基本相同[38]。首先，将采集的数据分为运动学片段，剔除影响较小和数据波动较大的数据，组成驾驶循环库。其次，计算总体样本的特征参数，除去各速度段中的加速时间占比、减速时间占比、匀速时间占比和怠速时间占比。再次，将剩下的特征参数利用主成分分析与 K 均值聚类分析相结合的方法进行数据处理，最后选出候选工况片段拟合成哈尔滨市城区公交车典型行驶工况。

采集的公交车数据，经运动学片段分割后共提取了 21 个道路行驶特征参数，经筛选后对 11 个典型特征参数 t_a、t_d、t_c、t_i、S、V_m、V_a、a_{am}、a_{aa}、a_{dm}、a_{da} 进行主成分分析，得到 11 个主成分的累计贡献率、贡献率及差值，相应的主成分贡献率分布图如图 3.20 所示。

主成分分析法采用降维的思想，在数据的内部进行成分提取，根据研究可知，当累计贡献率达到 80% 以上即可反映原变量的信息。计算得出图 3.20 中的四个主成分的累计贡献率已经达到了 81.6568%，说明前四个主成分即可代表行驶工况特性,利用四个主成分进行进一步计算可以使问题得到简化。从图 3.21 可以看出每一个主成分主要对应的特征参数,将其中的主要参数列于表 3.6 中。

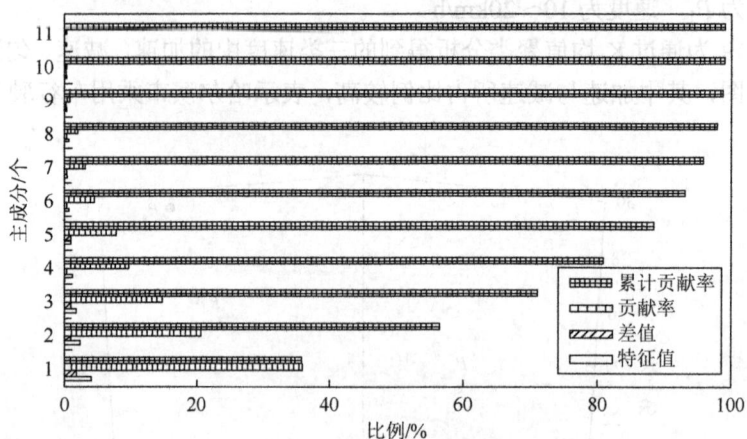

图 3.20 主成分贡献率分布图(公交车)

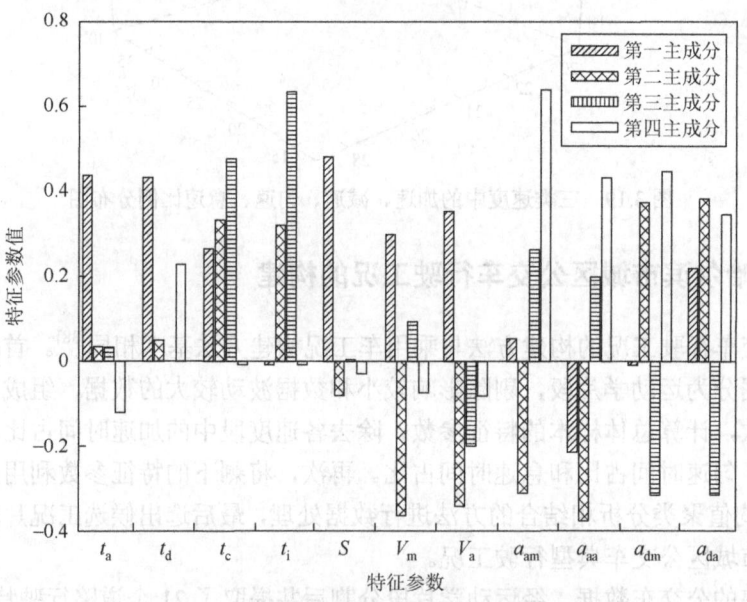

图 3.21 各个主成分分布图(公交车)

表 3.6 公交车特征参数对照表

主成分	主要对应特征参数
第一主成分	t_a、t_c、S、V_m、V_a
第二主成分	a_{da}
第三主成分	t_c、t_i
第四主成分	a_{am}、a_{aa}、a_{dm}

城区公交车行驶工况一般可分为低速类主干道、中速类主干道和高速类主干道[39]，所以 K 均值聚类分析中指定聚类数目为三类，数据经过处理后，得到了如表 3.7 所示的各类公交车平均行驶特征值。

表 3.7　各类公交车平均行驶特征值

类别	t_a	t_d	t_c	t_i	S	V_m	V_a	a_{am}	a_{aa}	a_{dm}	a_{da}
第一类	19.3836	18.5220	31.4025	25.2767	0.2818	34.1258	13.9341	1.8571	0.7293	−1.9392	−0.7745
第二类	37.3447	36.5000	38.3350	21.4806	0.6829	42.6262	21.7443	2.0645	0.6621	−2.0375	−0.6766
第三类	25.3409	24.5682	21.3909	13.1182	0.4199	40.2682	20.8493	2.0265	0.7384	−2.1098	−0.7650

利用 K 均值聚类分析得到三类不同的聚类数据，这三类不同的聚类数据代表着三类不同速度片段，将对应数据放在相应的类别中，再通过聚类计算得到各类平均特征值，分别计算每类中各数据片段与此类平均特征值的相关系数。相关系数越接近，说明此段数据越能代表此类数据特性。根据相关系数的大小选出每类相关性高的数据片段组成候选工况，将每一片段从第一个怠速开始截取到最后一个怠速结束，得到完整的循环驾驶数据片段，构建哈尔滨市城区公交车典型行驶工况，如图 3.22 所示。

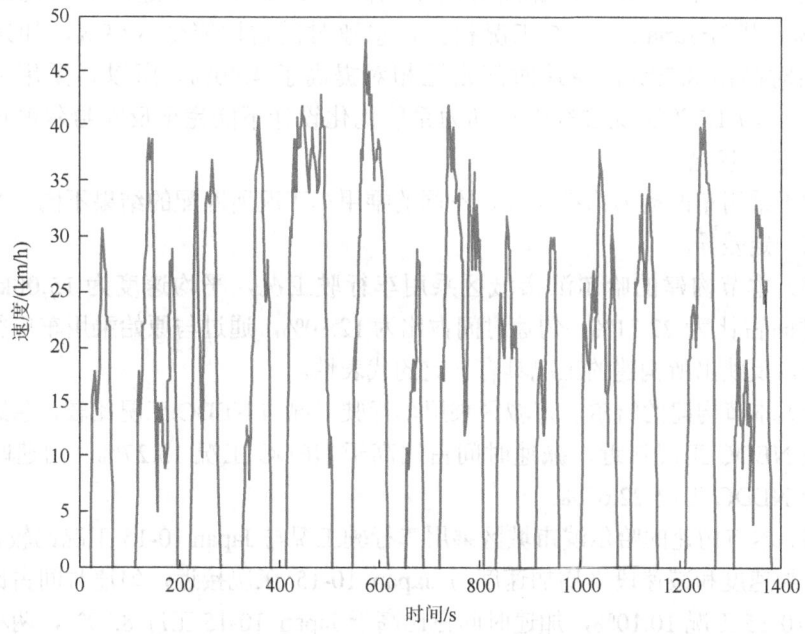

图 3.22　哈尔滨市城区公交车典型行驶工况

3.4 汽车行驶工况的特征分析

3.4.1 哈尔滨市城区乘用车行驶工况与其他乘用车行驶工况对比分析

本节将构建的哈尔滨市城区乘用车行驶工况与国际常用的标准测试工况 NEDC 和 Japan 10-15 进行比较，如表 3.8 所示。

表 3.8 哈尔滨市城区乘用车行驶工况与国际常用标准测试工况对比

行驶工况	平均速度 /(km/h)	加速段平均加速度 /(m/s²)	减速段平均加速度 /(m/s²)	加速时间占比/%	减速时间占比/%	匀速时间占比/%	怠速时间占比/%
哈尔滨	15.00	0.49	−0.59	34.69	30.90	12.10	22.31
NEDC	33.60	0.51	−0.71	23.81	17.63	34.75	23.81
Japan 10-15	22.70	0.63	−0.62	25.90	26.50	22.20	25.40

哈尔滨市城区乘用车行驶工况的平均速度、怠速时间占比、匀速时间占比等与 NEDC 工况和 Japan 10-15 工况存在一定差异。其与 NEDC 工况相比，平均速度仅为后者的 44.64%，加速时间占比高出 10.88%，匀速时间占比降低了 22.65%。其与 Japan 10-15 工况相比，怠速时间占比降低 3.09%，加速时间占比相对高出 8.79%，减速时间占比相对提高了 4.40%。所以，采用 NEDC 和 Japan 10-15 等工况进行汽车动力系统优化设计不能完全反映哈尔滨市城区的实际交通状况。

对于乘用车的动力系统设计，不同的乘用车工况所匹配的结果不同，其经济性存在一定差异。

（1）本节构建的哈尔滨市城区乘用车行驶工况，平均速度为 15.00km/h，怠速时间占比为 22.31%，匀速时间占比为 12.10%，通过与原始乘用车出行数据的比较，反映出所构建的工况具有一定的代表性。

（2）本节构建的哈尔滨市城区乘用车行驶工况与 NEDC 工况比较，怠速时间占比与 NEDC 工况接近，减速时间占比高于 NEDC 工况 13.27%，匀速时间占比低于 NEDC 工况 22.65%。

（3）本节构建的哈尔滨市城区乘用车行驶工况与 Japan 10-15 工况比较，加速段平均加速度和减速段平均加速度与 Japan 10-15 工况接近，匀速时间占比低于 Japan 10-15 工况 10.10%，加速时间占比高于 Japan 10-15 工况 8.79%，两种工况在匀速、加速方面差异较大。

3.4.2 哈尔滨市城区公交车行驶工况与其他公交车行驶工况对比分析

本节将所构建的哈尔滨市城区公交车行驶工况与我国公交车、黑龙江省公交车、佳木斯市公交车及牡丹江市公交车进行了比较，如表3.9所示。

表3.9 哈尔滨市城区公交车行驶工况与其他典型公交车行驶工况对比

行驶地区	行驶距离/km	最高速度/(km/h)	平均速度/(km/h)	最大加速度/(m/s^2)	平均加速度/(m/s^2)	最大减速度/(m/s^2)	平均减速度/(m/s^2)	加速时间占比/%	减速时间占比/%	匀速时间占比/%	怠速时间占比/%
哈尔滨市城区公交车	5.92	48.00	15.25	1.94	0.65	−1.94	−0.65	25.77	25.77	10.88	37.58
我国公交车	5.83	60.00	16.10	1.25	0.37	−2.47	−0.53	31.77	22.18	17.27	28.78
黑龙江省公交车	7.05	50.00	18.76	1.94	0.61	−2.78	−0.64	27.54	27.02	14.29	31.16
佳木斯市公交车	6.39	50.00	16.44	1.94	0.59	−2.50	−0.65	26.61	24.68	16.09	32.62
牡丹江市公交车	6.44	49.00	16.83	1.94	0.68	−2.50	−0.71	27.18	28.13	11.12	33.58

（1）哈尔滨市城区公交车与我国公交车行驶工况在加速时间、减速时间、匀速时间及怠速时间占比上均有较大差异，行驶距离几乎相近。哈尔滨市城区公交车行驶工况的平均速度与我国公交车工况的行驶平均速度相近，在最大加速度、平均加速度上哈尔滨市城区公交车行驶工况高于我国公交车行驶工况，但最大减速度明显低于我国公交车行驶工况，二者平均减速度相近。

（2）哈尔滨市城区公交车与黑龙江省公交车行驶工况在加速时间和减速时间占比上差异较小，但匀速时间和怠速时间占比上均有较大差异，行驶距离上哈尔滨市城区公交车略低于黑龙江省公交车行驶工况。在最高车速上，哈尔滨市城区公交车与黑龙江省公交车行驶工况相近，但哈尔滨市城区公交车行驶工况的平均速度略低于黑龙江省公交车行驶工况的平均速度。在最大加速度、平均减速度上，哈尔滨市城区公交车行驶工况与黑龙江省公交车相近，但最大减速度明显低于黑龙江省公交车行驶工况，二者平均减速度相近。

（3）哈尔滨市城区公交车与佳木斯市公交车行驶工况的加速时间和减速时间占比差异较小，但在匀速时间和怠速时间占比上有较大差异。在行驶距离上哈尔滨市城区公交车行驶工况略低于佳木斯市公交车行驶工况，在最高车速上与佳木斯市公交车行驶工况相近。但哈尔滨市城区公交车行驶工况的平均速度略低于佳木斯市公交车行驶工况,究其原因是哈尔滨市城区车流量较佳木斯市大。在最大加速度、平均加速度上,哈尔滨市城区公交车行驶工况与佳木斯市公交车行驶工况相近,但最大减速度明显低于佳木斯市公交车行驶工况,二者平均减速度相近。

(4) 哈尔滨市城区公交车行驶工况的加速时间和减速时间占比均略低于牡丹江市公交车行驶工况,但二者匀速时间占比相近,怠速时间占比有较大差异。哈尔滨市城区公交车行驶工况行驶距离略低于牡丹江市公交行驶工况,在最高速度上与牡丹江市公交车行驶工况相近,但哈尔滨市城区公交车行驶工况的平均速度略低于牡丹江市公交行驶工况,究其原因是哈尔滨市城区车流量较牡丹江市大。在最大加速度、平均加速度上哈尔滨市城区公交车行驶工况与牡丹江市公交车行驶工况相近,但最大减速度、平均减速度明显低于牡丹江市公交车行驶工况。

3.5 本章小结

出行特征在一定程度上反映了所在城市的交通状况和人们的出行规律。汽车行驶工况的研究不仅可以帮助交通部门合理规划交通运行方案,还可以使科研机构和车辆企业科学地设计车辆动力系统参数。此外,研究汽车行驶工况还是实施增程式电动汽车运行控制方法和能量管理策略不可或缺的前提,是车辆能耗计算、车辆测试和限值测定的基础。我国一直沿用 NEDC 工况,自从实施机动车排放测试标准以来,这一行驶工况暴露出了越来越多的问题,影响了相关部门对车辆实际驾驶状态的把握。

本章首先简要介绍了构建我国汽车行驶工况的意义,其次分别介绍了美国、欧洲和日本等一些发达国家和地区的行驶工况发展情况及特点,以及中国行驶工况的发展情况及其优势。再次,根据哈尔滨市城区实际道路特点及数据采集原则,利用 GPS 设备对乘用车及公交车的行驶工况数据进行采集,采用主成分分析法与 K 均值聚类分析对采集数据进行分析处理,进而构建了哈尔滨市城区乘用车及公交车的典型行驶工况。最后,本章总结了哈尔滨市城区车辆运行特征,并分别与乘用车和公交车的典型行驶工况进行了对比分析,这不仅为增程式电动汽车的动力系统参数匹配提供了必要的数据支持,还为动力系统匹配及评价经济燃油性提供了依据。因此,本章所介绍的汽车行驶工况的构建方法是增程式电动汽车充电和换电经济性评价与分析的基础。

参 考 文 献

[1] 胡宸, 吴晓刚, 李晓军, 等. 哈尔滨城市公交工况的构建[J]. 哈尔滨理工大学学报, 2014, 19(1): 85-89, 94.
[2] 郑殿宇, 吴晓刚, 陈汉, 等. 哈尔滨城区乘用车行驶工况的构建[J]. 公路交通科技, 2017, 34(4): 101-107.
[3] 陈汉, 吴晓刚. 哈尔滨市私人乘用车出行特征及行驶工况的构建[J]. 哈尔滨理工大学学报, 2017, 22(4): 81-86.

[4] 李孟良, 张建伟, 张富兴, 等. 中国城市乘用车实际行驶工况的研究[J]. 汽车工程, 2006(6): 554-557, 529.
[5] 刘俊女, 朱庆功, 杨正军. 不同工况下轻型车油耗试验驾驶方式评价[J]. 中国环境科学, 2019, 39(6): 2328-2335.
[6] 石敏. 轻型汽车行驶工况构建的研究[D]. 天津: 天津理工大学, 2014.
[7] 朱庆功, 杨正军, 温溢, 等. 轻型汽车实际道路行驶与实验室工况污染物排放对比研究[J]. 汽车工程, 2017, 39(10): 1125-1129, 1135.
[8] 潘朋, 杨正军, 温溢. 日本汽车排放法规对PM的技术要求及试验验证[J]. 汽车工业研究, 2014(11): 42-46.
[9] 叶鸣, 李礼夫, 梁翼, 等. 基于不同行驶工况的纯电动汽车电能量消耗影响因素研究[J]. 机械与电子, 2018, 36(4): 11-15.
[10] 国家市场监督管理总局, 国家标准化管理委员会. 中国汽车行驶工况 第1部分: 轻型汽车(GB/T 38146.1—2019)[S]. 北京: 中国标准出版社, 2019.
[11] 国家市场监督管理总局, 国家标准化管理委员会. 中国汽车行驶工况 第2部分: 重型商用车辆(GB/T 38146.2—2019)[S]. 北京: 中国标准出版社, 2019.
[12] 张宏, 姚延钢, 杨晓勤. 城市道路轻型汽车行驶工况构建[J]. 西南交通大学学报, 2019, 54(6): 1139-1146, 1154.
[13] 郑与波, 石琴, 王世玲. 合肥市汽车行驶工况的研究[J]. 汽车技术, 2010(10): 33-37.
[14] Zhu J H, Shi Q, Zhou J Y. The city bus driving cycle construction[C]//Proceedings of the IEEE International Conference on Mechanic Automation and Control Engineering, Hohhot, 2011: 2687-2690.
[15] 张治华. 基于GPS轨迹的出行信息提取研究[D]. 上海: 华东师范大学, 2010.
[16] 王岐东, 贺克斌, 姚志良, 等. 中国城市机动车行驶工况研究[J]. 环境污染与防治, 2007(10): 745-748, 784.
[17] 潘姝月, 周雅夫. 城市公交车行驶工况的研究[J]. 机械设计与制造, 2010(2): 263-265.
[18] 张树培, 黄璇, 王国林. 城市再生制动标准循环工况制订方法研究[J]. 公路交通科技, 2014, 31(3): 153-158.
[19] Nesamani K S, Subramanian K P. Development of a driving cycle for intra-city buses in Chennai, India[J]. Atmospheric Environment, 2011, 45(31): 5469-5476.
[20] 黄万友, 程勇, 李闯. 基于车辆能耗状态的济南市道路行驶工况构建[J]. 西南交通大学学报, 2012, 47(6): 899-995.
[21] 吴履伟, 王贺武. 基于GPS的北京市私人乘用车出行特征研究[D]. 北京: 清华大学, 2013.
[22] 庄继晖, 谢辉, 严英. 基于GPRS的电动汽车道路行驶工况自学习[J]. 天津大学学报, 2010, 43(4): 283-286.
[23] Jiang P, Shi Q, Chen W W, et al. Investigation of a new construction method of vehicle driving cycle[C]//Proceedings of the IEEE International Conference on Intelligent Computation Technology and Automation, Changsha, 2009: 210-214.
[24] 胡志远, 秦艳, 谭丕强, 等. 基于大样本的上海市乘用车行驶工况构建[J]. 同济大学学报, 2015, 43(10): 1523-1527.
[25] 石琴, 郑玉波, 姜平. 基于运动学片段的城市道路行驶工况的研究[J]. 汽车工程, 2011, 33(3): 256-261.
[26] 齐敏芳, 付忠广, 景源, 等. 基于信息熵与主成分分析的火电机组综合评价方法[J]. 中国电机工程学报, 2013, 33(2): 58-64.
[27] 杨漪, 姚晓栋, 杨建国, 等. 基于主成分分析与BP神经网络相结合的机床主轴热漂移误差建模[J]. 上海交通大学学报, 2013, 47(5): 750-753.
[28] 吴明, 王莹莹, 冯琪. 基于主成分分析的综合运输通道布局模型研究[J]. 公路交通科技, 2011, 28(1): 154-158.
[29] 马志雄, 李孟良, 张富兴, 等. 主成分分析法在车辆实际行驶工况开发中的应用[J]. 武汉理工大学学报(信息与管理工程版), 2004, 26(4): 32-35.
[30] 陶思羽. 基于主成分分析和粗糙集的聚类分析在经济指标数据中的应用[D]. 吉林: 吉林大学, 2012.
[31] 姜洋. 聚类和主成分回归在经济指标数据中的应用研究[D]. 吉林: 吉林大学, 2010.

[32] 石琴, 仇多洋, 周洁瑜. 基于组合聚类法的行驶工况构建与分析[J]. 汽车工程, 2012, 34(2): 164-169.
[33] 马志雄, 朱西产, 李孟良, 等. 动态聚类法在车辆实际行驶工况开发中的应用[J]. 武汉理工大学学报, 2005, 27(11): 7375.
[34] Fotouhi A, Montazerigh M. Tehran driving cycle development using the K-means clustering method[J]. Scientia Iranica, 2013, 20(2): 286-293.
[35] 窦慧丽, 吴志周, 刘好德, 等. 基于 K 近邻非参数回归的交通状态概率预报技术[J]. 公路交通科技, 2010, 27(8): 76-80.
[36] 蔡锷, 李阳阳, 李春明. 基于K-均值聚类算法的西安市汽车行驶工况合成技术研究[J]. 汽车技术, 2015, 8(4): 33-36.
[37] 秦大同, 詹森, 漆正刚, 等. 基于 K-均值聚类算法的行驶工况构建方法[J]. 吉林大学学报(工学版), 2016, 46(2): 383-389.
[38] 刘明君, 郭继孚, 高利平, 等. 私人小汽车出行行为特征分析与建模[J]. 吉林大学学报(工学版), 2009, 39(2): 25-30.
[39] 王伟达, 王言子, 项昌乐, 等. 混合动力车制动工况分析与储能装置参数匹配[J]. 哈尔滨工业大学学报, 2014, 46(9): 74-79.

第4章 增程式电动汽车动力系统匹配设计

4.1 增程式电动汽车动力系统匹配流程

增程式电动汽车采用驱动电机来驱动车轮,以动力电池作为能量源。原动机(包括柴油机、汽油机、转子发动机、燃料电池等)、发电机(包括永磁发电机、交流同步发电机等)和整流器构成的发电单元又称增程器,其目的是增加车辆的续驶里程。增程式电动汽车的基本构型如图 4.1 所示。

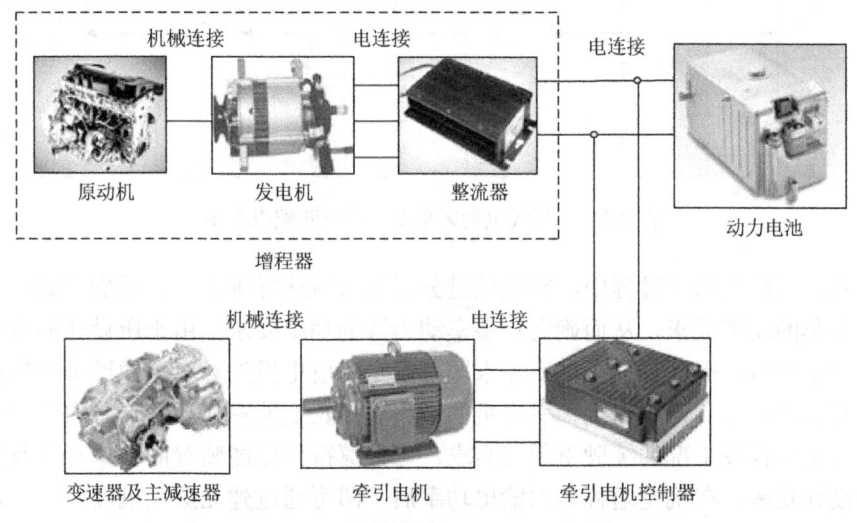

图 4.1 增程式电动汽车的基本构型

增程式电动汽车的发动机不直接参与驱动车轮,其系统构型一般为串联式,且在运行中存在连续的纯电动区域。因此,该构型对电驱动系统的输出功率、转矩要求较高,同时对电池容量需求较大。相比之下,增程器的需求功率较小,且工况较为固定,因此增程器系统中发电机和发动机的性能匹配及工况点的选择对系统效率尤为重要。

增程式电动汽车动力系统选型匹配是动力系统正常工作的前提,本章基于城市道路工况的考虑,以增程式电动客车(公交车)为例,介绍增程式电动汽车的动力系统匹配流程。

在增程式电动客车中，驱动电机必须考虑由较大的功率来满足最大速度和急加速性能要求，且低速时要求的起步转矩较大，这使驱动电机转速工作范围较宽，在城市行驶工况下所需要的平均功率减小，使驱动电机难以工作在高效率区间。同时为了保证驱动电机峰值功率的实现，要求动力电池组能够顺利输出相应的功率，使动力电池组的重量增加，所以提高燃油经济性的潜力会被削弱。而增程器设计功率的大小会直接影响车辆的续驶里程，这就决定了增程器、动力电池、驱动电机需要良好的协调与匹配[1,2]。

本节通过分析城市道路行驶工况功率需求，对增程式电动客车动力系统进行了匹配计算及部件选型，其匹配流程图如图4.2所示。

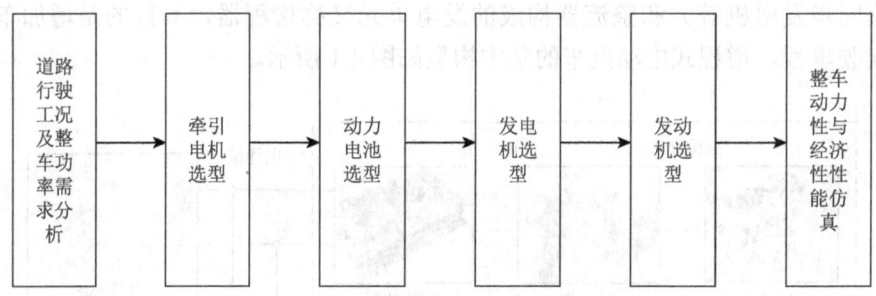

图4.2 增程式电动客车动力系统匹配流程图

系统匹配及选型过程中，首先通过分析城市道路行驶工况，得到在此行驶工况下整车的功率需求，从而确定对整车动力源的功率要求。由于所设计的客车采用电驱动平台，得到的整车功率需求即可确定牵引电机的功率。通过车辆的加速度及爬坡度的计算，可得到牵引电机的最大转矩及变速箱（减速器）的速比。根据城市道路行驶工况和续驶里程的需求，可计算得到储能装置的容量参数及增程器的设计功率。在确定增程器的输出功率后，即可通过建立原动机高效区、发电机高效区及电池电压的参数关系，对增程器进行系统匹配和选型[3]。

4.2 增程式电动汽车驱动电机的匹配

4.2.1 动力系统设计指标的确定

增程式电动汽车的整车动力系统主要功能是满足车辆动力性和续驶里程的需求。在大中型城市中，公交车多为长度为11～12m的大客车。因此，本节以一辆12m的城市公交客车为样本，对整车动力系统中驱动电机的匹配进行介绍。

道路行驶工况对整车经济性影响较大，所以在进行适合城市道路公交客车的开发和仿真时,需要考虑城市道路行驶工况的特殊性。目前,用于公交车的行驶工况主要有以下几种:中国城市公交典型行驶工况[4]、美国曼哈顿道路行驶工况[5]和欧洲经济委员会工况。表4.1列出了这几种工况的主要参数,从表中可以看出,我国交通系统具有怠速时间占循环时间的比例高、平均速度低、车速变化频繁的车辆运行特点[6]。

表4.1 几种典型的城市道路行驶工况主要参数

参数	中国城市公交典型行驶工况	美国曼哈顿道路行驶工况	欧洲经济委员会工况
循环时间/s	1304	1089	195
行驶距离/km	5.83	3.32	0.99
最大速度/(km/h)	59.98	40.72	50
平均速度/(km/h)	16.1	10.98	18.3
最大加速度/(m/s^2)	1.25	2.06	1.06
最大减速度/(m/s^2)	−2.47	−2.5	−0.83
平均加速度/(m/s^2)	0.31	0.54	0.64
平均减速度/(m/s^2)	−0.43	−0.67	−0.75
怠速时间/s	375	394	64
停车次数	14	20	3

在对动力系统进行设计时,还需要考虑汽车行驶的公路及车库内通车道的条件[7]。表4.2为中国各级公路主要技术指标汇总,表4.3为汽车库内通车道的最大坡度。

表4.2 中国各级公路主要技术指标汇总

技术指标	公路等级与地形									
	高速公路		一		二		三		四	
	平原微丘	山岭重丘	平原微丘	山岭重丘	平原微丘	山岭重丘	平原微丘	山岭重丘	平原微丘	山岭重丘
计算行车速度/(km/h)	120	80	100	60	80	40	60	30	40	20
行车道宽度/m	2×7.5	2×7.0	2×7.5	2×7.0	9	7	7	6	3.5	3.5
路基宽度/m	26	23	23	19	12	8.5	8.5	7.5	6.5	6.5
极限最小平曲线半径/m	650	250	400	125	250	60	125	30	60	15
停车视距/m	210	110	160	75	110	40	75	30	40	20
最大纵坡/%	3	5	4	6	5	7	6	8	6	9
桥涵设计车辆荷载	汽车-超20级,挂车-120		汽车-超20级,挂车-120汽车-20级,挂车-100		汽车-20级,挂车-100		汽车-20级,挂车-100汽车-15级,挂车-80		汽车-10级,履带-50	
桥涵车道数/个	4		4		2		2		2或1	

表 4.3 汽车库内通车道最大坡度

车型	通道形式			
	直线坡道		曲线坡道	
	比例/%	比值（高：长）	比例/%	比值（高：长）
微型车、小型车	15	1：6.67	12	1：8.3
轻型车	13.3	1：7.5	10	1：10
中型车	12	1：8.3	10	1：10
大型客车、大型货车	10	1：10	8	1：12.5
铰接客车、铰接货车	8	1：12.5	6	1：16.7

同时考虑到统计数据的参考价值和实际公交车典型工况，初步考虑增程式电动客车的整车设计技术指标如表 4.4 所示。

表 4.4 增程式电动客车整车设计技术指标

技术指标	参数
最大速度	≥80km/h
最大爬坡度	≥10%
0～50km/h 加速时间	≤25s

4.2.2 整车参数及动力性计算

整车参数是进行增程式电动客车动力系统设计与评估的基础[8, 9]，表 4.5 为本章所设计的增程式电动客车样车的参数表。

表 4.5 增程式电动客车设计样车参数表

名称	参数
长×宽×高	11.98m×2.55m×3.2m
整备质量	13000kg
满载质量	18000kg
前轮距	2096mm
后轮距	1860mm
轴距	6000mm
最小离地间隙	130mm
最大制动距离	10m

续表

名称	参数
最大速度	80km/h
最大爬坡度	12%
最小转弯直径	24m
轮胎尺寸	275/70R22.5

表 4.6 为该增程式电动客车计算参数。考虑到实现增程功能后车辆有所增重,因此动力性的初步计算中重量增加 800kg,并且在计算中认为道路负载特性是理想的,即空气绝对速度为零、柏油路面状况良好。

表 4.6 增程式电动客车计算参数

名称	参数
整备质量	12200kg + 800kg（考虑增重）
承载质量	5000kg
迎风面积 A	7.83m² （除去最小间隙）
车轮滚动半径 r	0.512m
空气阻力系数 C_d	0.75
滚动阻力系数 f	0.0076 + 0.000056u_a（u_a 为客车速度）
空气密度	1.23kg/m³
主减速器速比 i_0	6.2
传动系统总效率 η_T	96%

客车在道路上行驶,牵引电机需要克服行驶阻力 F_t,包括滚动阻力 F_f、空气阻力 F_w、坡度阻力 F_i 和加速阻力 F_j,其计算公式分别为

$$F_t = F_f + F_w + F_i + F_j \tag{4-1}$$

$$F_f = fmg\cos\alpha \tag{4-2}$$

$$F_w = \frac{1}{2}C_d A \rho u_a^2 \tag{4-3}$$

$$F_i = mg\sin\alpha \tag{4-4}$$

$$F_j = 0.28\delta m \frac{du_a}{dt} \tag{4-5}$$

式中,m 为电动客车质量;g 为重力加速度,取 9.8m/s²;α 为道路坡度;ρ 为空气密度;δ 为汽车旋转质量系数;u_a 为客车速度。

客车的牵引电机功率为

$$P_e = \frac{F_t u_a}{3.6\eta_T} \tag{4-6}$$

式中，P_e 为牵引电机功率；η_T 为传动系统总效率。

在计算整车牵引力（数值上即行驶阻力 F_t）及牵引电机功率时，考虑客车在半载条件（此时车重为 16500kg）下匀速行驶，即此时 $F_j = 0$。根据表 4.6 的整车参数，客车在不同坡度的道路上匀速行驶时，根据式（4-1）～式（4-6）计算得到的客车的牵引力及其牵引电机功率需求如图 4.3～图 4.5 所示。

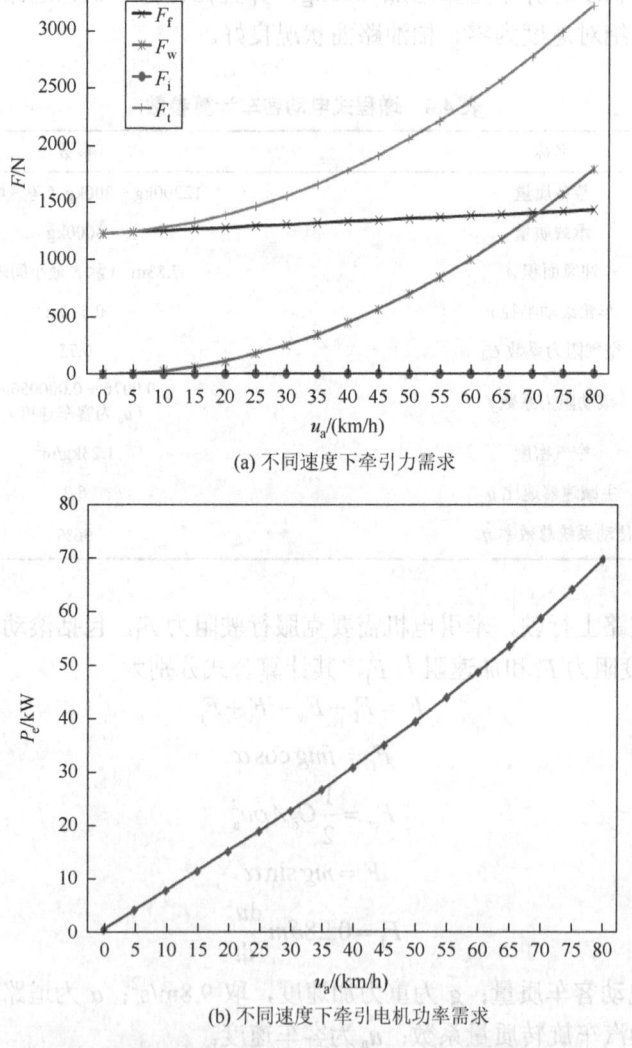

(a) 不同速度下牵引力需求

(b) 不同速度下牵引电机功率需求

图 4.3　坡度 $i = 0\%$ 时客车的牵引力和牵引电机功率需求

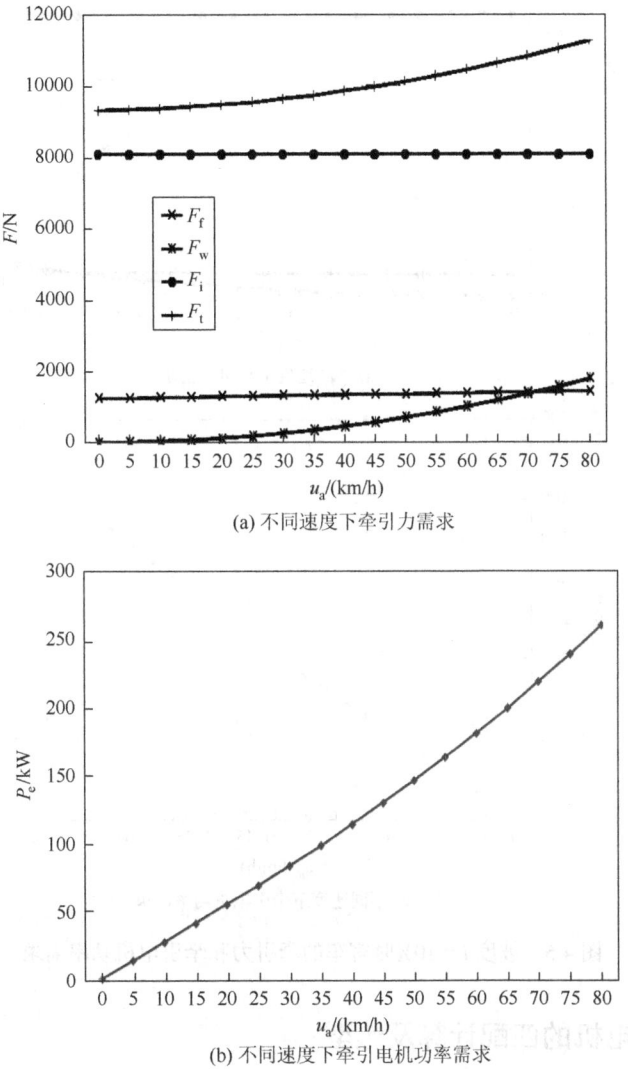

(a) 不同速度下牵引力需求

(b) 不同速度下牵引电机功率需求

图 4.4 坡度 $i = 5\%$ 时客车的牵引力和牵引电机功率需求

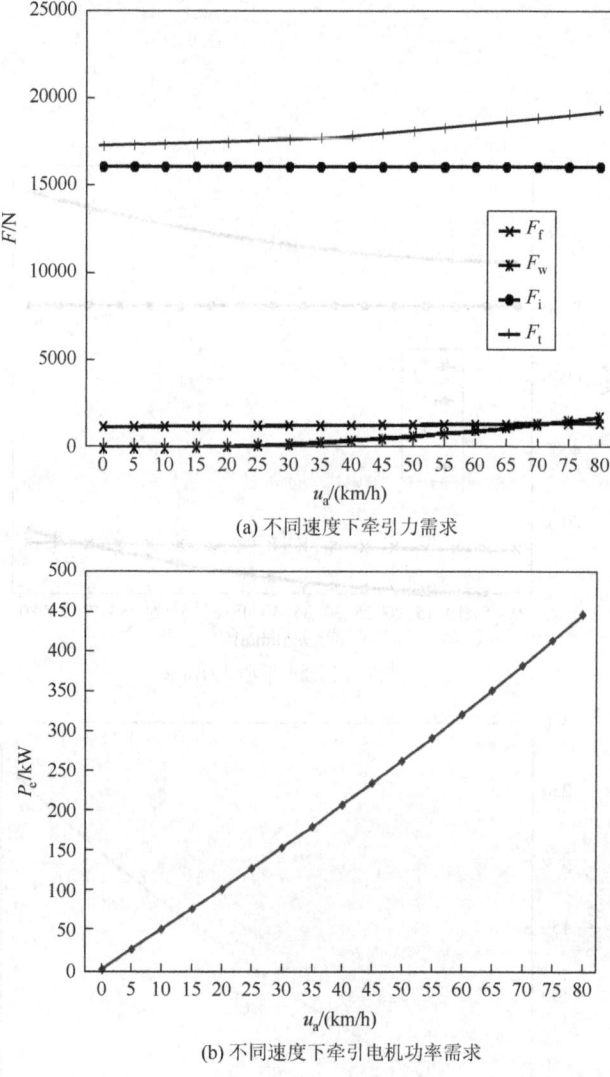

(a) 不同速度下牵引力需求

(b) 不同速度下牵引电机功率需求

图 4.5 坡度 i = 10%时客车的牵引力和牵引电机功率需求

4.2.3 驱动电机的匹配计算及选型

在对牵引电机进行匹配计算的过程中，以客车最高设计速度在平坦道路上运行作为确定牵引电机额定功率的重要参考。根据前面计算得到的图 4.3～图 4.5，可以确定牵引电机在此条件下的运行功率为

$$P_{(0\%,\ 80\text{km/h})} \approx 76\text{kW} \tag{4-7}$$

设计指标中，要求车辆行驶的道路坡度大于 10%，因此以客车平均速度 15km/h

在爬坡度大于 10% 的道路上运行作为确定牵引电机最大功率的重要参考量。经过计算，得到客车平均速度为 15km/h 时，在爬坡度为 12% 的道路上运行的功率为

$$P_{(12\%,\ 15km/h)} \approx 83 kW \tag{4-8}$$

在减速比满足的条件下，所选牵引电机的额定功率应完全满足车辆在水平道路上以 80km/h 高速运行时达到 76kW 的需求。考虑到一定的设计裕量，牵引电机的最大功率应选择在 100kW 以上。

4.3 增程式电动汽车增程器的匹配

增程器主要由发动机、发电机和整流器三部分组成，发动机输出轴与发电机直接机械耦合，增程器可以向驱动电机供电或者向电池充电，延长续驶里程。本节继续以增程式电动客车为例探讨增程式电动汽车的相关问题。

增程式电动客车在运行时，增程器的匹配及控制是决定整车出行里程和燃油经济性的关键。在固定工况下，输出功率主要由增程器提供，因此增程器的匹配将是关键。若匹配功率过大，则造成增程器的成本过高、体积过大，无法充分利用电网中廉价的电能。若匹配功率过小，则无法满足续驶里程的要求。

在满足一定续驶里程的条件下，需要在动力电池不能正常工作时，保证车辆以一定的速度匀速行驶，即给驱动电机提供冗余功率。增程器的标定输出功率 P_{RE} 由式（4-9）计算：

$$P_{RE} = \frac{1}{3600\eta_T}\left(mgfu_a + \frac{C_d A u_a^3}{21.15}\right) \tag{4-9}$$

增程式电动客车在电池不能正常工作时，设定动力传动系统效率为 95%，则车辆以速度 u_a 匀速运行，由式（4-9）计算可以得到不同速度下增程式电动客车增程器的标定输出功率，如图 4.6 所示。

由图 4.6 可以看出，增程器标定输出功率的大小随增程式电动客车的速度和车重的增加而增大。在设计匹配时，增程器标定输出功率可按式（4-10）计算确定：

$$P_{RE} \leqslant P_{DAV} + P_{aux} \tag{4-10}$$

式中，P_{DAV} 为工况循环内的平均驱动功率；P_{aux} 为电辅件平均功率。

在本章所建的动力系统中，若考虑怠速时间，计算得到中国城市公交典型行驶工况平均驱动功率为 21.5kW，不考虑怠速时间时，平均驱动功率约为 34.3kW。在同时考虑不同电辅件平均功率的基础上，作为设计的额定功率。若考虑电辅件平均功率最高为 10kW 时，增程器标定输出功率可以等于或小于 44.3kW。但实际设计时，还可以考虑在此基础上减去车辆制动系统能够回收的能量折算的平均功率。

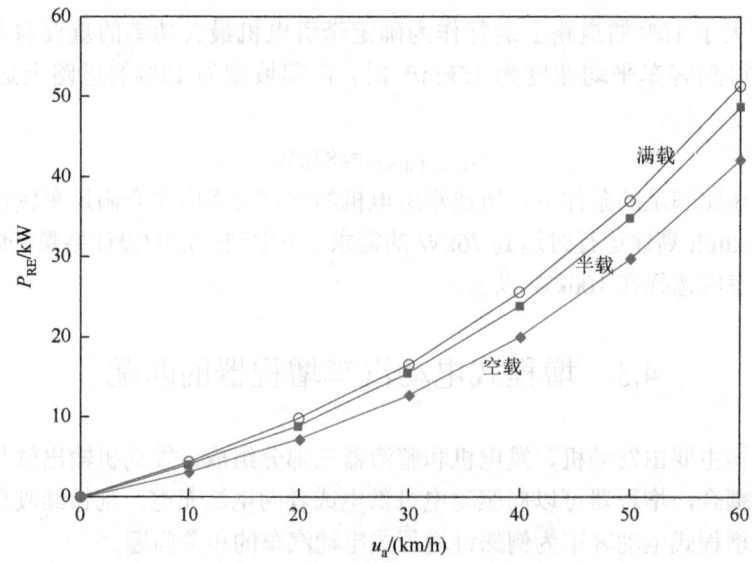

图 4.6　不同速度下增程式电动客车增程器的标定输出功率

在增程器原动机的选型上,可以根据不同的冗余功率要求,选择在该功率点处于高效工作区的发动机。图 4.7 为某公司生产的柴油发动机的万有特性曲线图,

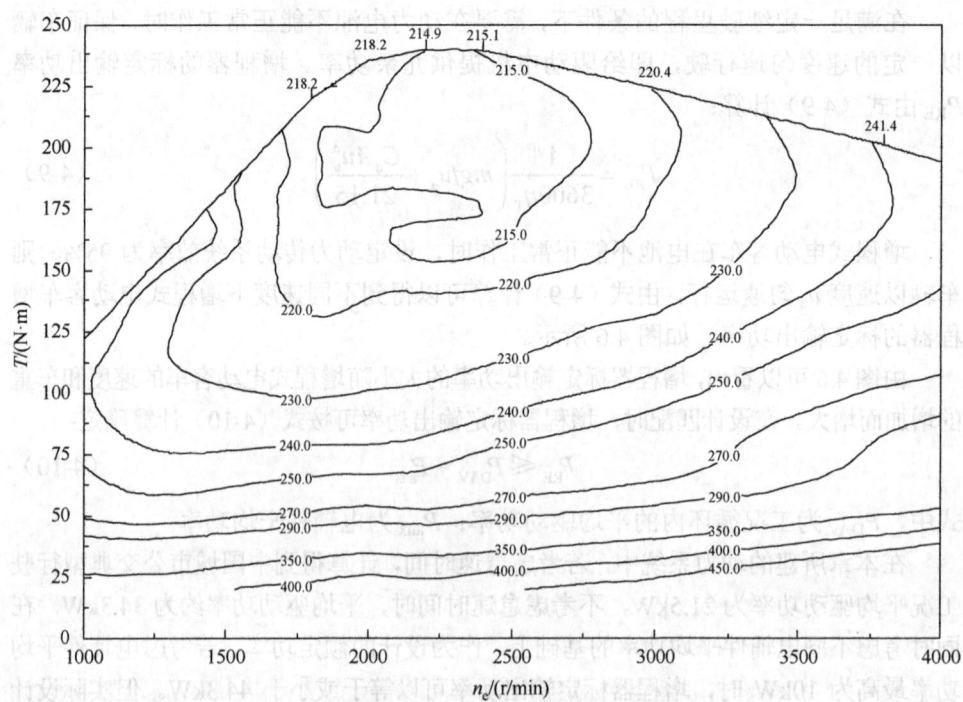

图 4.7　柴油发动机万有特性曲线

由图可见，该发动机的高效区在 1800～2800r/min。在中等负荷率以上时可以达到 220g/(kW·h)的比油耗，在最大扭矩点，转速为 2200r/min 时的功率为 54kW，2800r/min 时功率达到 66kW。标定点（4000r/min）功率为 82kW。即使在转速为 1500r/min、转矩为 160N·m、功率为 25kW 的工作点，其比油耗也只是达到了 230g/(kW·h)，与最高效率点的 215g/(kW·h)相比，只增加了 7.0%。因此，选择该类发动机不仅适合稳定工况下的高效率运行，还可适应一定范围的变工况运行。

城市公交客车运行时输出的平均功率在不同的道路工况、不同载客量及不同电辅件平均功率下是不同的，因此在利用冗余功率匹配增程器额定输出功率的基础上，还需建立增程器功率匹配与增程器开启控制、日出行里程等因素的映射关系，从而得到固定工况下的增程器的匹配规律。

本节在增程式电动客车的动力系统匹配的基础上，进行了整车动力性仿真。同时采用增程器恒定功率输出方法，从增程器标定输出功率优化匹配设计的角度对匹配结果进行分析，通过建立增程器额定输出功率与电辅件平均功率、日出行里程之间的关系，得到增程式电动客车增程器设计的优化规律。

4.3.1 增程式电动汽车动力性仿真

为了验证经过匹配设计后的增程式电动客车动力系统能否达到设计的技术指标，本节根据匹配的结果，对整车动力性指标进行核算。

1. 增程式电动客车的最高速度仿真

车辆的最高速度是整车动力性的一个重要的技术指标，因此，需要在所建模型的基础上验证增程式电动客车的最高速度指标。在仿真过程中，为了验证所匹配的动力系统能否满足设计目标中的最高速度，将加速踏板设置在最大位置，以车速为响应，得到的稳定车速即最高车速。

在仿真中针对不同的车重，即空载车重为 13000kg、半载车重为 16500kg、满载车重为 18000kg，得到的速度仿真曲线如图 4.8 所示。

由图 4.8 的仿真曲线可以看出，在加速踏板全开的情况下，增程式电动客车在半载时能够达到的最高速度为 80km/h，达到了样车设计匹配的要求。

2. 增程式电动客车加速特性仿真

车辆的加速特性是整车动力性的又一重要指标，因此需要根据动力系统设计匹配所选择的牵引电机参数，进行增程式电动客车加速特性的仿真。在验证增程式电动客车加速特性时，采用加速踏板全开观测速度变化的方法，加速特性仿真结果如图 4.9 所示。

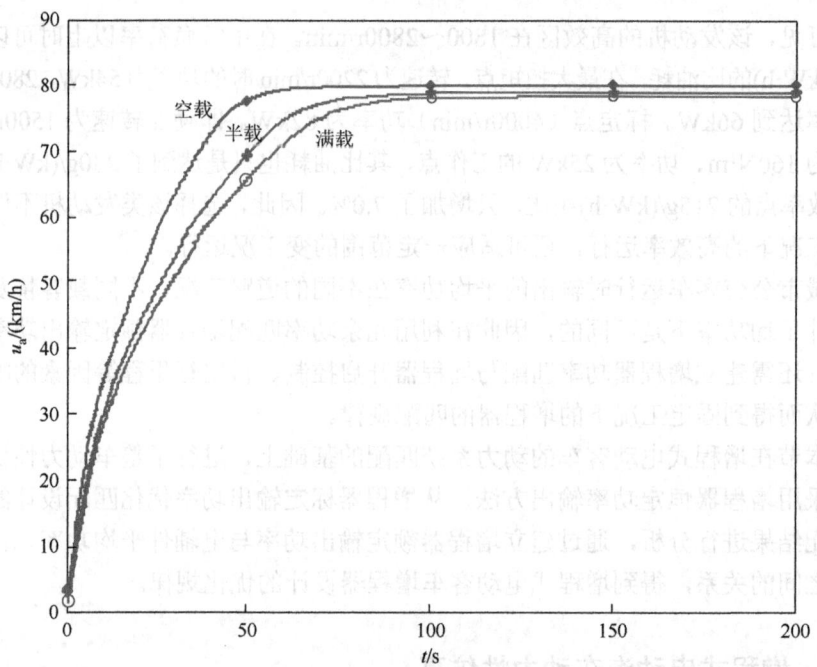

图 4.8 增程式电动客车速度仿真曲线

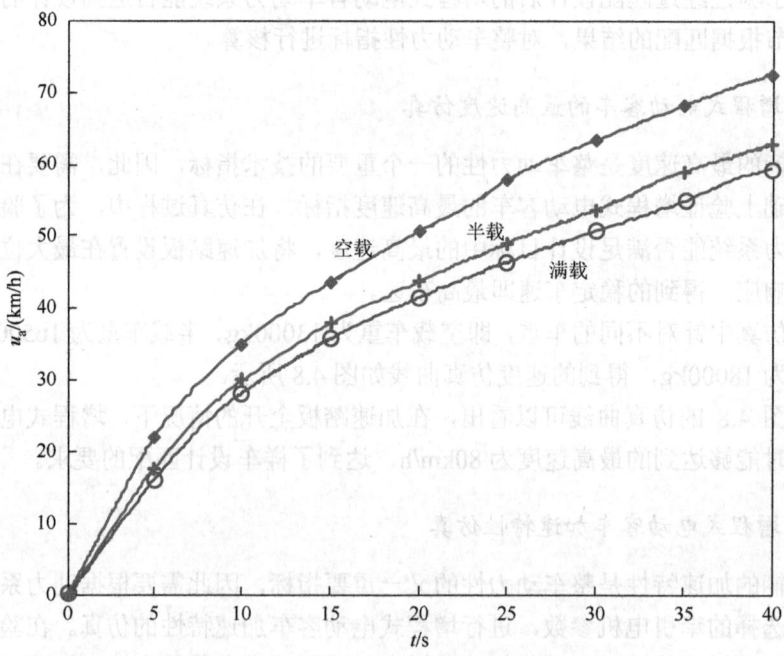

图 4.9 增程式电动客车加速特性仿真曲线

由图 4.9 可以看出，在车辆半载时，客车 0~50km/h 的加速时间为 25s，而车辆在空载时，客车的 0~50km/h 加速时间为 19s，因此在加速特性上满足了动力系统设计的要求。

3. 增程式电动客车爬坡特性仿真

客车的爬坡性能是整车动力性的重要指标，在第 2 章的匹配设计中已经根据通车道最大坡度进行了车辆最高爬坡度的目标的确定。根据动力系统设计匹配结果，以及所选择的牵引电机参数，进行了增程式电动客车爬坡特性仿真。经过计算，得到整车满载时的速度与最大爬坡度 i_{max} 的关系曲线如图 4.10 所示。由图 4.10 可以看出，所设计的电动客车满足爬坡度设计的要求。

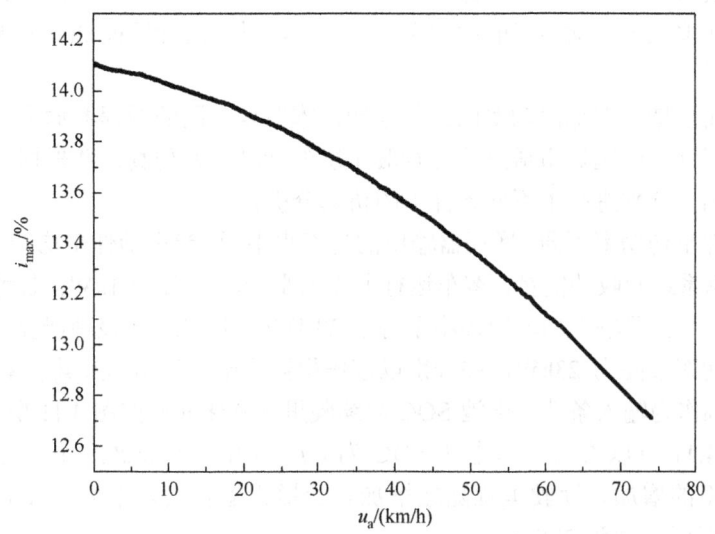

图 4.10 整车满载时的速度-最大爬坡度曲线

4.3.2 增程式电动汽车增程器匹配修正仿真

在前述动力系统匹配中，根据冗余功率初步匹配了增程器的额定输出功率。但城市公交客车在不同的道路工况、不同载客量及电辅件平均功率下，其运行时输出的平均功率不同。本节针对中国城市公交道路行驶工况，按每日固定的公交续驶里程，进行不同输出功率增程器的匹配及控制仿真。

本节力图将增程器功率的匹配与增程器开启控制、日出行里程等因素建立起映射关系，从而研究得到固定工况下的增程器的匹配规律。在中国城市公交道路行驶工况下进行增程器匹配修正仿真时，主要考虑以下几个条件。

（1）仿真过程以中国城市公交道路行驶工况作为循环工况，对动力系统的匹配和控制进行优化。

（2）当电池 SOC 在 80%以上时，为了避免车辆运行能量回馈对电池产生过充的影响，在该条件下取消能量回馈和增程器启动。

（3）为实现增程器的功率小型化，考虑电池 SOC 在 80%时作为增程器的开启时刻。

（4）为避免电池过放，电池 SOC 不低于 20%。

（5）电池的容量考虑选择 180Ah。

（6）仿真过程中，为进行有效比较，确定车辆为半载状态，即以车重为 16500kg 进行计算。

（7）根据北京地区的公交客车调研，大部分公交客车日出行里程在 200km 左右，因此在增程式电动客车的动力系统设计中，以日出行里程 200~250km 作为设计目标。

为了实现增程器输出功率的最佳匹配，本节以不同的增程器输出功率作为条件，进行了针对中国城市道路公交行驶工况的续驶里程仿真，并根据电辅件平均功率的不同，分别进行了不同条件下的仿真分析。

电辅件平均功率不同，增程器输出的功率也不同。当电辅件平均功率为 10kW 时，若考虑系统回收的能量，客车运行所需的平均功率为 13.1kW；若考虑电辅件平均功率，增程器输出功率应该小于等于 23.1kW。因此，在该种情况下，设计增程器输出功率最高为 23kW，并分别以该增程器输出最高功率及其功率的 90%、80%和 70%作为输入条件，电池 SOC 与续驶里程变化曲线如图 4.11 所示。

由图 4.11 可以看出，当电池 SOC 为 80%时开启增程器工作，则随着增程器输出功率的增加，续驶里程随之增加。当增程器输出功率为 23kW 时，客车的续驶里程可以达到 580km。

车辆半载、电辅件平均功率为 10kW 时增程器输出功率与续驶里程的变化曲线如图 4.12 所示，可以看出，在车辆半载、电辅件平均功率为 10kW 的情况下，若设计在中国城市公交道路行驶工况下的续驶里程为 250km 时，可设计增程器输出功率为 20.8kW 左右。

当电辅件平均功率为 5kW 时，若考虑系统回收的能量，客车运行所需的平均功率为 13.1kW；若考虑电辅件平均功率，增程器输出功率应该小于等于 18.1kW。因此在该情况下，设计增程器输出功率最高为 18kW，并分别以该增程器输出最高功率及其功率的 90%、80%和 70%作为输入条件，电池 SOC 与续驶里程变化曲线如图 4.13 所示。由图 4.13 可以看出，当电池 SOC 为 80%时开启增程器工作，随着增程器输出功率的增加，续驶里程随之增加。当增程器输出功率为 18kW 时，客车的续驶里程可以达到 500km。

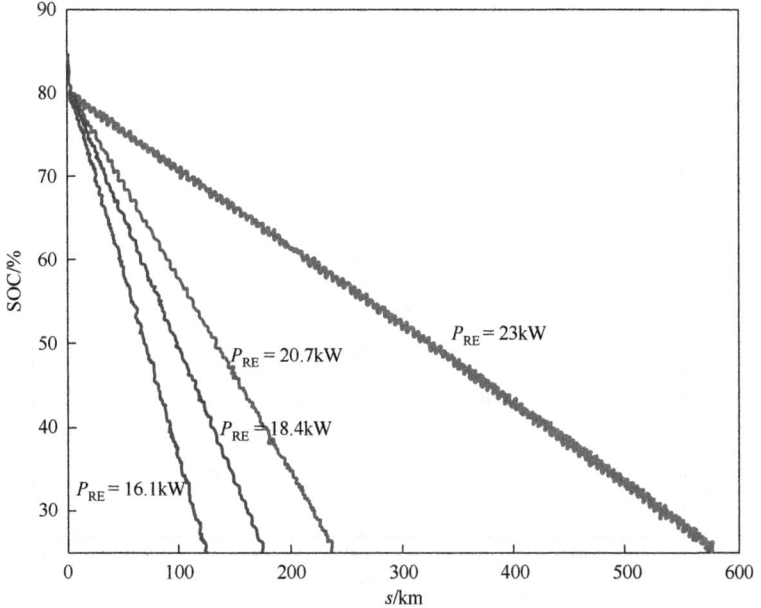

图 4.11 车辆半载、电辅件平均功率为 10kW 时的电池 SOC 与续驶里程变化曲线

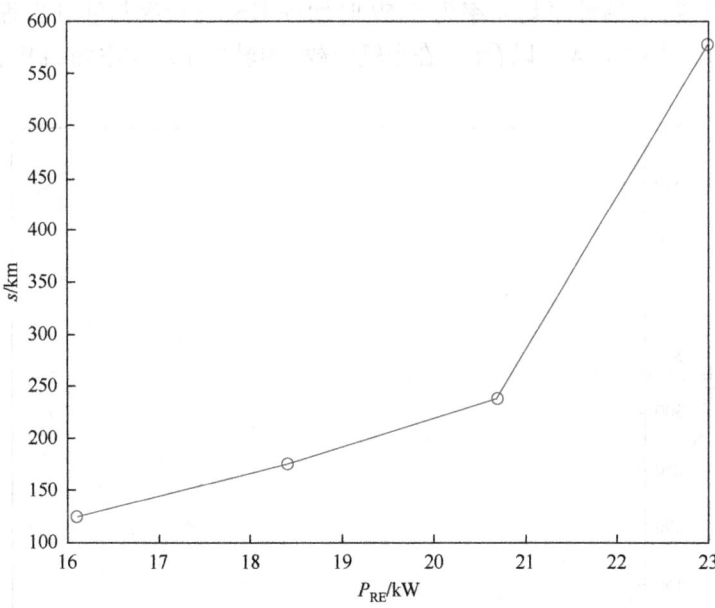

图 4.12 车辆半载、电辅件平均功率为 10kW 时增程器输出功率与续驶里程变化曲线

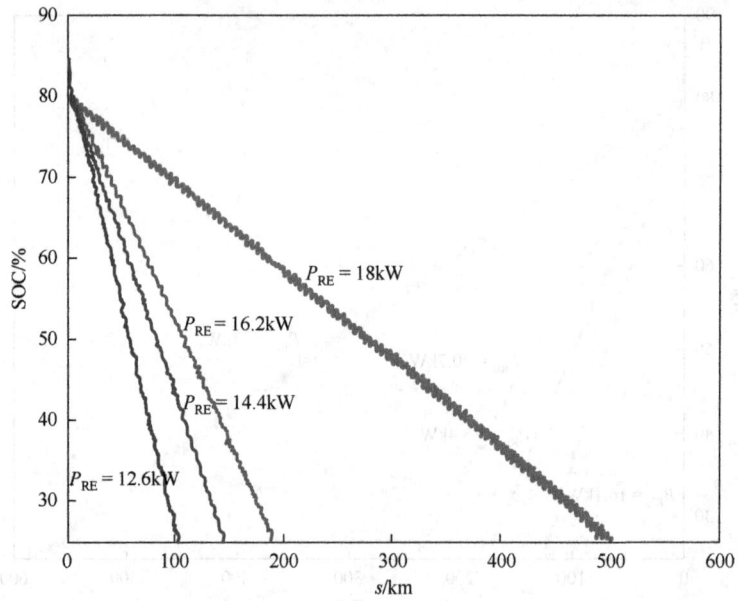

图 4.13 车辆半载、电辅件平均功率为 5kW 时的电池 SOC 与续驶里程变化曲线

车辆半载、电辅件平均功率为 5kW 时增程器输出功率与续驶里程的关系如图 4.14 所示。由图 4.14 可以看出，在车辆半载，电辅件平均功率为 5kW 的情况下，

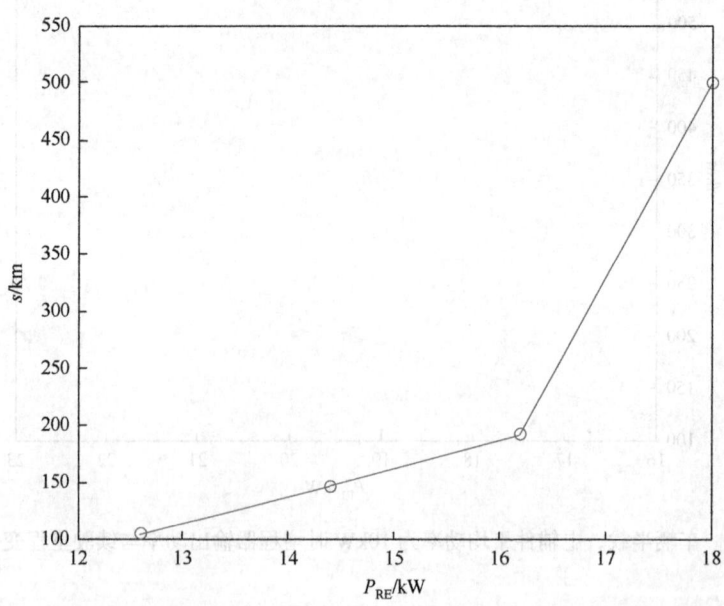

图 4.14 车辆半载、电辅件平均功率为 5kW 时增程器输出功率与续驶里程变化曲线

若设计在中国城市公交道路行驶工况下的续驶里程为 250km 时,可设计增程器输出功率为 16.5kW 左右。

由以上分析可知,在不同的电辅件平均功率条件下,若满足相同的续驶里程要求,增程器输出功率有一定的差别,设计增程器输出功率随电辅件平均功率的变化而呈线性变化。针对中国城市道路工况,在满足日均行驶里程 250km 的条件下,设计增程器输出功率在 16.5~22.5kW 时可以满足要求。

4.4 增程式电动汽车动力电池的匹配

本节继续以增程式电动客车为例,研究增程式电动汽车动力电池的匹配问题。在增程式电动客车动力系统中,动力电池作为主要能量源,在保证车辆的动力性能、吸收制动能量的同时,需要提供一定的纯电动续驶里程。因此,在动力电池匹配过程中,主要考虑动力系统对电池输出功率及能量的要求。由于公交客车所行驶的工况固定,本节从能量的角度对增程式电动客车的动力电池进行匹配和计算。

动力电池需要保证增程式电动客车在某固定工况下的纯电动续驶里程 d_1(km),其能量为 $E_B = UC_b/1000$,需要满足如下条件:

$$E_B \geq \frac{mgf + C_d A u_a^2 / 21.15}{3600 \times 1000 \times \text{DOD} \eta_{mc} \eta_b} \times d_1 \qquad (4\text{-}11)$$

即

$$C_b \geq \frac{mgf + C_d A u_a^2 / 21.15}{3.6 \times \text{DOD} \eta_{mc} \eta_b U} \times d_1 \qquad (4\text{-}12)$$

式中,C_b 为动力电池容量;DOD 为电池的放电深度(depth of discharge,DOD);η_{mc} 为行驶循环下的驱动电机平均效率;η_b 为行驶循环下的电池放电平均效率;U 为总线电压。

若考虑电池放电深度为 0.7、驱动电机平均效率为 85%、电池放电平均效率为 95%,车辆在半载条件下,纯电续驶里程按 50km 计算,选取车辆在速度为 20km/h、40km/h 和 60km/h 的匀速条件下,总线电压选择与动力电池容量之间的关系如图 4.15 所示。因此,若同时考虑车辆的动力性和续驶里程,可选择动力电池的容量 $C = \max\{C_P, C_b\}$,其中 C_P 为由功率确定的动力电池容量,单位为 Ah。

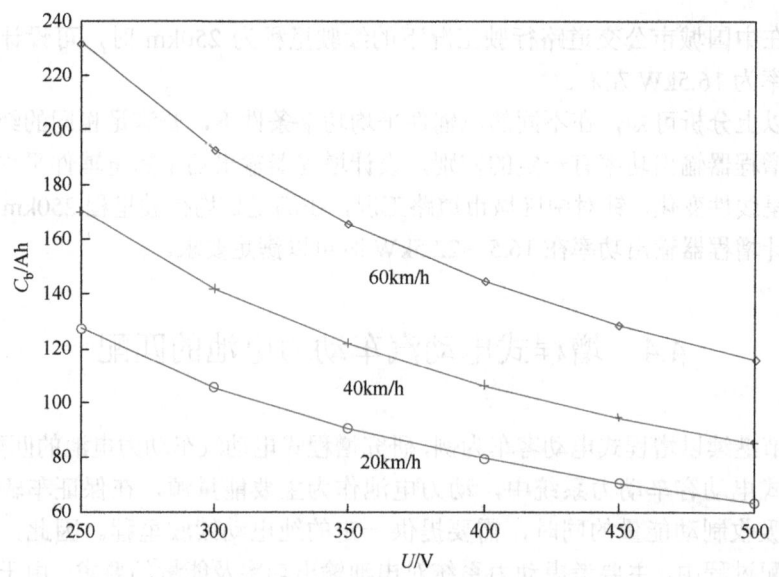

图 4.15 总线电压与动力电池容量的关系

4.5 本章小结

增程式电动汽车动力系统选型匹配是动力系统工作的前提，本章以增程式电动客车（公交车）为例，基于城市道路工况的考虑，对增程式电动客车的动力系统及工作模式进行了详细的分析。并在中国典型城市公交车行驶工况下，基于汽车理论对增程式电动客车进行了匹配计算，对驱动电机、增程器及动力电池进行了匹配设计，以及对增程式电动客车的动力性和增程器的匹配进行了仿真。

驱动电机的选择以循环工况下的电动机功率需求统计数据为重要依据。增程器的匹配及控制是决定整车行驶里程和燃油经济性的关键。本章根据城市道路工况和续驶里程的需求，计算得到储能装置的容量参数及增程器的设计功率。在确定增程器的输出功率后，通过建立原动机高效区、发电机高效区及电池电压的参数关系，对增程器进行匹配和选型。动力电池作为增程式电动客车的主要能量源，在保证车辆的动力性能、吸收制动能量的同时，需要提供一定的纯电动续驶里程。因此，在动力电池匹配过程中，主要考虑了动力系统对电池输出功率及能量的要求。本章分别从功率与能量的角度，对增程式电动客车的动力电池进行匹配和计算，最终完成了整个系统的匹配设计。

增程式电动客车系统匹配与其行驶工况密切相关，不同道路工况下的动力系统的匹配参数存在差异，因此根据客车行驶工况优化其动力系统构型参数也是整车设计的关键。

参 考 文 献

[1] 周苏, 李飞鸿, 马天才, 等. 车用可插拔式燃料电池增程器匹配设计研究[J]. 汽车工程, 2011, 33(9): 818-822.
[2] 周苏, 牛继高, 陈凤祥, 等. 增程式电动汽车动力系统设计与仿真研究[J]. 汽车工程, 2011, 33(11): 924-929.
[3] 欧阳明高, 李建秋, 杨福源, 等. 汽车新型动力系统: 构型、建模与控制[M]. 北京: 清华大学出版社, 2008.
[4] 国家发展和改革委员会. 汽车试验用城市运转循环(QC/T 759—2006)[S]. 北京: 中国计划出版社, 2006.
[5] SAE Truck and Bus Hybrid and Electric Vehicle Committee. Recommended practice for measuring fuel economy and emissions of hybrid-electric and conventional heavy-duty vehicles (J 2711—201807)[S]. Warrendale: SAE International, 2018.
[6] Wu X G, Hu C, Wang J T, et al. Energy efficiency and economy analysis of a range-extended electric bus in different Chinese city driving cycles[J]. International Journal of u-and e-Service, Science and Technology, 2014, 7(2): 83-90.
[7] 孙永正, 李献菁, 邓俊, 等. 插电式串联混合动力轿车的选型匹配与仿真[J]. 汽车工程, 2010, 32(12): 1015-1020.
[8] 宋珂, 章桐. 增程式纯电驱动汽车动力系统研究[J]. 汽车技术, 2011, (07): 14-19.
[9] van Wieringen M, Pop-Iliev R. Development of a dual-fuel power generation system for an extended range plug-in hybrid electric vehicle[J]. IEEE Transactions on Industrial Electronics, 2010, 57(2): 641-648.

第5章　增程式电动汽车燃油经济性仿真模型的搭建

5.1　增程式电动汽车机-电转换系统模型

增程式电动汽车动力系统是由机械系统、电气系统、热系统等组成的非线性耦合系统，其能量主要来自增程器及动力电池。因此，在满足动力系统性能要求的前提下，设计合理的控制策略并分配能量，对实现系统的动力性和经济性目标具有重要意义。

动力系统建模是增程式电动汽车能量管理策略设计的重要内容之一，主要模型包括整车动力学模型、发动机模型、发电机模型、驱动电机模型、动力电池模型等。

5.1.1　整车动力学模型

整车动力学模型主要是根据汽车运行动力学特点，分析汽车在行驶过程中克服的行驶阻力，进而计算出动力系统需求功率。由于本书中能量管理策略设计只涉及车辆的纵向动力学，并不涉及车辆的振动及行驶的稳定性，本节只建立纵向动力学模型。车辆行驶过程中的需求驱动功率具体表达如式（5-1）所示：

$$P_{\text{dem}}(t) = \left[\delta m \frac{\partial v(t)}{\partial t} + mgf\cos\alpha(t) + \frac{C_d A v_i^2}{22.15} + mg\sin\alpha(t)\right] u_a(t) \quad (5\text{-}1)$$

式中，P_{dem} 为车辆的需求驱动功率，单位为 kW；m 为动力系统总质量，包括汽车的整备质量及乘客质量，单位为 kg；u_a 为 t 时刻的汽车行驶速度，单位为 km/h。

根据增程式电动汽车动力系统的运行特点及能量传递过程，在 t 时刻动力系统满足的平衡状态方程如式（5-2）所示：

$$P_{\text{dem}}(t) = P_{\text{m}}(t) + P_{\text{loss,m}}(t) \quad (5\text{-}2)$$

式中，P_{m} 为驱动电机输出的驱动功率，单位为 kW；$P_{\text{loss,m}}$ 为驱动电机由电功率向机械功率转化过程中存在的静态功率损耗，单位为 kW。

增程式电动汽车动力系统的需求功率 P_{dem} 由增程器与动力电池共同提供，同时，系统存在电辅件耗能，因此式（5-2）可进一步描述为式（5-3）：

$$P_{\text{m}}(t) + P_{\text{loss,m}}(t) = \eta_{\text{bat}} P_{\text{b}}(t) + \eta_{\text{con}} P_{\text{r}}(t) - P_{\text{aux}} \quad (5\text{-}3)$$

式中，P_b 为动力电池输出功率，单位为 kW；P_r 为增程器输出功率，单位为 kW；P_{aux} 为电辅件平均功率，单位为 kW；η_{con} 为电力电子部件效率；η_{bat} 为动力电池充/放电效率。

η_{bat} 主要由电池的充/放电状态决定，具体满足条件可表达为式（5-4）：

$$\eta_{bat} = \begin{cases} \eta_{con} & (P_b \geq 0) \\ 1/\eta_{con} & (P_b < 0) \end{cases} \quad (5-4)$$

式中，$P_b \geq 0$ 表示动力电池处于放电阶段；$P_b < 0$ 表示动力电池处于充电阶段。

5.1.2 发动机模型

发动机系统是一个高度复杂的非线性系统，整个系统涉及燃烧理论、热传递理论以及动力学和流体力学等多个领域。如果根据这些理论来分析和建立发动机模型，将会十分复杂和困难。因此，在能量管理仿真领域对发动机的建模多采用实验建模方法，其基本思想就是根据发动机生产商提供的台架实验数据及万有特性实验数据，利用查表和插值的方法建立发动机输入量和输出量之间的关系，模型不关注发动机实际的结构、换气、喷油、燃烧、做功等过程。

发动机模型中，发动机在运转时由飞轮和其他附件所消耗掉的转矩 T_a 的计算如式（5-5）所示：

$$T_a = \frac{P_a}{\omega_e} \quad (5-5)$$

式中，P_a 为飞轮和其他附件消耗的功率；ω_e 为发动机的角速度。

所以发动机实际工作时对应的输出转矩 T_{engine} 如式（5-6）所示：

$$T_{engine} = T_{vehicle} + T_{aux} \quad (5-6)$$

式中，$T_{vehicle}$ 为控制器输入发动机模块的请求扭矩；T_{aux} 为电辅件转矩。

以增程式电动客车为例，其增程器通常采用柴油发动机，所以有必要对柴油发动机进行建模。

柴油发动机采用平均值建模方法，柴油发动机的喷射及缸内动态过程可用一阶惯性环节来表示，结合柴油机机械惯性动力学，柴油发动机的动态特性表示为

$$\tau(\omega_e)\dot{m}_f + m_f = k_\alpha(\omega_e)\alpha \quad (5-7)$$

$$k_f m_f - T_g - T_f = J\dot{\omega}_e \quad (5-8)$$

式中，τ 为喷油延迟时间，为 ω_e 的函数；k_α 为由节气门到目标喷油量 MAP 图的比例系数，为 ω_e 的函数；m_f 为喷油量；α 为节气门开度；k_f 为柴油发动机转矩生成常数；T_g 为发电机的电磁转矩；T_f 为摩擦转矩；J 为转动惯量。

5.1.3 发电机模型

增程器中,发电机是和发动机配合工作的,它将发动机产生并传递的机械能转换为电能并直接供给驱动电机或存储到动力电池中[1]。永磁同步发电机与直流发电机相比,不需要换向器和电刷;与普通同步发电机相比,没有励磁装置,结构较简单、效率较高;与异步发电机相比,不需要无功励磁电流,功率因数较高,效率也得到了提高。基于以上特点,本节选择永磁同步发电机作为增程器的发电机,开展建模方法的研究。

永磁同步发电机一般没有阻尼绕组,转子由永磁体材料构成。定子绕组与电励磁同步发电机相同,所以电励磁同步发电机的定子电压方程也适用于永磁同步发电机:

$$\begin{cases} V_q = -Ri_q - \omega_e L_d i_d + \omega_e L_{md} I_f - L_q \dfrac{\mathrm{d}i_q}{\mathrm{d}t} \\ V_d = -Ri_d + \omega_e L_q i_q - L_d \dfrac{\mathrm{d}i_d}{\mathrm{d}t} \end{cases} \quad (5\text{-}9)$$

式中,R 为定子绕组电阻;L_d、L_q 分别为 d、q 轴电感;i_d、i_q 分别为 d、q 轴电流;ω_e 为发电机角速度;L_{md} 为 d 轴定子与转子绕组间的互感;I_f 为虚拟励磁电流,这里为常数。

永磁同步发电机的电磁转矩方程为

$$T_e = n_p [L_{md} I_f i_q + (L_d - L_q) i_d i_q] \quad (5\text{-}10)$$

式中,n_p 为发电机额定转速。

永磁同步发电机定子绕组会使三相不可控整流桥电路中存在等效电感,整流桥换相重叠引起的换相电阻为

$$R_C = \dfrac{3\omega L}{\pi} \quad (5\text{-}11)$$

式中,ω 为驱动电机角速度;L 为等效电感。

考虑换相电阻压降的直流输出电压方程为

$$U_{dc} = V_R - R_C I_R \quad (5\text{-}12)$$

式中,U_{dc} 为直流母线总电压;I_R 为通过换相电阻的直流电流;V_R 为发电机整流后电压。

5.1.4 驱动电机模型

建立驱动电机模型主要以永磁同步发电机为研究对象,结合驱动电机效率数据和驱动电机的功率损耗特性,建立不同转速下驱动电机功率损耗与输出转矩关

系的数学模型,并进行凸特性验证。本节所研究的驱动电机效率 MAP 图如图 5.1 所示。

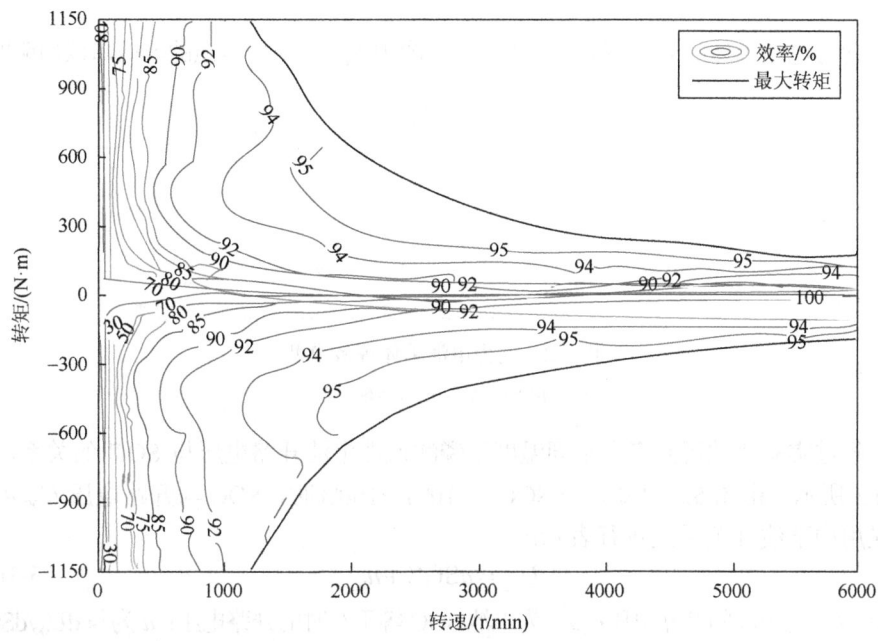

图 5.1 驱动电机效率 MAP 图

从驱动电机的效率特性及功率损耗特性可知,功率损耗主要包括铜耗 P_{Cu}、铁耗 P_{Fe} 及机械损耗 P_m 等,具体表达式如式(5-13)所示:

$$P_{m,loss} = P_{Cu} + P_{Fe} + P_m = R_a \left[\left(\frac{\omega^2 L^2}{p^2 R_f^2} + 1 \right) \frac{T_e}{p\psi_f} + \frac{\omega\psi_f}{pR_f} \right]^2 \\ + \frac{\omega^2}{p^2 R_f} \left[\left(\frac{\omega L}{pR_f} \frac{T_e}{p\psi_f} + \psi_f \right)^2 + \left(L \frac{T_e}{p\psi_f} \right)^2 \right] + T_f \omega \quad (5\text{-}13)$$

式中,R_a 为驱动电机的线圈内阻,单位为 Ω;R_f 为等效铁耗电阻,单位为 Ω;L 为线圈电感;p 为驱动电机的极对数;ψ_f 为磁链。

由于上述参数均为非负数,因此在驱动电机角速度 ω 一定时,驱动电机的各项功率损耗之和为与驱动电机输出转矩相关的二次函数。

则式(5-13)可进一步表达为式(5-14):

$$P_{m,loss} = b_0(\omega) T_e^2 + b_1(\omega) T_e + b_2(\omega) \quad (5\text{-}14)$$

式中,b_0、b_1 和 b_2 都为非负数。

对 T_e 其求二阶偏导,结果为

$$b_0(\omega) \geqslant 0 \quad (5\text{-}15)$$

5.2　增程式电动汽车动力电池模型

动力电池单体等效模型如图 5.2 所示，图中 R_{bat} 为动力电池的等效串联内阻[2]。

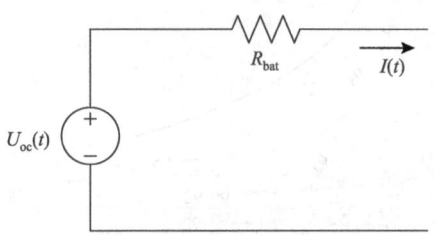

图 5.2　动力电池单体等效模型

U_{oc} 为电池开路电压；I 为输出电流

经过实验测试得到多个不同温度下磷酸铁锂电池开路电压与 SOC 的关系，如图 5.3 所示。由图 5.3 可知，在 SOC 为 10%~100% 时，SOC 与开路电压 U_{oc} 可近似采用如下线性关系式进行表示：

$$U_{oc} = a\text{SOC} + u_{b0} \tag{5-16}$$

式中，U_{oc} 为电池的开路电压；u_{b0} 为电池 SOC 等于 0 时的开路电压；a 为与 $dU_{oc}/d\text{SOC}$ 相关的量，u_{b0} 和 a 都可以通过拟合数据得到。

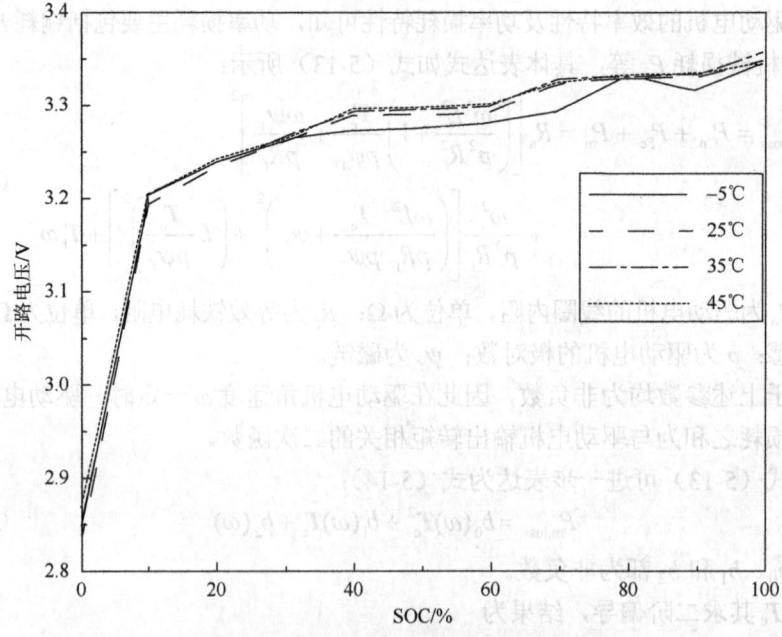

图 5.3　电池开路电压与 SOC 的关系

根据图5.2所示的动力电池单体等效模型，可知不考虑等效串联内阻 R_{bat} 时，理想状态下动力电池的输出功率 P_b 与端口输出的功率 P_{bt} 的关系为

$$P_{bt} = P_b - P_{bloss} \tag{5-17}$$

式中，P_{bt} 为动力电池端口的输出功率；P_b 为理想状态下动力电池输出功率；P_{bloss} 为电池内阻上损耗的功率。

动力电池储存的能量 E_b 满足如下关系：

$$E_b = \frac{n_b C_b}{2}(U_{oc}^2 - u_{b0}^2) \tag{5-18}$$

式中，n_b 为采用的电池的个数；C_b 为动力电池的容量。

动力电池单体的输出功率满足如下关系：

$$P_{nb} = U_{oc} i_b \tag{5-19}$$

式中，P_{nb} 为动力电池单体的输出功率；i_b 为动力电池单体的电流。

根据式（5-19），动力电池单体电流为

$$i_b = \frac{P_{nb}}{U_{oc}} \tag{5-20}$$

根据式（5-18）及式（5-20）可以得到动力电池内阻上的损耗功率 P_{bloss} 为

$$P_{bloss} = n_b i_b^2 R_b = \frac{R_b C_b P_b^2}{2E_b + u_{b0}^2 C_b n_b} \tag{5-21}$$

式中，R_b 为动力电池单体的内阻。

对电池来说，动力电池的能量 E_b 与动力电池输出功率 P_b 之间存在如下关系：

$$\frac{dE_b}{dt} = -P_b \tag{5-22}$$

动力电池单体电流 $i_b \in [I_{bmin}, I_{bmax}]$（其中 I_{bmin} 为动力电池单体所能输出电流的最小值，I_{bmax} 为动力电池单体所能输出电流的最大值），因此动力电池输出功率 P_b 满足如下关系：

$$I_{bmin}\sqrt{n_b\left(\frac{2E_b}{C_b} + u_{b0}^2 n_b\right)} \leqslant P_b \leqslant I_{bmax}\sqrt{n_b\left(\frac{2E_b}{C_b} + u_{b0}^2 n_b\right)} \tag{5-23}$$

电池的 $SOC \in [SOC_{bmin}, SOC_{bmax}]$（其中 SOC_{bmin} 是设定电池SOC的最小值，SOC_{bmax} 是设定电池SOC的最大值），因此动力电池的能量 E_b 的可选范围为

$$\frac{C_b n_b}{2}[u_b^2(SOC_{bmin}) - u_{b0}^2] \leqslant E_b \leqslant \frac{C_b n_b}{2}[u_b^2(SOC_{bmax}) - u_{b0}^2] \tag{5-24}$$

5.3 增程式电动汽车运行方式控制模型

本节继续以增程式电动客车为例,研究增程式电动汽车运行方式控制模型的相关问题。为了验证增程式电动客车的经济性潜力,科研人员对增程式电动客车的能量管理策略及增程器的控制方法进行仿真分析,进而在中国城市公交道路行驶工况的基础上,扩展得出不同客车车型及不同控制策略的仿真对比,以便分析增程式电动客车的经济性潜力。

在分析不同类型客车的动力系统时,本节采用能量流动图的分析方法,其优点是直观、全面,方便分析能量流动情况及部件损失情况,进而发现匹配及控制存在的问题,以便于系统的改进与优化分析。

为了进行动力系统的评价,在对不同类型客车的对比仿真中,有以下几个假设条件。

(1) 车重均按半载 16500kg 计算,并且不考虑怠速停机功能。

(2) 为了便于分析对比,整车电辅件功率单独考虑,模拟不同季节的电辅件消耗,电辅件平均功率分别为 5kW、10kW。

(3) 增程式电动客车能量管理分配采用耗尽-维持型(charge-depleting and charge-sustaining,CDCS)策略和混合型(blended)策略,增程器采用 ON-OFF 控制和负载跟随控制的方法。

(4) 增程式电动客车按城市公交日出行里程考虑,采用 41 个中国城市公交道路行驶工况时间作为仿真的时间。

在第 4 章动力系统的匹配设计中,所选择的增程器原动机和发电机的额定功率均大于中国城市道路工况下的标定功率。因此,增程式电动客车增程器可以采用插电式混合动力客车的控制策略。目前,对于插电式混合动力客车的控制策略,国内外各研究机构有着不同的看法,其关键在于单日电池 SOC 下降曲线的形状。从该曲线的形状考虑,其控制策略大体上可以分为 CDCS 策略和 blended 策略[3],两种策略下的单日电池 SOC 变化曲线示意如图 5.4 所示。

对于 CDCS 策略,其典型的单日电池 SOC 变化曲线如图 5.4(a)所示。该策略的基本思路为:动力电池在夜间充满电,每日运行的开始阶段使用纯电动行驶,即耗尽(charge-depleting,CD)阶段;当 SOC 降低至一定限度($SOC_{low\_threshold}$)后启动增程器,以较高负荷发电,将 SOC 维持在最低允许限度(SOC_{low_limit})之上,即维持(charge-sustaining,CS)阶段。在这种策略下,增程器的输出功率需要维持动力电池 SOC,其工作模式可分为两种:开关式和持续工作式。增程器开关式的工作模式,是指增程器在 CS 阶段保持高负荷输出,并设定一定的 SOC 阈值($SOC_{low\_threshold}$ 和 $SOC_{high\_threshold}$),增程器通过开关(ON-OFF)控制的方法将 SOC 控制在两个阈值之间。而增程器持续工作式的工作模式,则

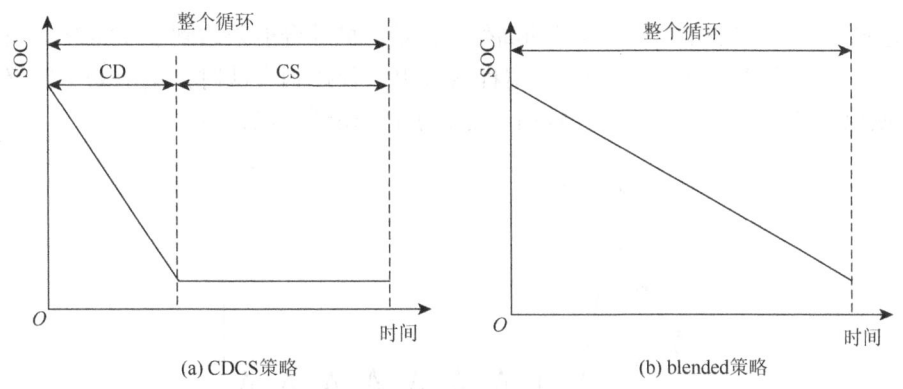

图 5.4 CDCS 策略与 blended 策略下单日电池 SOC 变化曲线示意图

是在电池能量基本耗尽后启动增程器并使其持续工作,提供平均功率以满足整车的能量需求。在这两种工作模式下,均可以使用增程器恒定功率输出或负载跟随的功率分配方法[4]。

对于 blended 策略,其是指从 SOC 较高时便开始启动增程器,为整车提供能量补充,SOC 在整个运行过程中保持持续缓慢下降趋势,当单日运行结束时,SOC 正好下降至最低限度 SOC_{low_limit},其单日 SOC 变化曲线如图 5.4(b)所示。该策略需要已知工况或者对工况及单日行驶里程进行预测,并根据工况预测来精确控制 SOC 变化情况,因此只适用于固定工况运行的情况。为了保持 SOC 变化曲线的持续性,这种策略一般采用增程器持续工作的模式,其增程器功率分配方法也可分为负载跟随和功率恒定两种[5]。

本节主要以中国城市公交道路行驶工况作为循环工况,分别采用 CDCS 和 blended 两种策略,对增程式电动客车进行仿真,并利用能量流动图对其不同控制策略进行经济性分析和能效分析。

5.3.1 能量分配采用 CDCS 策略且增程器采用 ON-OFF 控制方法的模型分析

1. 电辅件平均功率为 10kW

电辅件平均功率为 10kW 时,采用 ON-OFF 的增程器控制方法,增程式电动客车在行驶 41 个工况循环后,其电池 SOC 变化曲线如图 5.5 所示,可以看出,当电池 SOC 下降到 20%时,增程器启动工作,增程器设定输出功率为 40kW,在城市工况平均需求功率之上,因此增程器输出功率在满足系统需求的同时向电池充电,电池 SOC 随之上升,当上升至 40%时,增程器关闭,此时动力系统又处于电动状态。同时,动力系统能量流动图[6]如图 5.6 所示,可以看出,由于增程器设定输出功率在发动机和发电机的高效区，发动机综合能效达到了 32.87%，发电机及整流桥效率达到了 92.33%。增程器采用该种控制方法时，电池处于频繁的充/放电状态，因此电池的损耗较高，达到了输出能量的 7.42%。

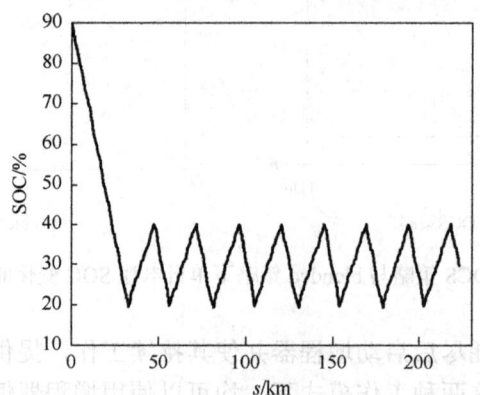

图 5.5　增程器采用 ON-OFF 控制方法的电池 SOC 变化曲线（电辅件平均功率为 10kW）

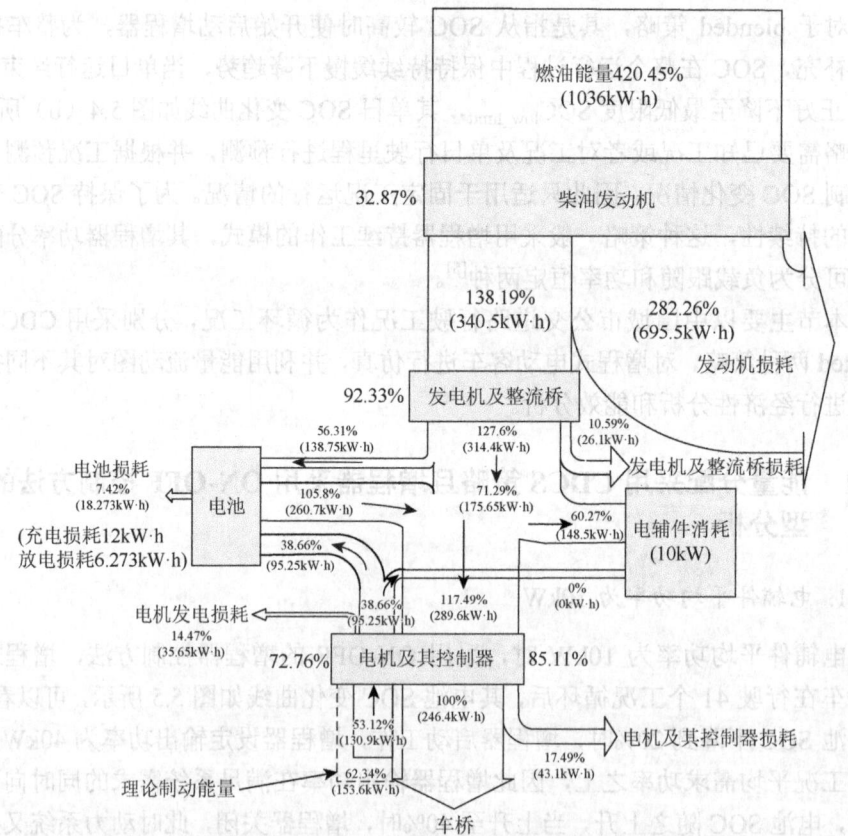

图 5.6　增程器采用 ON-OFF 控制方法的动力系统能量流动图（电辅件平均功率为 10kW）

2. 电辅件平均功率为 5kW

当电辅件平均功率为 5kW 时，采用 ON-OFF 的增程器控制方法，增程式电动客车在行驶 41 个工况循环后，电池 SOC 变化曲线如图 5.7 所示。同时，动力系统能量流动图如图 5.8 所示，可以看出，增程器设定输出功率在发动机和发电机的高效区，因此发动机综合能效达到了 32.85%，发电机及整流桥效率达到了 92.3%。增程器采用该种控制方法时，电池的损耗达到了输出能量的 7.39%。

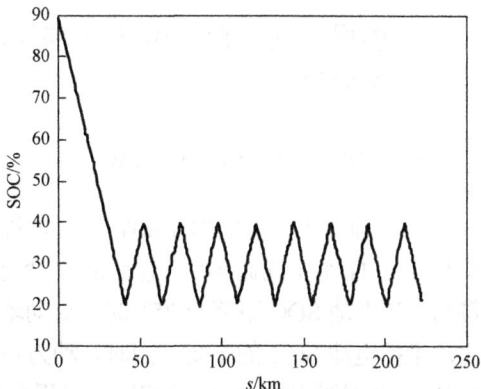

图 5.7 增程器采用 ON-OFF 控制方法的电池 SOC 变化曲线（电辅件平均功率为 5kW）

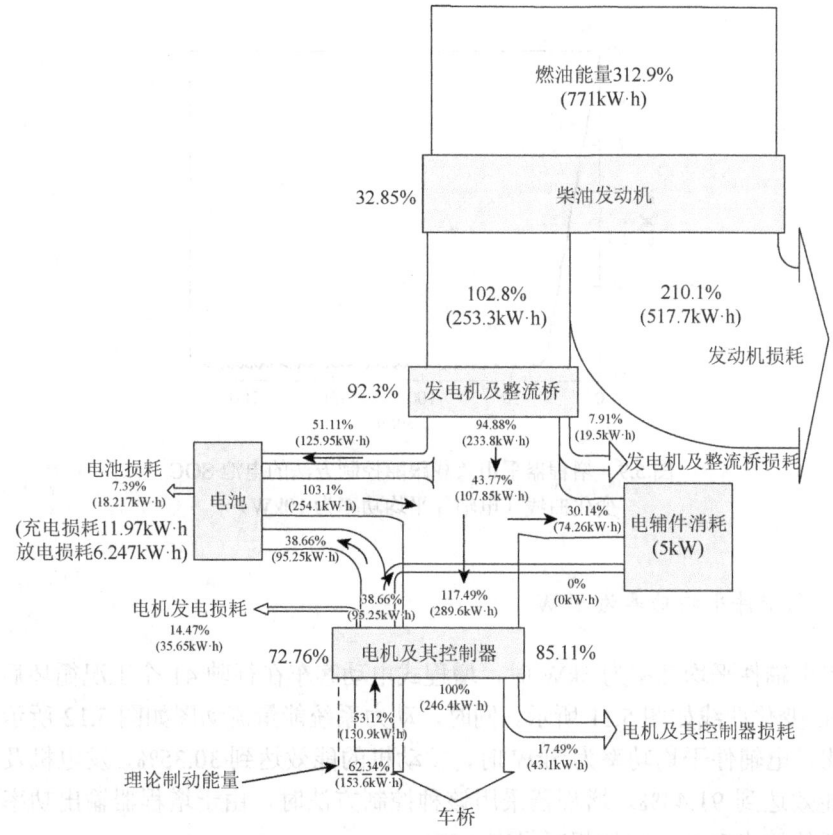

图 5.8 增程器采用 ON-OFF 控制方法的动力系统能量流动图（电辅件平均功率为 5kW）

5.3.2 能量分配采用 CDCS 策略且增程器采用负载跟随控制方法的模型分析

1. 电辅件平均功率为 10kW

当电辅件平均功率为 10kW 时，增程器采用负载跟随控制方法，增程式电动客车在行驶 41 个工况循环后，电池 SOC 变化曲线如图 5.9 所示，可以看出，采用 CDCS 策略，当电池 SOC 下降至 25%时，启动增程器工作，此时增程器输出功率随负载变化，维持电池 SOC 的平衡。同时，动力系统能量流动图如图 5.10 所示，可以看出，与开关式的增程器控制方法相比，采用负载跟随的控制方法时，发动机和发电机的工作范围较大，因此发动机和发电机的能效与开关式控制方法相比有一定的降低，发动机的能效达到 31.68%，发电机及整流桥的能效达到 91.56%。增程器采用该种控制方法时，由于增程器的输出功率跟随负载输出功率，电池损耗只有 4.35%。

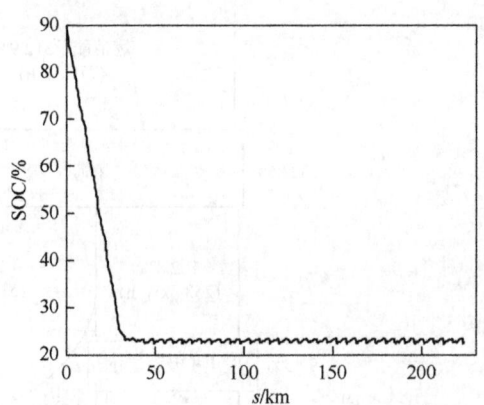

图 5.9 增程器采用负载跟随控制方法的电池 SOC
变化曲线（电辅件平均功率为 10kW）

2. 电辅件平均功率为 5kW

当电辅件平均功率为 5kW 时，增程式电动客车在行驶 41 个工况循环后，电池 SOC 变化曲线如图 5.11 所示。同时，动力系统能量流动图如图 5.12 所示，可以看出，电辅件平均功率为 5kW 时，发动机的能效达到 30.35%，发电机及整流桥的能效达到 91.43%。增程器采用该种控制方法时，由于增程器输出功率会跟随负载的输出功率，电池损耗只有 4.06%。

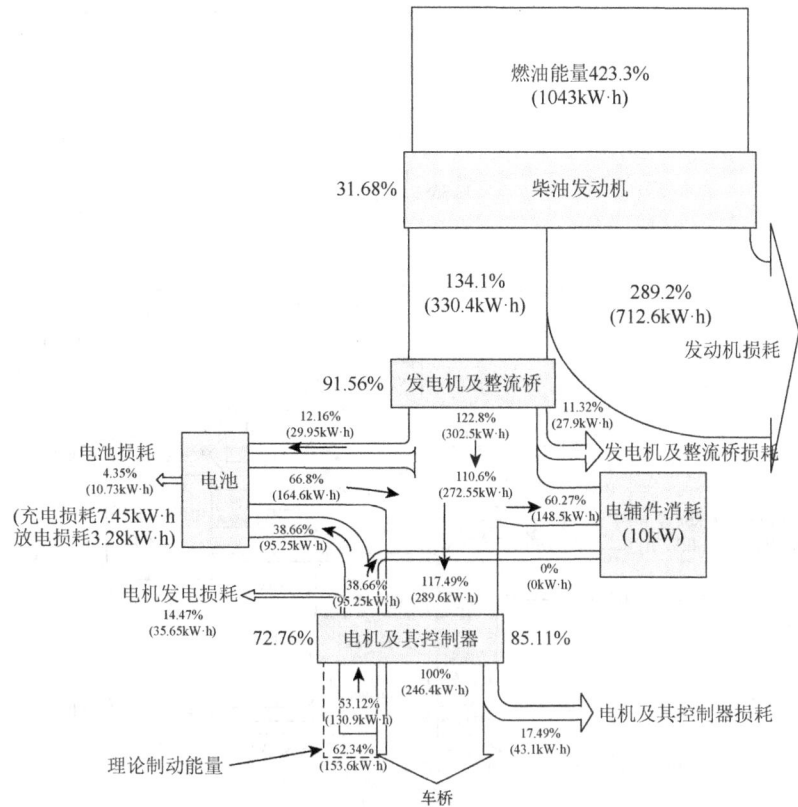

图 5.10　增程器采用负载跟随控制方法的动力系统能量流动图（电辅件平均功率为 10kW）

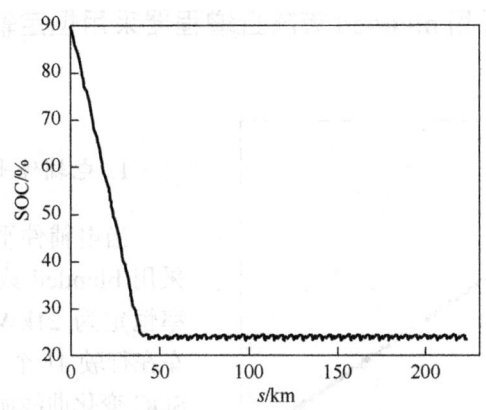

图 5.11　增程器采用负载跟随控制方法的电池 SOC
　　　　 变化曲线（电辅件平均功率为 5kW）

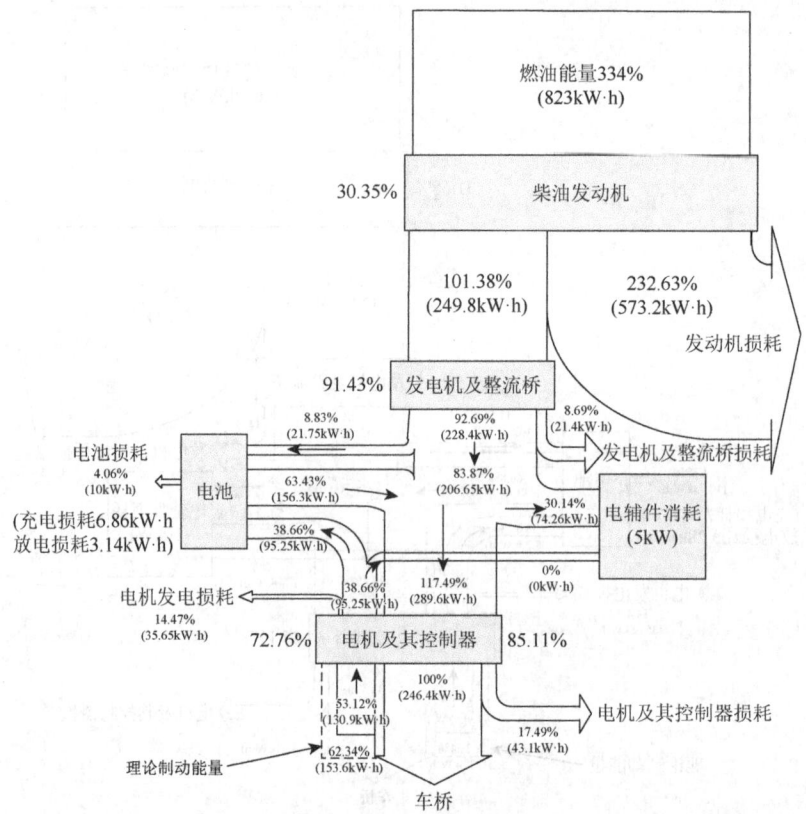

图 5.12 增程器采用负载跟随控制方法的动力系统能量流动图（电辅件平均功率为 5kW）

5.3.3 能量分配采用 blended 策略且增程器采用恒定输出功率控制方法的模型分析

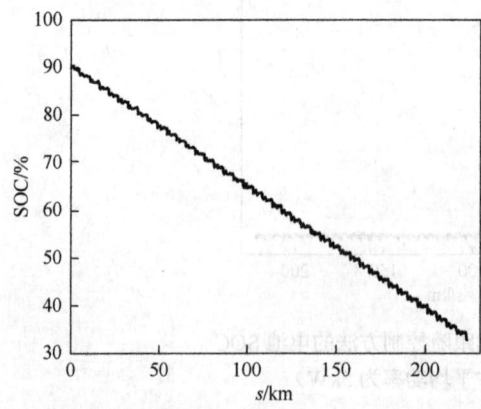

图 5.13 blended 策略下增程器恒定功率输出时的电池 SOC 变化曲线（电辅件平均功率为 10kW）

1. 电辅件平均功率为 10kW

当电辅件平均功率为 10kW，采用 blended 策略，增程器输出功率恒定为 21kW 时，增程式电动客车在行驶 41 个工况循环后，其电池 SOC 变化曲线如图 5.13 所示，可以看出，电池 SOC 为 90% 时开始放电，同时启动增程器工作，此时增程器输出功率恒定在 21kW，电池 SOC 缓慢下降，当 41 个循环工况结束时，电池

SOC 达到 33.2%,即一个日出行里程比较充分地利用了电池储存的电能。该种控制方法下的动力系统能量流动图如图 5.14 所示,可以看出,采用该种控制方式时,由于增程器输出功率恒定在 21kW,发动机工作点处于相对较高的效率区,发动机综合能效达到了 31.88%,发电机及整流桥综合能效达到了 91.15%。由于电池提供系统工作的动态功率,电池损耗达到输出能量的 5.87%。

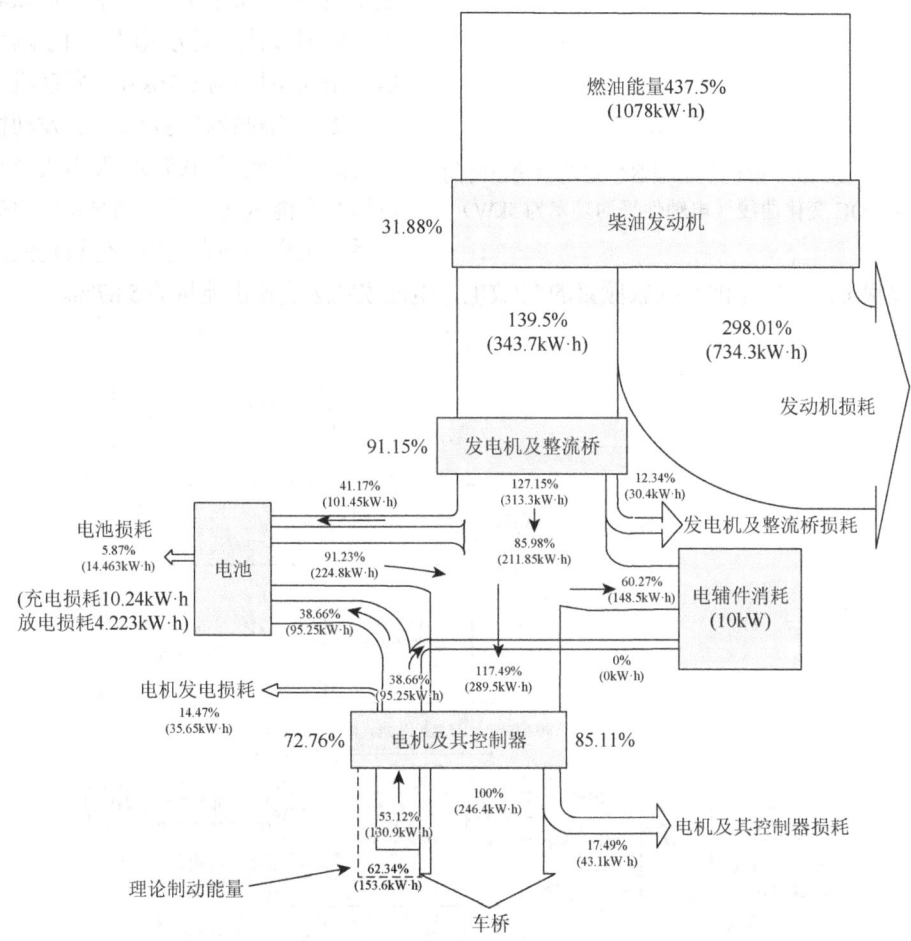

图 5.14 blended 策略下增程器恒定输出功率为 21kW 时的动力系统能量流动图
(电辅件平均功率为 10kW)

2. 电辅件平均功率为 5kW

当电辅件平均功率为 5kW,采用 blended 策略,增程器输出功率恒定为 16kW 时,增程式电动客车在行驶 41 个工况循环后,其电池 SOC 变化曲线如图 5.15 所示,可以看出,电池从 SOC 为 90% 时开始放电,当 SOC 达到 80% 时,启动增程器工作,

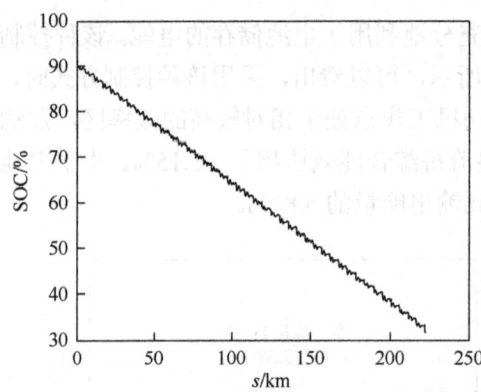

图 5.15 blended 策略下增程器恒定功率输出时的电池 SOC 变化曲线（电辅件平均功率为 5kW）

此时增程器输出功率恒定在 16kW，SOC 缓慢下降，当 41 个循环工况结束时，SOC 达到 32.0%，即一个日出行里程比较充分地利用了电池储存的电能。该种控制方法下的动力系统能量流动图如图 5.16 所示，可以看出，采用该种控制方式时，由于增程器输出功率恒定在 16kW，发动机工作点处于相对较高的效率区，发动机综合能效达到了 30.57%，发电机及整流桥综合能效达到了 90.64%。电池提供系统工作的动态功率，但只是浅充浅放状态，因此电池存在较频繁的充/放电，电池损耗达到输出能量的 5.87%。

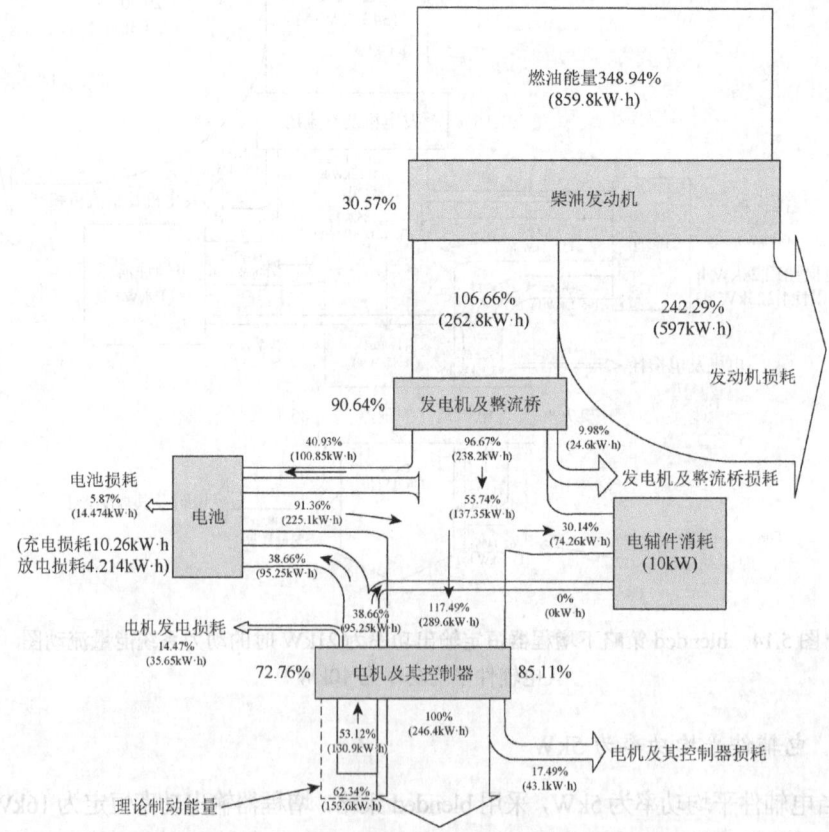

图 5.16 blended 策略下增程器恒定输出功率为 16kW 时的动力系统能量流动图（电辅件平均功率为 5kW）

根据以上仿真分析，采用不同的能量管理策略及增程器控制方法时，其经济性的仿真对比结果如表 5.1 所示。其中，总油耗和总电能损耗为总行驶里程为 223km 时的数据。

表 5.1 不同能量管理策略及增程器控制方法的经济性对比

能量管理策略/车型	增程器控制方法	电辅件平均功率/kW	电池 SOC 终止值/%	总油耗/L	总电能损耗/(kW·h)
CDCS	ON-OFF 控制	10	30.0	87.34	44.97
		5	21.3	65.00	51.12
	负载跟随控制	10	22.5	87.91	50.13
		5	23.6	69.38	49.30
blended	恒定功率输出	10	33.2	90.85	42.56
		5	32.0	72.49	43.47
传统燃油客车		9		106.50	
		4		89.00	

由表 5.1 可以看出，采用本节选型设计的增程式电动客车动力系统时，应用 CDCS 策略且增程器采用 ON-OFF 控制方法时经济性最高，若不考虑电能损耗，电辅件平均功率为 5kW 时，节油率可达 25.6%。主要原因在于采用 ON-OFF 控制方法时，发动机和发电机的工作点均在高效区，因此动力系统能效较高。但是从能量流动图可以看出，由于增程器的频繁开启，对电池充/放电产生影响，电池损耗的能量相对较大。

5.3.4 增程式电动汽车不同辅件形式经济性仿真分析

电动客车中的辅件消耗对整车的经济性影响较大，已有科研人员对辅件功率与油耗之间的关系进行了分析，结论是每增加 1kW 辅件消耗，油耗增加为总油耗的 3%～5%。在夏季等特殊季节情况下，客车实际运行中的辅件消耗在所难免，因此本节对不同辅件形式的增程式电动客车进行经济性仿真，以期得到适合增程式电动客车的辅件形式和控制方法[7, 8]。

在本节的讨论过程中，主要有以下几点特定条件。

（1）仿真中认为夏季开启空调，此时辅件总功率为 10kW。

（2）考虑发动机直接提供功率的传统辅件形式，与采用电辅件时，增程器采用 ON-OFF 控制方法时的情况相比较。

（3）由于发动机提供传统辅件的功率，在能量分配上无法实现纯电动，能量管理策略上只能考虑 blended 策略，电池 SOC 初始值为 90%时即启动发动机。

（4）仿真所用工况为中国城市公交道路行驶工况。

1. 增程器采用负载跟随控制方法

采用中国城市公交道路行驶工况，传统辅件形式下，增程器采用负载跟随控制方法时，电池 SOC 变化曲线如图 5.17 所示。发动机工作点分布如图 5.18 所示，可以看出，当增程器输出功率随负载变化时，发动机工作点在已优化的曲线上，因此

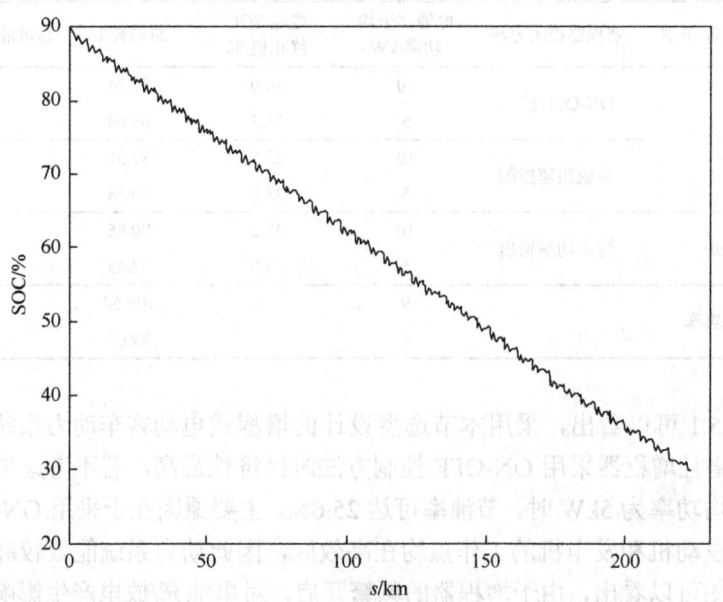

图 5.17 传统辅件形式下，增程器采用负载跟随控制方法的电池 SOC 变化曲线

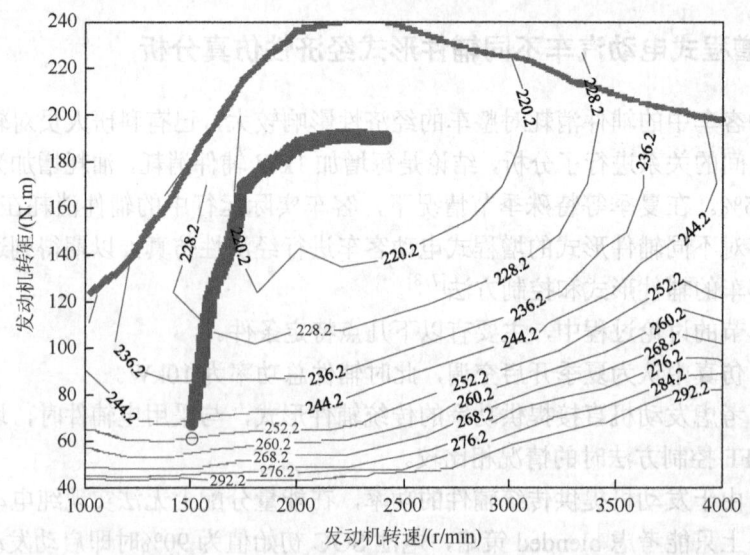

图 5.18 传统辅件形式下，增程器采用负载跟随控制方法的发动机工作点分布

燃油经济性相对较好。图 5.19 为增程器采用负载跟随控制方法的动力系统能量流动图，可以看出，由于发动机和发电机的工作点已经得到优化，发动机能效达到 31.26%，发电机及整流桥的能效达到了 91.72%。由于增程器输出功率跟随负载的功率需求，对电池充电的能量仅占输出能量的 6.7%，电池的能量损耗也仅占动力系统输出能量的 3.38%。

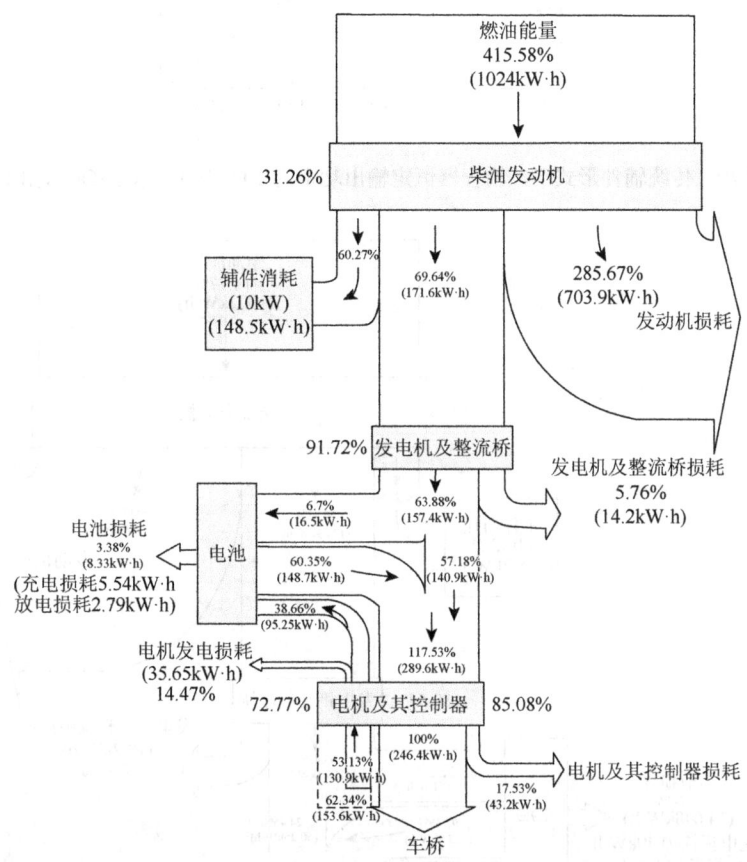

图 5.19 传统辅件形式下，增程器采用负载跟随控制方法的动力系统能量流动图

2. 增程器采用恒定输出功率控制方法

采用中国城市公交道路行驶工况，传统辅件形式下，增程器采用恒定功率输出控制方法，输出功率为 10.5kW 时，电池 SOC 变化曲线如图 5.20 所示。图 5.21 为增程器采用恒定功率输出时的动力系统能量流动图，可以看出，采用传统辅件形式，增程器采用恒定功率输出时，发动机能效可达到 31.6%，发电机能效可达 89.57%。由于增程器输出功率恒定，对电池充电的能量达到了动力系统输出能量的 38.98%，电池的损耗也达到了动力系统输出能量的 5.94%。

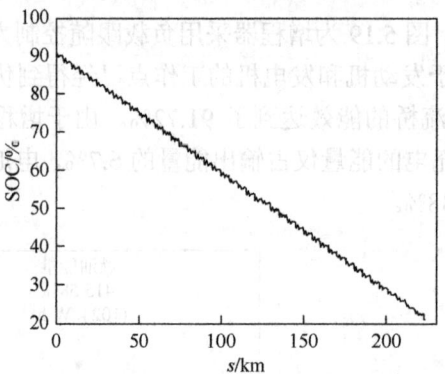

图 5.20 传统辅件形式下,增程器恒定输出功率为 10.5kW 的电池 SOC 变化曲线

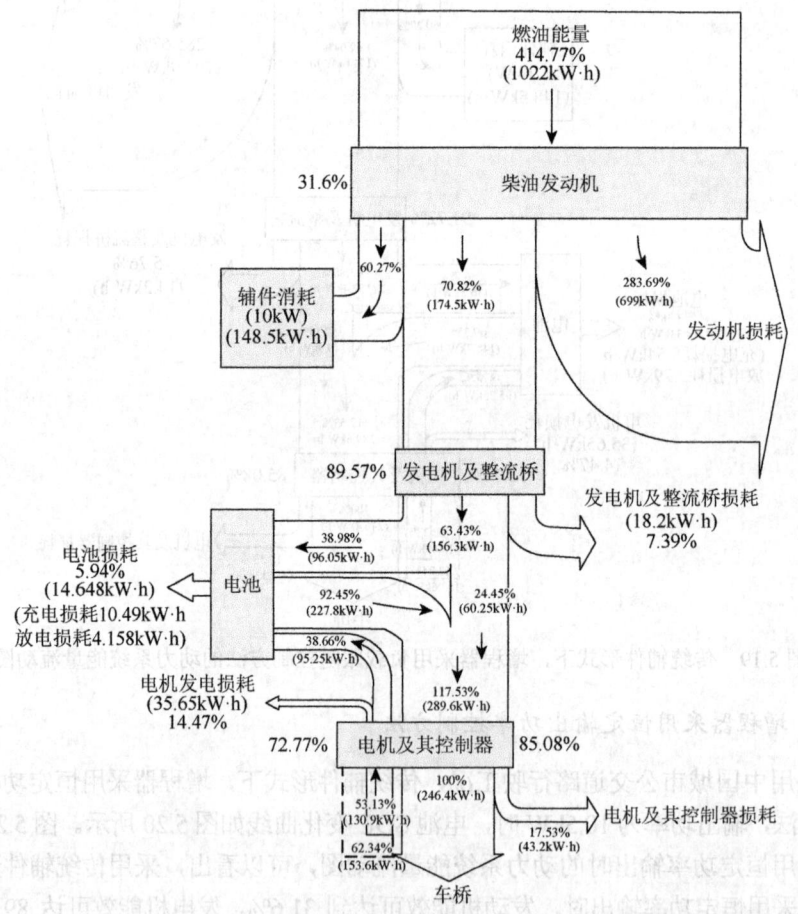

图 5.21 传统辅件形式下,增程器恒定输出功率为 10.5kW 的动力系统能量流动图

表 5.2 为不同辅件形式的经济性对比，由以上仿真分析可得，采用 CDCS 策略，且增程器采用 ON-OFF 控制方法时，电辅件经济性最高，但与采用传统辅件形式的负载跟随输出控制方法相比，动力系统燃油经济性降低了 1.22%。因此在本节所匹配的动力系统中，采用传统辅件具有较好的经济性[9]。

表 5.2 不同辅件形式的经济性对比

辅件形式	增程器控制方法	辅件功率/kW	SOC 终止值/%	总油耗/L	总电能损耗/(kW·h)
传统辅件	恒定功率输出	10	21.4	86.18	51.15
	负载跟随输出	10	29.8	86.29	45.28
电辅件	ON-OFF 控制	10	30.0	87.34	44.97

5.4 本章小结

本章从增程式电动汽车机-电转换系统模型、增程式电动汽车动力电池模型、增程式电动汽车运行方式控制模型三个方面对增程式电动汽车燃油经济性计算仿真模型的搭建进行了介绍。结合整车运行特点及对部件的要求，对动力系统进行了建模，包括整车动力学模型、发动机模型、发电机模型、驱动电机模型和动力电池模型。

增程式电动汽车运行方式控制模型是本章的重点内容，该模型根据每日运行中的电池 SOC 变化情况，分为 CDCS 策略和 blended 策略两种。首先，本章利用能量流动图对传统燃油客车在电辅件功率分别为 9kW 和 4kW 时的经济性及能效进行了仿真分析。其次，本章分析了能量分配采用 CDCS 策略且电辅件功率分别为 10kW 和 5kW 时，增程器分别采用 ON-OFF 和负载跟随控制方法的燃油经济性及能效。然后，本章分别分析了电辅件功率为 10kW 和 5kW 时，能量分配采用 blended 策略、增程器采用恒定输出功率控制方法的燃油经济性与能效。最后，本章分析了增程式电动客车在不同辅件形式下的燃油经济性，对比了采用 blended 策略，增程器控制方法分别为负载跟随和恒定输出功率两种方法下的情况。

参 考 文 献

[1] 李军求, 姚利民, 孙逢春, 等. 电驱动车辆发电机-电池组动态建模和仿真[J]. 北京理工大学学报, 2006, 26(6): 496-499.

[2] 林成涛, 仇斌, 陈全世. 电动汽车电池功率输入等效电路模型的比较研究[J]. 汽车工程, 2006(3): 229-234.

[3] Du J Y, Chen J F, Gao M M, et al. Energy efficiency oriented design method of power management strategy for range-extended electric vehicles[J]. Mathematical Problems in Engineering, 2016(1): 1-9.

[4] Lu L G, Ouyang M G. How to determine the electric car design specifications[C]//The 25th World Battery, Hybrid and

Fuel Cell Electric Vehicle Symposium & Exhibition, Shenzhen, 2010: 5-9.

[5] 欧阳明高, 李建秋, 杨福源, 等. 汽车新型动力系统: 构型、建模与控制[M]. 北京: 清华大学出版社, 2008.

[6] Wu X G, Hu C, Chen J F. Energy flow chart-based energy efficiency analysis of a range-extended electric bus[J]. Mathematical Problems in Engineering, Denver, 2014(1): 1-12.

[7] Song Q W, Grigoriadis K M. Diesel engine speed regulation using linear parameter varying control[C]// Proceedings of the American Control Conference, Denver: 2003: 779-784.

[8] 阮毅, 陈伯时. 电力拖动自动控制系统: 运动控制系统[M]. 4 版. 北京: 机械工业出版社, 2010.

[9] Wu X G, Du J Y, Hu C. Energy efficiency and fuel economy analysis of a series hybrid electric bus in different Chinese city driving cycles[J]. International Journal of Smart Home, 2013, 7(5): 353-368.

第6章 增程式电动汽车能量管理技术

6.1 增程式电动汽车能量管理目标

在满足动力系统性能要求的前提下，设计合理的控制策略来分配能量，对实现系统的动力性和经济性目标具有重要意义。增程式电动汽车能量管理策略作为动力系统开发设计阶段的一项关键技术，是满足汽车基本性能指标的基础，对其可以描述为：根据汽车行驶过程中的相关状态信息（如电池容量、车速、加速度、行驶工况等），在满足动力系统需求功率的前提下协调和控制两个能量源，进而充分利用动力电池的电能、尽量延长电池寿命、提高燃油经济性。对于增程式电动客车，电池成本是影响全寿命周期成本的关键因素，本章着重分析在不同电池使用策略下，增程式电动客车成本的相应变化，进而确定以全寿命周期成本为目标的最优整车控制策略，策略设计的具体原则如下[1]。

（1）充分挖掘动力电池潜力。在满足性能的前提下，发挥电能的清洁与经济优势。同时确保动力电池使用效率及安全性，防止动力电池过充过放，减小电池充/放电次数。

（2）充分发挥增程器效能。确保增程器在高效区工作，避免增程器的发动机频繁启停，降低燃油消耗与尾气的排放，提升增程器能效。

（3）确保动力系统运行稳定。综合考量动力系统的驾驶和乘客乘坐感受，降低系统波动及噪声。

（4）具有较强的适应性。确保设计的策略能够适应不同行驶工况及驾驶习惯。

增程式电动汽车通过增程器和动力电池两种动力装置为驱动电机提供电能。驱动电机需求功率在增程器与动力电池之间得到合理有效的分配是提高整车燃油经济性、保证动力性的关键因素，也是控制成本的重要手段。与传统串联式混合动力电动汽车不同，增程式电动汽车可以较多地使用电网中的电能，其动力电池存储清洁电能的能力主要受到车辆到达充电站时剩余电能水平的影响，因此综合考虑车辆在行驶过程中的能量分配与达到充电站时动力电池的剩余电量，进而实现增程式电动汽车燃油经济性的最优控制便成为能量管理策略需要解决的重要问题。由于增程式电动汽车具有增程器和动力电池两个能量源，根据不同的需求功率和动力电池的电能水平，控制系统可以具备多种不同的工作模式。增程式电动汽车动力系统工作模式可以分为：纯电动、增程器驱动（增程模式）、联合驱动、制动能量回收和停车充电等模式。

当增程式电动汽车动力电池电能较充足，且没有急加速行驶工况时，整车在纯电动模式工作。该模式下，整车行驶所需要的功率完全由动力电池提供，并且增程器处于关闭状态。整车在增程模式时，动力电池电能消耗至最低值，驱动电机所需能量主要来源于发动机所存留的燃料，并通过发电机转化为电能提供给驱动电机，该模式下动力电池一般不向外输出电能。由于增程器发动机工作范围有限，会限制增程器的最低发电功率，若动力电池 SOC 降到最低限值以下，则需要增程器在满足整车需求功率的同时为动力电池充电。当整车需求功率较大，动力电池电能水平较高时，驱动电机需求功率由动力电池及增程器同时提供，此时可以实现整车最大加速性能。在该种模式下，应尽量使增程器发动机工作在最佳效率点。当驾驶员踩下制动踏板，车辆进入制动能量回收模式时，在保证安全的情况下，驱动电机工作在发电模式，将所产生的电能存储在动力电池内部。由于动力电池在充电状态的充电倍率较小，为了最大限度地回收制动能，增程器一般处于怠速或停机等限制功率输出的状态。停车充电属于紧急发电状态，一般在动力电池 SOC 处于较低水平时，为了保证动力电池不受损害，在车辆处于停车状态时，增程器启动为动力电池充电，此时增程器通常工作在最佳工况点。

期望行驶里程是指驾驶员根据充电习惯、出行需求，期望增程式电动汽车由动力电池满电状态行驶至电能最低值所行驶的里程，即增程式电动汽车充满电能离开充电站至车辆再次进入充电站所行驶的里程。行驶周期是指增程式电动汽车离开充电站至再次进入充电站的行驶过程，电动汽车充电间隔用来描述车辆离开充电站至再次进入充电站的时间间隔。虽然增程式电动汽车结构形式与串联式混合动力类似，但传统串联式混合动力将动力电池视为能量缓冲装置，主要用于调整发动机工作点，动力电池 SOC 仅在小范围内变化。而增程式电动汽车可以通过外接插电方式存储电能，车辆仅靠动力电池就可以满足驾驶员大部分的动力性需求，因此动力电池 SOC 变化较大，可从满电状态下降至最低限值。

6.2 基于 DP-PSR 算法的增程式电动汽车优化能量管理策略

6.2.1 DP-PSR 算法的设计

增程式电动汽车能量管理的最终目的就是在保证满足汽车的动力性和系统约束条件时，使汽车在规定循环工况下的综合油耗降至最低。将这个问题转化成全局最优问题的描述为：按照整个循环工况的时间变量将动态规划算法的状态变量离散在 N 个阶段，依靠汽车运动学方程模型和油耗（排放）等实验数据模型，建立每个阶段状态转移的成本目标函数；采用递归调用的方法，在所有的离散空间内按照制定规则寻找一组控制变量序列，使系统的累计目标成本函数值最小，所得的控制变量序列即动态规划算法的最优解。

为了满足车辆行驶过程中工况对车速和转矩的需求，同时获得安全平稳的行驶体验，增程式电动汽车的主要部件首先需要满足一定的约束条件，才能进行下一步的转矩分配计算。

在实际域 $[t_0, t_f]$ 内，增程式电动汽车动力系统优化问题中的状态变量为车速和电池 SOC。由于车速可根据行驶工况确定，状态变量记为 $x(t) = [\text{SOC}(t)]$，增程器输出功率作为控制变量，记为 $u(t) = [P_r(t)]$，离散状态下的增程式电动汽车动力系统可由状态方程（6-1）描述。

$$\dot{x} = f[x(k), u(k)] \tag{6-1}$$

状态空间的约束条件如式（6-2）所示。

$$\begin{cases} P_{\text{bat}} \in [U_{\text{bus,max}}(U_{\text{oc}} - U_{\text{bus,max}})/R_{\text{chg}}, U_{\text{bus,min}}(U_{\text{oc}} - U_{\text{bus,min}})/R_{\text{dis}}] \\ 0 \leq P_r \leq P_{r,\max} \\ \text{SOC}_L < \text{SOC} < \text{SOC}_H \\ T_{m,\min} < T_m(t) < T_{m,\max} \end{cases} \tag{6-2}$$

式中，$U_{\text{bus,max}}$、$U_{\text{bus,min}}$、U_{oc}、R_{chg} 和 R_{dis} 分别为总线最高电压、总线最低电压、电池开路电压、电池充电内阻和放电内阻；$P_{r,\max}$ 为增程器最大输出功率；SOC_H 和 SOC_L 分别为电池 SOC 工作窗口上限和下限；T_m 为牵引电机转矩；$T_{m,\min}$ 和 $T_{m,\max}$ 分别为牵引电机的最高转矩和最低转矩。

设计动态规划策略的关键是选取合理的目标函数。在增程式汽车动力系统中，存在电能和燃油两种能源形式，本节采用将电能等效转化为燃油的方法，以系统最低燃油消耗作为目标函数，目标函数如式（6-3）所示。

$$J = \sum_{k=0}^{N} (C_{r,k} + k_k C_{\text{bat},k}) \tag{6-3}$$

式中，$C_{r,k}$ 为在第 k 时间状态下的增程器油耗；$C_{\text{bat},k}$ 为在第 k 时间状态下电池消耗电能的等效油耗；k_k 为电池 SOC 边界系数。

式（6-3）中各项表达式分别如式（6-4）~式（6-6）所示。

$$C_{r,k} = P_{\text{eng}} b_e \Delta t \tag{6-4}$$

$$C_{bat,k} = P_{bat}(\eta_{dis}\eta_{chg})^{-\mathrm{sgn}(P_{bat})}\frac{C_{r,avg}}{P_{r,avg}}\Delta t \quad (6\text{-}5)$$

$$k_k = 1 - 2\mu[\mathrm{SOC} - 0.5(\mathrm{SOC_H} - \mathrm{SOC_L})]/(\mathrm{SOC_H} - \mathrm{SOC_L}) \quad (6\text{-}6)$$

式中，P_{eng} 为在第 k 时间状态下的发动机输出功率；b_e 为比油耗；$C_{r,avg}$ 为增程器的平均油耗；$P_{r,avg}$ 为增程器的平均输出功率；μ 为保持电池 SOC 在合理范围内的平衡系数。

为实现既保持动态规划的算法优势，又具备实时应用能力的能量管理策略，本节引入功率分流比（power shunt ratio，PSR），用于分析增程器输出功率与驱动电机需求功率之间的关系[2]，功率分流比定义为

$$\mathrm{PSR} = \frac{P_{r,k}}{P_{motor,k}} \quad (6\text{-}7)$$

式中，$P_{r,k}$ 为增程器在第 k 时间状态下的输出功率；$P_{motor,k}$ 为驱动电机在 k 时间状态下的需求功率。

在第 5 章所建立的增程式电动客车动力系统模型基础上，本章应用动态规划策略，在中国城市公交道路工况下进行仿真。根据仿真结果可以得出 PSR 的分布情况，如图 6.1 所示。

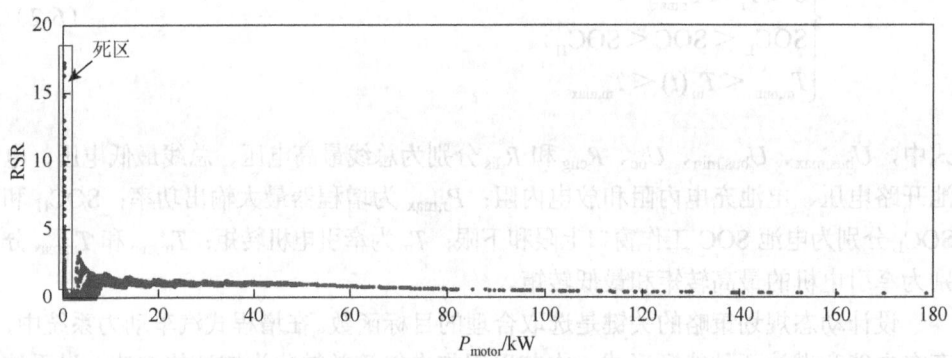

图 6.1 动态规划策略下的 PSR 分布

由图 6.1 可知，当接近于 0kW 时，PSR 值的分布范围为 0~20。这是由于采用动态规划算法优化混合动力系统能量管理策略时，将油耗和电耗同时分配，增程器在驱动电池输出功率较低时为电池充电。为进一步分析 PSR 的规律，将图 6.1 中框线内的区域定义为死区，将分布在死区内的 PSR 点提取出来，并将在相应时间点下的增程器输出功率和驱动电机需求功率绘制于图 6.2 中，从图中可以看出，增程器输出功率最大值不超过 0.2kW，因此在制定基于 PSR 的能量管理策略时，框线内的点可以忽略不计。

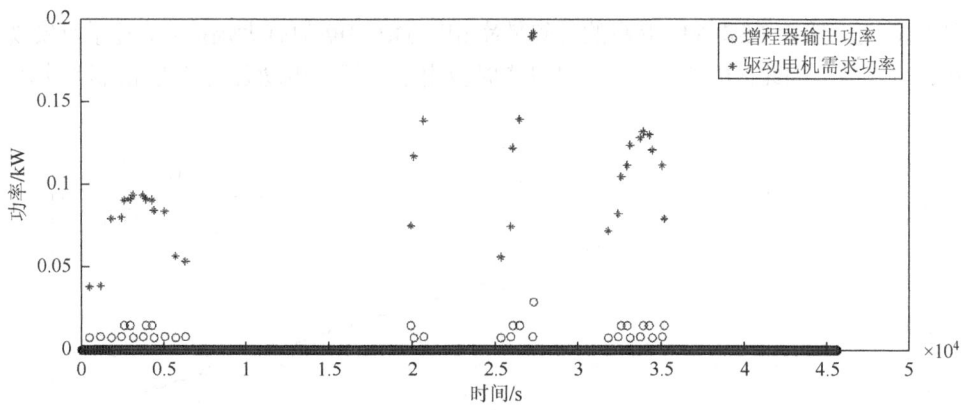

图 6.2 死区内 PSR 点的功率特征

根据死区外的 PSR 点所呈现的趋势，可以拟合为图 6.3 中的曲线，并以此作为分配电池与增程器输出功率的依据，实现基于 PSR 规则（power shunt ratio rule based，PSR-RB）的能量管理策略。

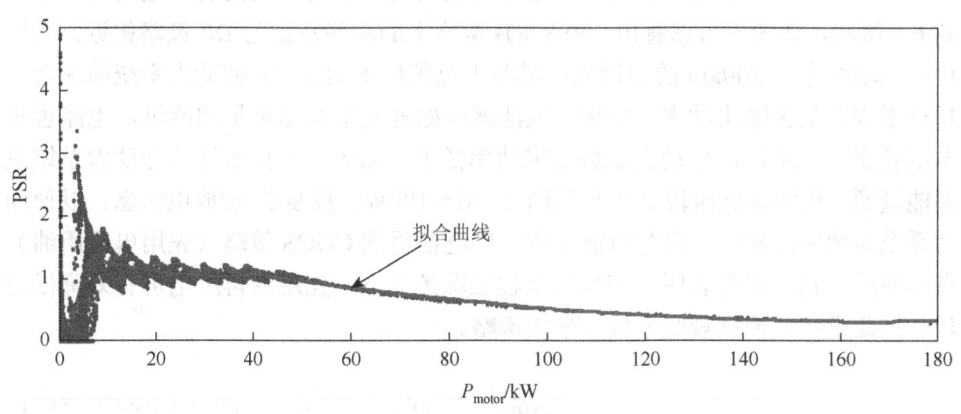

图 6.3 PSR 拟合曲线

6.2.2 仿真结果分析

1. 能量管理策略性能分析

为验证前述所提控制策略的有效性，在所建动力系统模型中分别进行了 DP、PSR-RB 和 CDCS 策略的能效仿真分析。在 CDCS 策略下，当电池 SOC 下降至 30%时，系统自动进入增程模式（或为电池充电的 CS 阶段）。三种策略下的电池 SOC 变化曲线如图 6.4 所示。在电池 SOC 变化过程中，PSR-RB 策略与 DP 策略比较接近。然而 PSR-RB 策略的计算效率相比 DP 策略却有大幅提升,几乎可实现 0 延时响应。因此,PSR-RB 策略可以实时应用于增程式电动公交动力系统控制中。

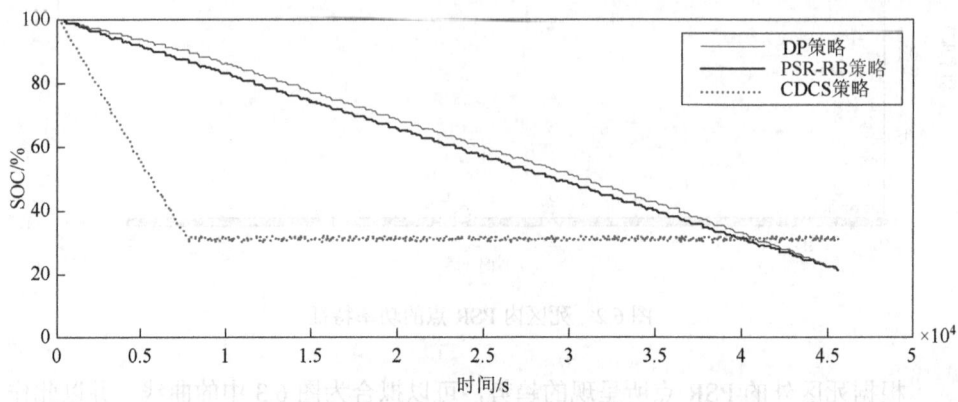

图 6.4 DP、PSR-RB 和 CDCS 策略下的电池 SOC 变化曲线

不同策略下的驱动电机功率、增程器输出功率和电池输出功率之间的关系如图 6.5 所示,从图中可以看出,PSR-RB 策略下的功率特征与 DP 策略相近。当增程式电动客车在 200km 的中国城市道路工况条件下运行时,如动力系统需求功率超过增程器最大输出功率 50kW,电池就开始补充增程器不足的能量,电能也基本消耗在这一阶段;如动力系统需求功率低于 50kW,增程器便作为动力系统主要能量源,电池在此阶段处于小范围(-10~10kW)反复的充/放电状态,以使动力系统能效实现最优,这与目前工程上广泛使用的 CDCS 策略(先用电再用油)有本质的区别。研究表明,在较长里程工况条件下,先用油再用电可有效降低能耗,据此设计的控制规则才接近最优策略。

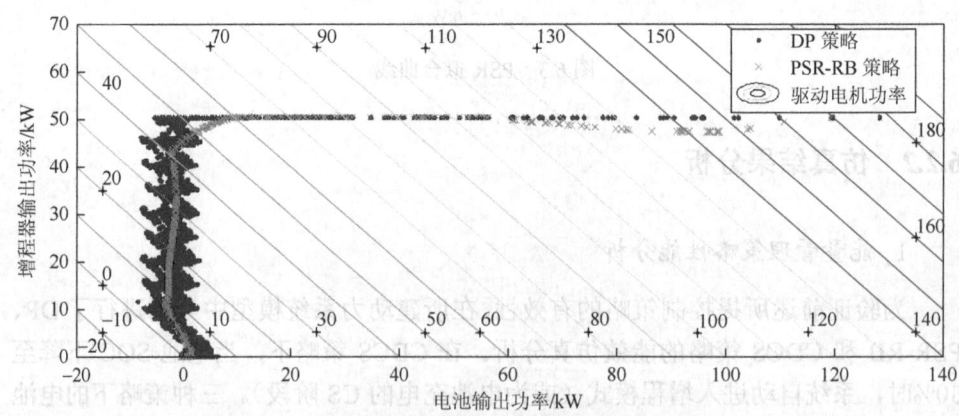

图 6.5 不同策略下的动力系统元件功率特征

2. 能耗分析

增程式电动客车动力系统的电耗和油耗情况等如表 6.1 所示,由表可知,相比 CDCS 策略,使用 DP 策略和 PSR-RB 策略均能将油耗减少 8%以上。为对比节能效果,将电耗和油耗统一转换为以 MJ 为单位的等效值[3]。DP 策略和 PSR-RB 策略的节能效果接近,均比 CDCS 策略提升 7%左右。

表 6.1 能量管理策略能耗对比

指标	DP 策略	PSR-RB 策略	CDCS 策略
电耗/(kW·h)	59.25	59.17	52.22
油耗/L	61.12	61.39	67.01
节油效果/%	8.7	8.4	0.0
能效提升/%	7.3	6.9	0.0
运营成本/(元/日)	356.92	358.38	386.83

图 6.6 为在 PSR-RB 和 CDCS 策略下的增程式电动客车动力系统能量流动图。对于一个 200km 的行驶工况条件,各策略之间最大的不同点在于给电池充电的能量。在 CDCS 策略下,增程器为电池充电的能量达到 507.36MJ;而在 PSR-RB 策略下,仅有 38.78MJ 的能量为电池充电。此外,PSR-RB 策略下的发动机效率略低于 CDCS 策略。这是由于在 CS 模式下发动机仅工作在最优工作点,从而提高了整个 CDCS 过程的发动机效率。而为了平衡增程器对电池充电和增程器直接输出功率之间的能量损失,PSR-RB 策略牺牲了一定的发动机效率。

6.2.3 硬件在环验证

1. 实验设计

随着软件复杂性和规模的迅猛提高,对嵌入电子元件执行全面测试已经变得越来越迫切,只有严格贯彻零错误的政策才能有助于避免汽车召回事件的发生。因此,对于众多商用车制造商和供应商,执行电子控制单元(electronic control unit,ECU)测试已经成为开发流程的一个重要环节。然而,实车路试成本很高,如果未能及时准备好必需的车辆原型,测试将推迟进行,与开发流程同步进行的工程技术工作也难以达到相应的目标,这些还只是实车路试中遇到的一部分固有问题。实车路试不仅需要耗费大量时间和费用,受天气及汽车原型影响,测试工程师还常常不得不应对测试结果不完整的情况。为了应对这种情况,硬件在环

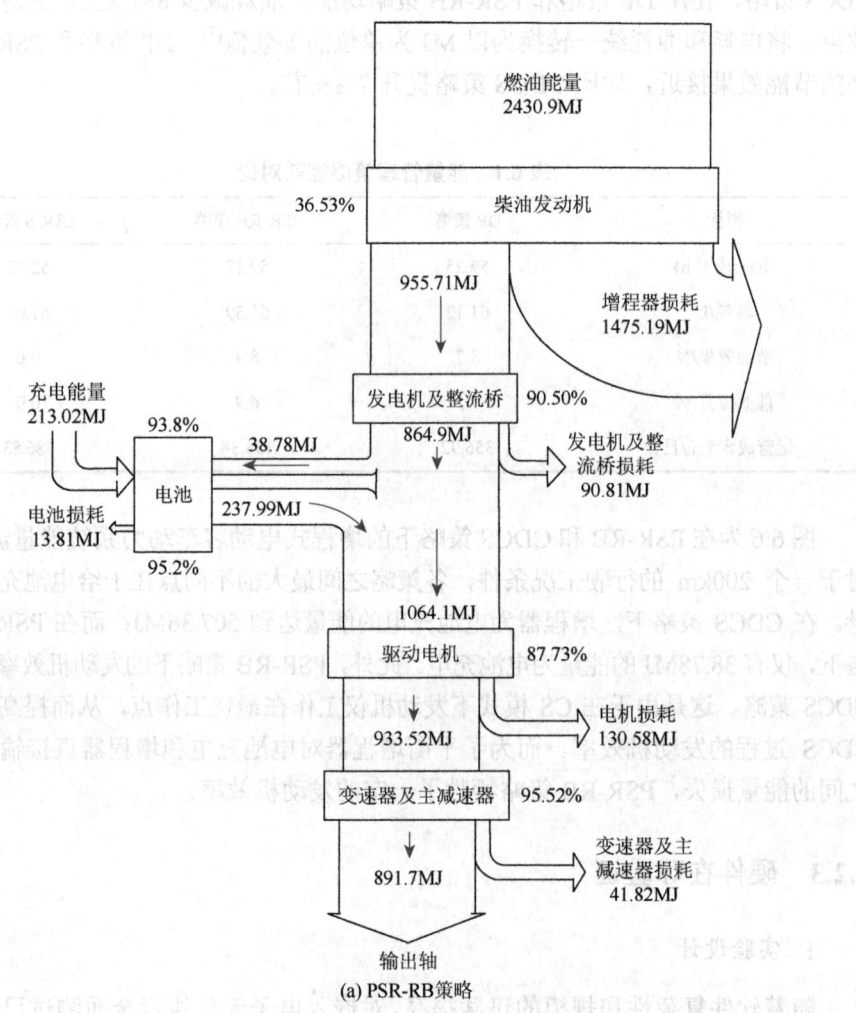

(a) PSR-RB策略

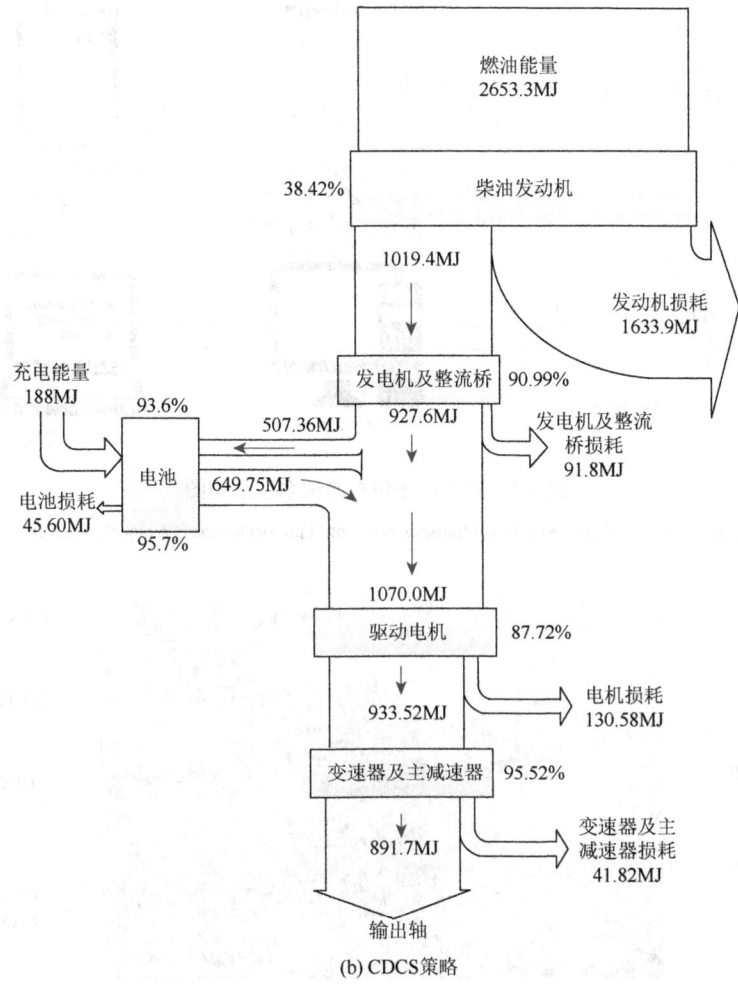

图 6.6 不同策略下的增程式电动客车动力系统能量流动图

（hardware-in-the-loop，HIL）仿真测试应运而生。考虑到安全性、可行性、时间和成本，硬件在环仿真测试在 ECU 开发流程中已经变得必不可少。

鉴于硬件在环仿真测试系统的上述优点，科研人员采用 KeyPower 公司的 KPV13 平台，开发了增程式电动汽车硬件在环仿真测试系统，其结构图如图 6.7 所示。

针对本节内容，首先需要将控制算法和增程式电动客车动力系统模型分别下载至整车控制器和目标计算机中，并使二者之间通过控制器局域网（controller area network，CAN）信号进行通信，在监控计算机中观察实验数据。然后，将硬件在环仿真测试需要用到的硬件设备进行连接，得到如图 6.8 所示的实物系统。

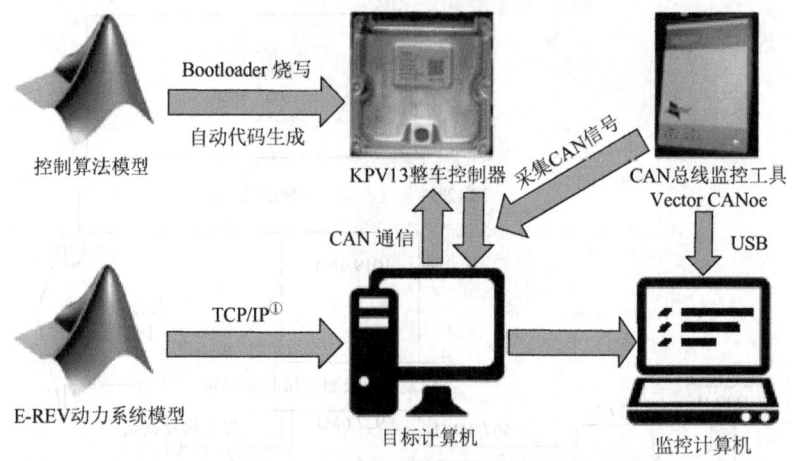

图 6.7　硬件在环仿真测试系统结构图

①表示传输控制协议/网际协议（transmission control protocol/internet protocol，TCP/IP）

图 6.8　硬件在环仿真测试实物系统

图 6.8 中，上位机配备 Windows 7 版本的 32 位操作系统，并安装有数据处理软件及 Visual Studio 2010 编译器。首先，利用工具箱，可将上位机中存放的增程式电动客车系统的仿真模型通过 TCP/IP 通信的方式下载至下位机（目标计算机）。然后，采用监控计算机中的 KPV13 自动代码生成工具箱与 CodeWarrior 编译软件将控制策略的仿真模型直接转换为 C 语言代码，进而使用 Bootloader 烧写工具，通过 CANlogger 下载至整车控制器。最后，使用 VN7600 CAN 卡连接监控机与控制器，即可利用 CANoe 总线开发环境对控制器和目标计算机之间的 CAN 通信信号进行接收和记录。

2. 实验结果

本小节对硬件在环仿真测试的仿真结果与模拟结果进行对比，来分析和评价 PSR-RB 策略的有效性。

由于驱动电机需求功率由行驶工况导出，仅在 CAN 通信过程中发生细微变化，不受控制器影响，二者的功率值数据基本是一致的。为便于观察，以 0~2000s 的功率变化作为代表，如图 6.9 所示。

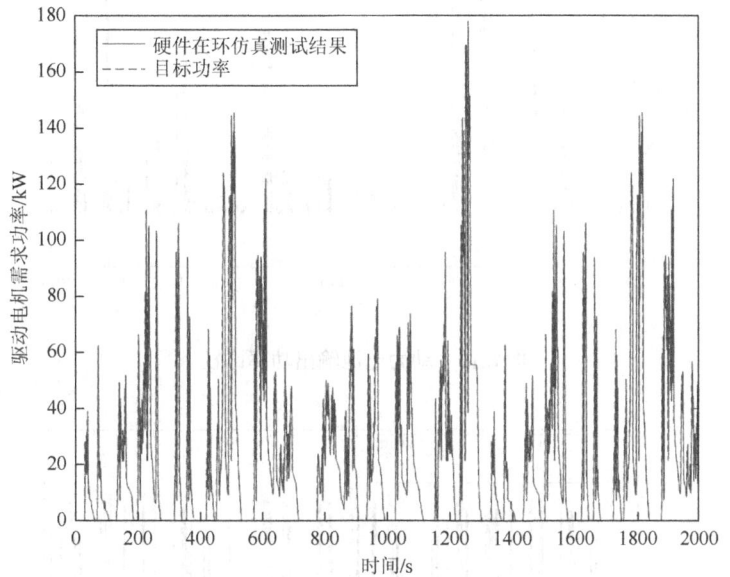

图 6.9 驱动电机需求功率比较

在本章提出的控制策略中，最关键的是实现增程器与电池之间最合理的功率分配。通过图 6.10 和图 6.11 可以看出，硬件在环仿真测试结果与模拟结果基本重合，从而验证了 PSR-RB 策略在实际应用中的有效性。

评判控制策略优劣的核心指标为增程式电动客车的电耗、油耗及整个系统总能耗。图 6.12 为动力电池 SOC 的变化曲线，从图中可以看出硬件在环仿真测试和模拟的 SOC 下降轨迹基本重合，进一步说明了 PSR-RB 策略在实际应用中的有效性。

如表 6.2 所示，硬件在环仿真测试的油耗相较模拟结果仅高出约 0.8%，总能耗相差很小。硬件在环仿真测试结果与模拟结果十分接近，硬件导致的细微差别完全可以接受，因此 PSR-RB 策略是可以实时应用的能量管理策略。

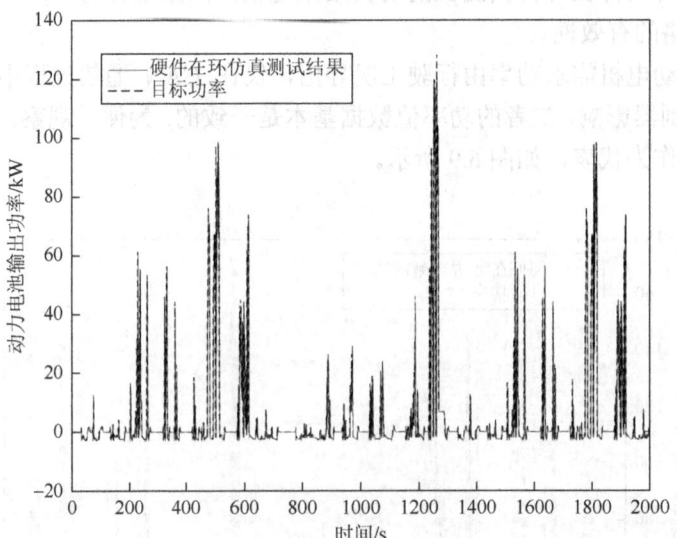

图 6.10 动力电池输出功率比较

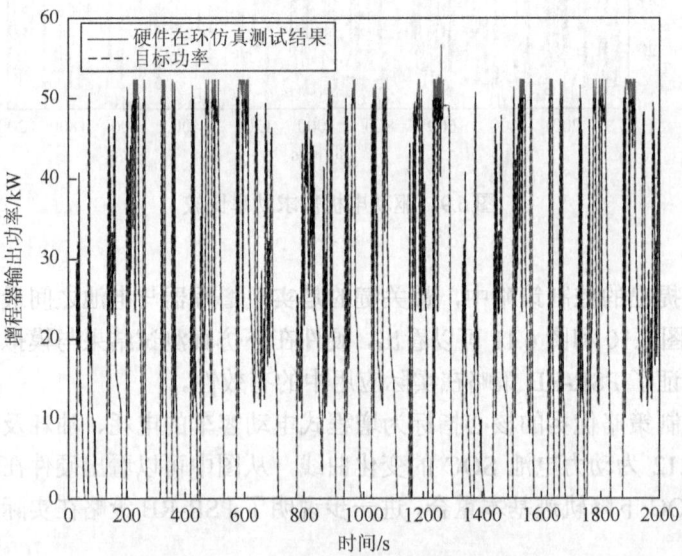

图 6.11 增程器输出功率比较

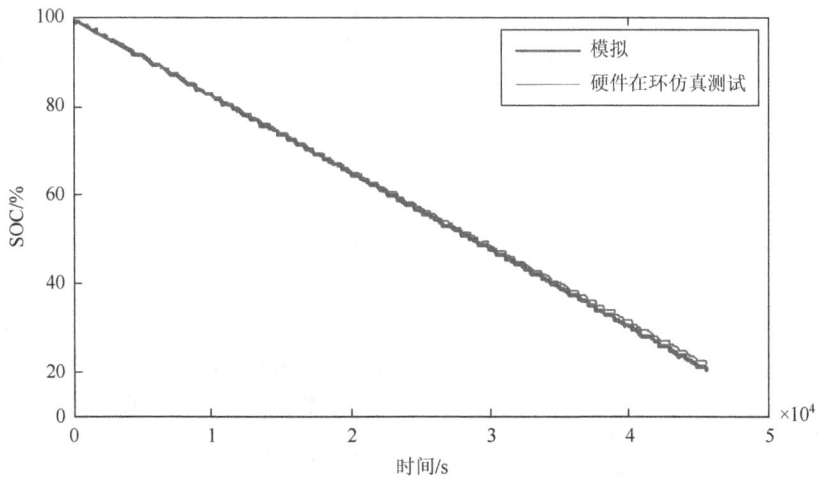

图 6.12 动力电池 SOC 变化曲线

表 6.2 能耗指标对比

项目	油耗/L	电耗/(kW·h)	总能耗/MJ
硬件在环仿真测试结果	61.87	54.36	2404.44
模拟结果	61.39	55.11	2390.02

6.3 基于凸优化算法的增程式电动汽车优化能量管理策略

6.3.1 凸优化算法概述

凸优化算法作为一种非线性优化算法，是一种能够应用于混合动力系统并解决能量管理优化问题的数学方法之一。其核心在于建立具有凸特性的目标函数，同时使状态约束得到的定义域为凸集，具体表达式如式（6-8）所示。

$$\begin{cases} \min f_0(x) \\ f_i(x) \leqslant 0 & (i=1,2,\cdots,m) \\ h_i(x) = 0 & (i=1,2,\cdots,p) \end{cases} \quad (6\text{-}8)$$

式中，$f_i(x) \leqslant 0$，为不等式约束，且 $f_0,\cdots,f_m$ 均为凸函数；$h_i(x)=0$，为等式约束。

结合第 5 章可知，国内外研究中针对增程式电动汽车能量管理策略存在不同的观点，根据每日运行中电池的 SOC 变化情况，可将其分为 CDCS 策略和 blended 策略[4, 5]。两种策略下的电池 SOC 变化曲线及增程器工作状态如图 6.13 所示。

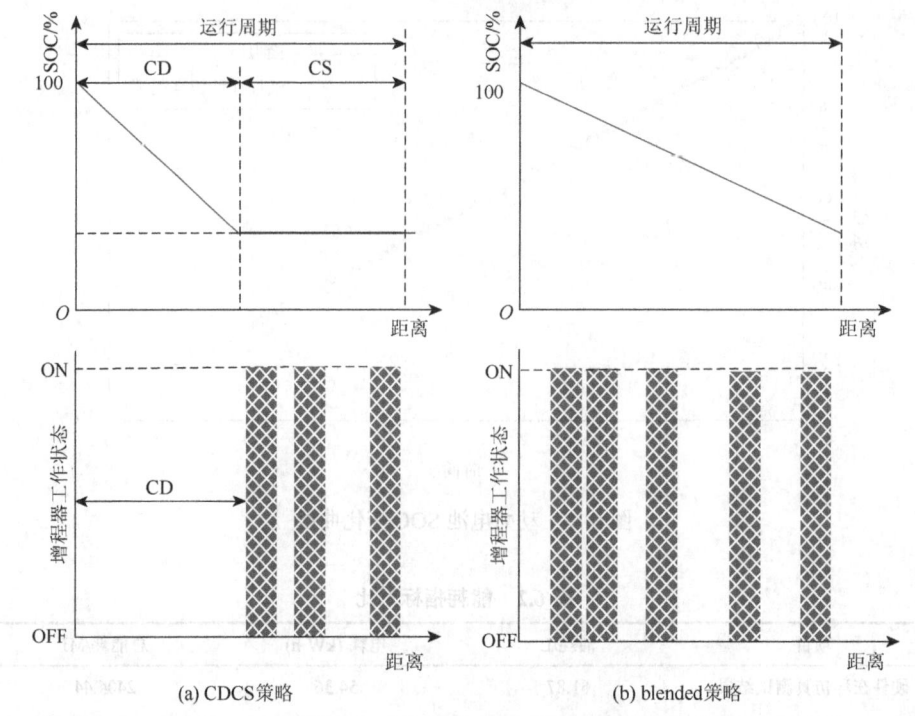

图 6.13 两种策略下电池 SOC 变化曲线及增程器工作状态

由图 6.13 可以看出,CDCS 策略主要指在汽车运行初始阶段,汽车驱动所需能量全部由电池提供,电池 SOC 逐渐下降,此时汽车处于 CD 阶段,当其下降到预设的下限值时,增程器启动以维持电池 SOC 不变,此时汽车处于 CS 阶段。blended 策略主要指在汽车的整个运行阶段,增程器与电池同时为汽车提供驱动能量,电池 SOC 处于缓慢下降状态,当汽车运行结束时,SOC 恰好下降到预设的下限值。两种策略决定了增程器的不同工作状态,进而会对动力系统的性能产生不同的影响。

在解决增程式电动汽车能量管理策略问题时,建立合理的优化目标函数是关键内容。基于凸优化算法能量管理策略的主要目的是优化增程器与电池之间大的功率分配。因此,CDCS 策略仅在汽车运行在 CS 阶段时进行凸优化处理,而 blended 策略则在汽车整个运行阶段进行凸优化处理。

对于 CDCS 策略,由于 CS 阶段的电池 SOC 基本保持不变,电耗几乎不变,为实现降低油耗、减小排放的目的,可以采用最小燃油消费价格作为目标函数进行优化,具体表达式为

$$\min J_c = \sum_{j=N_{CD}}^{N} C_f \rho_{LHV} m_f(j) \Delta t \tag{6-9}$$

式中,N_{CD} 为 CD 阶段终值时刻;C_f 为燃油价格,单位为元/L;ρ_{LHV} 为低位热值系数。

对于 blended 策略,电能与燃油同时消耗,因此可以采用每日运行总成本作

为目标函数进行优化，具体表达式为

$$\min J_{\mathrm{c}} = \sum_{j=1}^{N} C_{\mathrm{f}} \rho_{\mathrm{LHV}} m_{\mathrm{f}}(j) \Delta t + C_{\mathrm{el}}(\mathrm{SOC}_0 - \mathrm{SOC}_{\mathrm{f}}) Q U_{\mathrm{oc}} n_{\mathrm{b}} \quad (6\text{-}10)$$

式中，C_{el} 为用电价格，单位为元/(kW·h)；U_{oc} 为电池的开路电压；SOC_0 与 $\mathrm{SOC}_{\mathrm{f}}$ 分别为电池状态初始值及终值。

6.3.2 优化变量与状态约束

在整个优化时间域内，增程式电动汽车优化变量包括增程器输出功率 P_{r}、动力电池输出功率 P_{b}、驱动电机输出转矩 T_{e} 及电池 SOC。状态空间的约束条件包括整车功率平衡状态约束、增程器工作特性约束、动力电池输出功率特性约束及驱动电机外特性约束。增程式电动汽车制动力分配过程中需要考虑制动比分配问题且控制策略相对复杂，因此本节仅考虑系统驱动过程的能量分配问题。其中，在电池状态约束中，电池的电流约束及最大输出功率不满足凸优化状态约束条件，因此引入与电池内部能量相关的中间变量，如式（6-11）所示。

$$\begin{cases} E(t) = \dfrac{C U_{\mathrm{oc}}^2(t) n_{\mathrm{b}}}{2} \\ C = 2Q / U_{\mathrm{oc}} \end{cases} \quad (6\text{-}11)$$

进一步，给出状态空间内的约束条件表达式为

$$\begin{cases} P_{\mathrm{m}}(t) + P_{\mathrm{loss}}(t) + P_{\mathrm{aux}} \leqslant \eta_{\mathrm{bat}} P_{\mathrm{b}}(t) + \eta_{\mathrm{con}} P_{\mathrm{r}}(t) \\ m_{\mathrm{f}}(t) \geqslant a_0 P_{\mathrm{r}}^2(t) + a_1 P_{\mathrm{r}}(t) + a_2 \\ P_{\mathrm{loss,m}} \geqslant b_0(\omega) T^2 + b_1(\omega) T + b_2(\omega) \\ 0 \leqslant P_{\mathrm{r}}(t) \leqslant P_{\mathrm{r,max}} \\ T_{\mathrm{m,min}} \leqslant T_{\mathrm{m}}(t) \leqslant T_{\mathrm{m,max}} \\ P_{\mathrm{b}}(t) \geqslant I_{\mathrm{min}} \sqrt{2E(t)/(Cn_{\mathrm{b}})} - R I_{\mathrm{min}}^2 n_{\mathrm{b}} \\ P_{\mathrm{b}}(t) \leqslant E(t)/(2RC) \\ E(t) - \sqrt{E^2(t) - 2RCE(t)P_{\mathrm{b}}(t)} \leqslant I_{\mathrm{max}} R \sqrt{2CE(t) n_{\mathrm{b}}} \\ \mathrm{SOC}_{\mathrm{min}} \leqslant \mathrm{SOC} \leqslant \mathrm{SOC}_{\mathrm{max}} \\ E(t_0) = 0.5 C U_{\mathrm{oc}}^2(t_0) n_{\mathrm{b}} \end{cases} \quad (6\text{-}12)$$

式中，$P_{\mathrm{r,max}}$ 为增程器最大输出功率；$T_{\mathrm{m,min}}$、$T_{\mathrm{m,max}}$ 分别为驱动电机输出转矩的最小值和最大值；I_{min}、I_{max} 分别为电池电流的下限值和上限值；$\mathrm{SOC}_{\mathrm{min}}$、$\mathrm{SOC}_{\mathrm{max}}$ 分别为电池工作窗口的下限值和上限值。

此外，CDCS 策略下，CS 阶段的电池 SOC 维持不变，因此在该阶段每一时刻应尽量使电能维持平衡，需要额外建立约束条件，如式（6-13）所示。

$$E(t_{CS}) = E(t_{CS} + \Delta t) \tag{6-13}$$

式中，t_{CS} 为 CS 阶段起始时刻。

在 blended 策略下，电池的电能随着 SOC 下降而逐渐下降，需要额外建立约束条件，如式（6-14）所示。

$$E(t_f) = \frac{C}{2} U_{oc}^2 (SOC_{th}) n_b \tag{6-14}$$

式中，t_f 为终止时刻；SOC_{th} 为 CD 阶段 SOC 终值。

两种策略下的能量管理优化过程[6]如图 6.14 所示，其中 t_0 为总阶段起始时刻，Δt 为时间间隔。

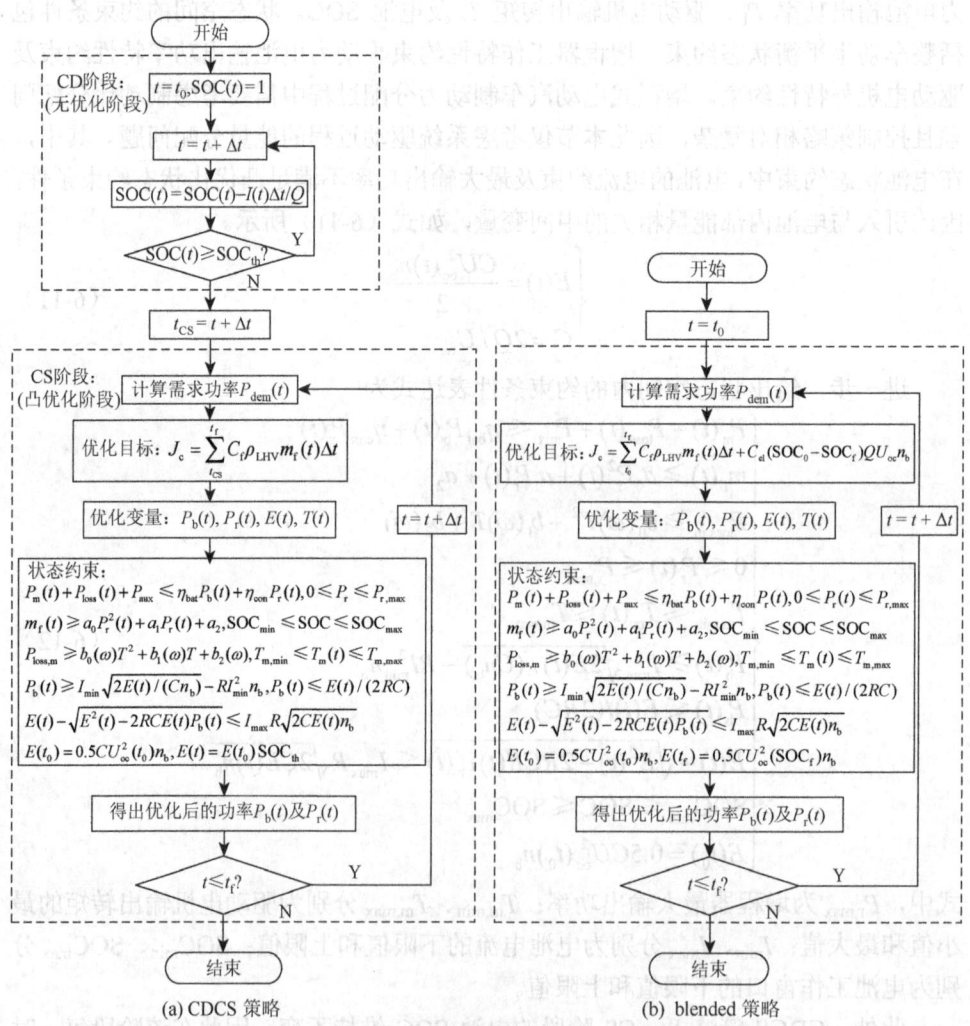

图 6.14 两种策略下能量管理优化过程

6.3.3 仿真结果分析

为了验证基于凸优化算法在增程器与动力电池能量分配上的有效性,在所建立的系统模型中对两种策略进行仿真,并对仿真结果进行分析。对于增程式电动汽车,循环工况是影响其能耗及系统部件功率分配的重要因素之一,本节以中国城市道路工况作为循环工况,对增程式电动汽车能量管理策略进行仿真分析。

增程式电动客车在中国城市道路工况下的驱动电机工作点如图 6.15 所示,可以看出,在不考虑制动时,驱动电机转速集中在 1000~2500r/min,转矩集中在 0~270N·m,该区间具有较高的效率,降低了驱动电机运行过程中的能量损耗。

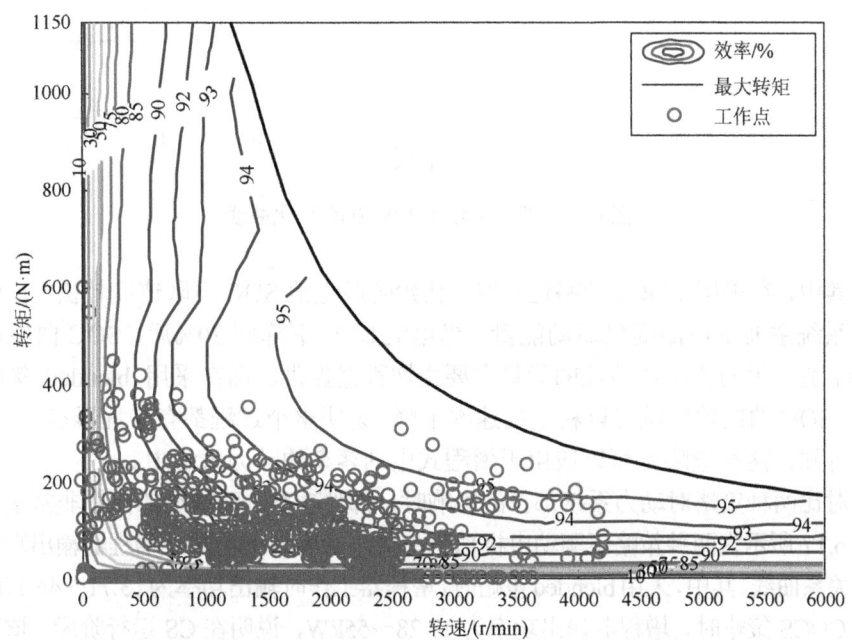

图 6.15 中国城市道路工况下的驱动电机工作点

1. 能量管理策略性能分析

为比较 CDCS 策略及 blended 策略的性能,本节在已经建立的具有凸特性的系统模型中分别进行 CDCS 策略和 blended 策略的仿真,并对策略的性能进行分析,主要分析内容包括两种策略下的电池工作状态、增程器输出功率与动力电池的功率分配情况、增程器单位时间燃油消耗比率及工作效率情况等。参考中国公交车每日出行里程数据,公交车每日平均行驶里程为 200km 左右,此外考虑增程式电动客车的电池容量及每日一次的充电频次,可选择 35 个循环工况进行仿真。

如图 6.16 所示为两种不同的策略下电池 SOC 的变化曲线(设定电池 SOC 终值为 20%),由图可以看出,当汽车停止运行时,电池 SOC 终值基本保持一致,说明两种运行方式下的电池能量都得到了充分利用,基本符合策略要求。

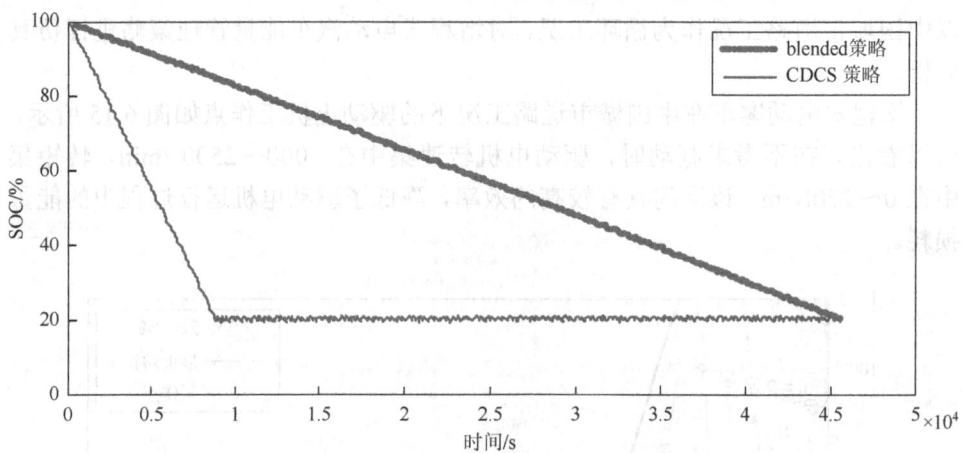

图 6.16 两种策略下电池 SOC 变化曲线

其中,在采用 CDCS 策略运行时,初始阶段电池 SOC 下降速度较快,说明该阶段系统主要由电池提供驱动能量。当电池 SOC 下降到 20%后,SOC 曲线基本保持不变,说明该阶段消耗的能量主要由增程器提供。而在采用 blended 策略运行时,SOC 曲线始终维持以稳定的速率下降,说明整个过程都有增程器参与工作,分析可知,两种策略都可以应用于增程式电动客车的动力系统中。

对比两种策略对动力系统部件的影响时,部件功率分配情况的分析非常重要。如图 6.17 所示为两种策略下驱动电机功率、动力电池输出功率、增程器输出功率之间的关系曲线。其中,采用 blended 策略时,增程器工作时输出功率为 13.71~46.17kW;采用 CDCS 策略时,增程器输出功率为 17.28~55kW,说明在 CS 运行阶段,增程器需要输出足够大的功率为动力电池充电,进而保证电池 SOC 处于稳定状态。

为对比两种策略下增程器的工作性能,本节对比分析了两种策略下增程器单位时间燃油消耗比率(喷油量)m_f 及工作效率情况。如图 6.18 所示为两种策略下增程器输出功率与单位时间燃油消耗比率 m_f 之间的关系曲线,由图可以看出,与 CDCS 策略相比,采用 blended 策略时增程器的燃油消耗比率工作区间更小,而且增程器集中工作在较低的燃油消耗比率区间,可以说明采用 blended 策略具有较好的节油效果。

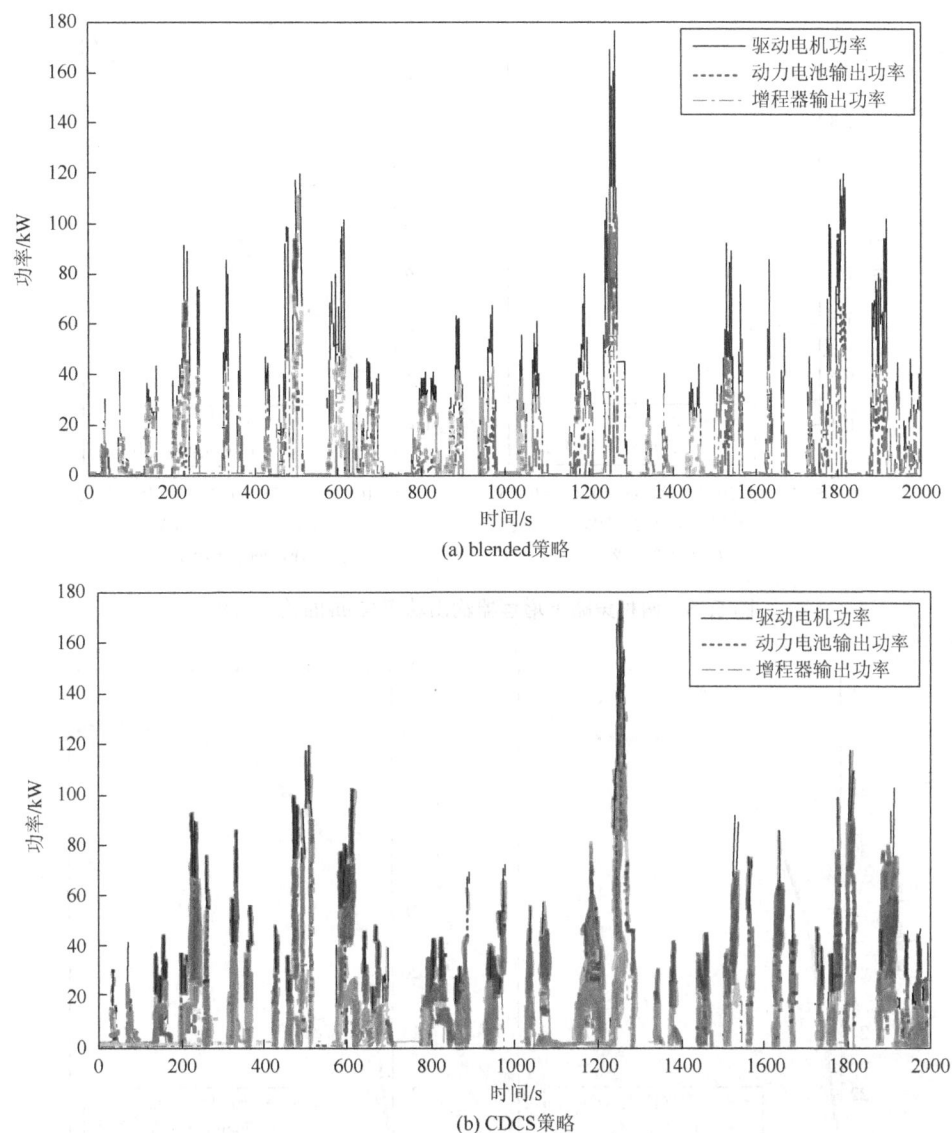

图 6.17 两种策略下部件功率分配情况

如图 6.19 所示为两种策略下增程器输出功率与效率之间的关系曲线,由图可知,采用 CDCS 策略时增程器的工作效率区间为 31.16%～34.28%,采用 blended 策略的工作效率区间为 29.49%～34.11%。同时,blended 策略下增程器工作效率集中在较低水平,说明该策略虽然具有降低油耗的效果,但为平衡增程器与动力电池之间的功率分配,需要以牺牲部分增程器的效率为代价。

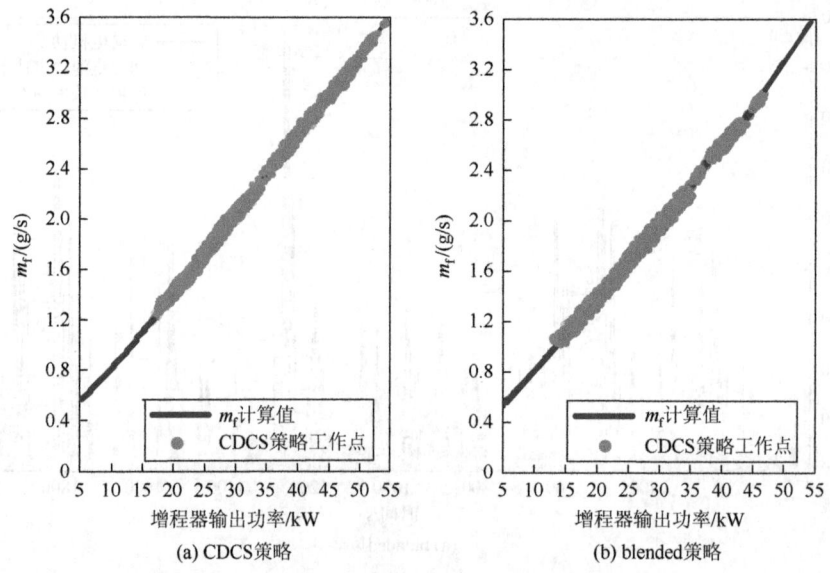

图 6.18 两种策略下增程器输出功率与 m_f 的关系曲线

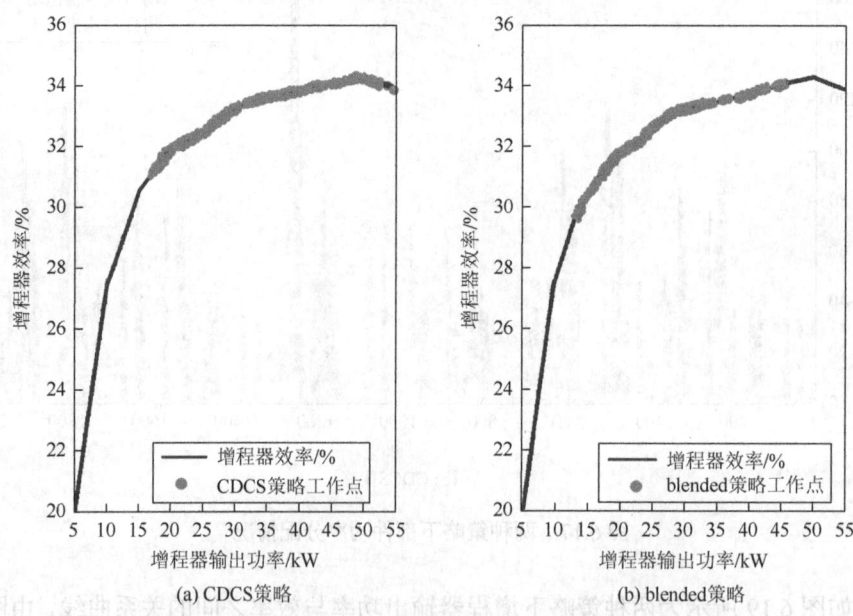

图 6.19 两种策略下增程器输出功率与效率的关系曲线

2. 两种策略能耗对比分析

本小节对两种策略下的能耗水平进行计算。由于两种策略都以价格作为优化目标,在评价能耗水平时还应考虑整个过程的运营成本及等效燃油消耗水平,具体能耗水平如表 6.3 所示。其中，燃油价格为 5.04 元/L，电价为 0.5 元/(kW·h)，综合油耗值根据《重型混合动力电动汽车能量消耗量试验方法》(GB/T 19754—2015) 中电耗与油耗的换算关系计算获得。

表 6.3　两种策略下能耗水平对比

参数	blended 策略	CDCS 策略
SOC 终值/%	20	22
总油耗/L	63.75	68.68
总电耗/(kW·h)	59.37	58.03
动力系统能效提升/%	6.93	0
综合油耗/L	79.61	84.18
每日运营成本/元	350.98	375.16
运营成本节约率/%	6.45	0

由表 6.3 可以看出，相较于 CDCS 策略，采用 blended 策略时的节能效果明显提升。其中，动力系统的总油耗降低约 7.18%，每日的运营成本节约了 6.45%。同时，动力系统的能效相比较 CDCS 策略也提升了 6.93%。

如图 6.20 所示为两种策略下增程式电动客车系统的能量流动图，可以看出，当采用 blended 策略时，动力电池接受来自增程器的能量为 49.02MJ，而采用 CDCS 策略时，增程器对电池的充电能量高达 535.83MJ。说明采用 blended 策略时，增程器的作用在于与动力电池共同为动力系统提供驱动功率，而采用 CDCS 策略时，增程器的作用在于为动力电池提供足够的能量以确保电池维持稳定，此时主要由动力电池为系统提供驱动功率。

此外，采用 blended 策略时，增程器的效率要低于采用 CDCS 策略时的效率，其主要原因在于采用 blended 策略时，为确保把增程器输出的能量损失降至最低，就不能保证增程器运行于高效工作区，因此牺牲了发动机的部分效率。

3. 与传统车燃油经济性对比分析

如图 6.21 所示为两种策略下增程式电动客车与传统车燃油经济性的对比情况。由仿真结果可知，在 35 个中国城市道路工况下，传统车油耗为 90.21L，系统总能耗为 4086.47MJ，参考燃油价格水平，计算可知传统客车每日燃油运营成本为 454.66 元。对比前面两种策略综合油耗水平及运营成本可知，采用 CDCS 策略时，增程式电动客车综合油耗降低 6.68%，每日运营成本降低 17.49%；采用 blended 策略时，增程式电动客车综合油耗降低 11.75%，每日运营成本降低 22.80%。两种策略均达到了降低运营成本的目的，其中 blended 策略具有更好效果。

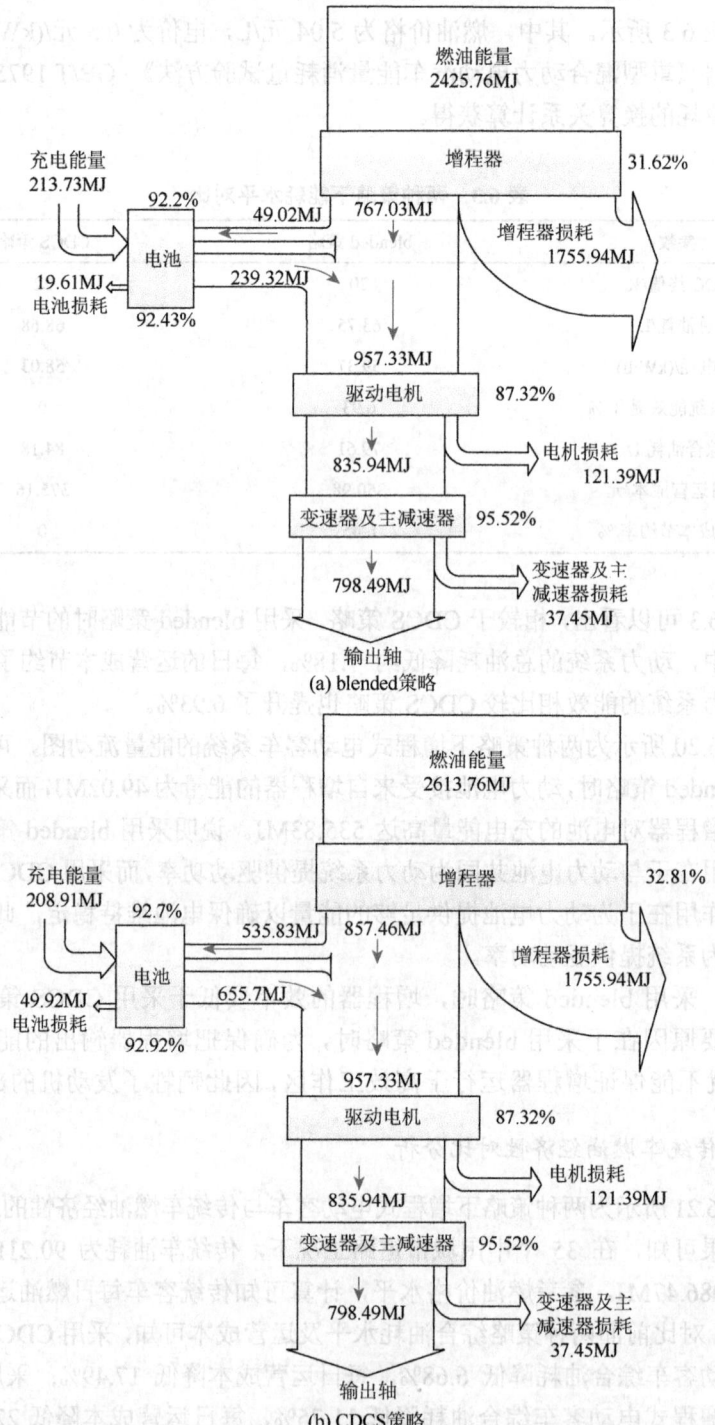

图 6.20 两种策略下增程式电动客车系统能量流动图

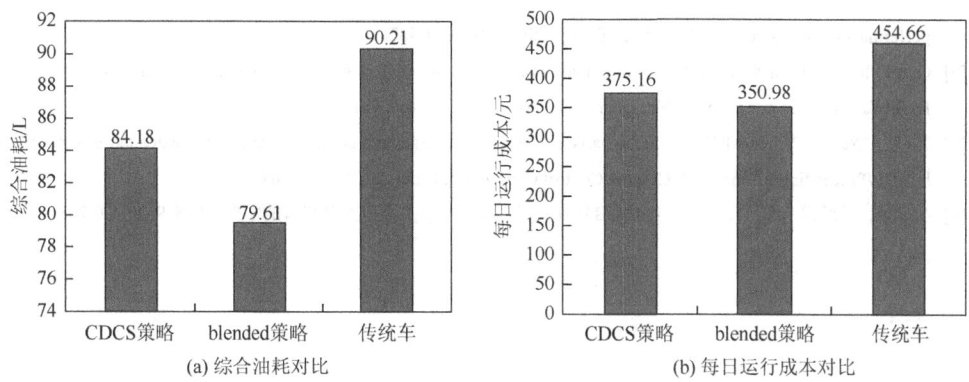

图 6.21 两种策略下增程式电动客车与传统车燃油经济性对比情况

6.4 本 章 小 结

增程式电动汽车能量管理策略是增程式电动汽车动力系统开发设计的关键技术，其主要解决的问题为：根据汽车行驶过程中的相关状态信息（如电池容量、车速、加速度、行驶工况等），在满足动力系统需求功率的前提下协调和控制两个能量源，进而充分利用动力电池电能、尽量延长电池寿命并提高燃油经济性。

本章首先对增程式电动汽车能量管理设计的目标和原则进行了说明（增程式电动汽车的能量管理方法主要有基于规则的能量管理策略和基于优化的能量管理策略两种）。然后，在介绍 DP 能量管理策略的基础上，引入基于 DP-PSR 算法的能量管理策略。通过能量管理策略性能分析与能耗分析可知，DP 策略和 PSR-RB 策略的节能效果接近，均比 CDCS 策略提升近 7%。在此基础上，本章还通过硬件在环仿真测试验证了 PSR-RB 策略的有效性，通过实验可知，PSR-RB 策略实现了增程器与电池之间最合理的功率分配。最后，介绍了基于凸优化算法的能量管理策略。通过数学模型搭建与仿真结果分析可知，采用凸优化算法时，CDCS 和 blended 两种增程器控制策略均达到了降低运行成本的目的，其中 blended 策略可以更好地降低成本。

参 考 文 献

[1] 吴晓刚, 高明明, 杜玖玉, 等. 不同运行方式下增程式电动客车能量管理策略优化研究[J]. 电机与控制学报, 2018, 22(10): 93-102.

[2] Du J Y, Chen J F, Song Z Y, et al. Design method of a power management strategy for variable battery capacities range-extended electric vehicles to improve energy efficiency and cost-effectiveness[J]. Energy, 2017, 121: 32-42.

[3] Xu L F, Ouyang M G, Li J Q, et al. Optimal sizing of plug-in fuel cell electric vehicles using models of vehicle

performance and system cost[J]. Applied Energy, 2013, 103: 477-487.

[4] Guo F, Inoa E, Choi W, et al. Study on global optimization and control strategy development for a PHEV charging facility[J]. IEEE Transactions on Vehicular Technology, 2012, 61(6): 2431-2441.

[5] Xu L F, Yang F Y, Hu M Y, et al. Comparison of energy management strategies for a range extended electric city bus[C]//Proceedings of the IEEE Chinese Control Conference, Hefei, 2012: 6866-6871.

[6] 吴晓刚, 侯维祥. 基于凸优化方法的复合储能系统能量管理[J]. 汽车安全与节能学报, 2018, 9(2): 200-208.

第7章　面向电池衰减的增程式电动汽车全寿命周期成本优化

从车辆全寿命周期角度来看，优化能量管理策略仅从单次出行的层面降低增程式电动汽车动力系统能耗和运营成本，不能充分挖掘整车全寿命周期成本（total cost of ownership，TCO）节约潜力[1]。对于增程式电动客车，电池成本是影响全寿命周期成本的关键因素。本章以增程式电动客车为例，着重分析在不同电池使用策略下，增程式电动客车成本的相应变化，来确定以全寿命周期成本为目标的最优整车控制策略。

7.1　增程式电动汽车全寿命周期成本模型

7.1.1　模型概述

本章提出的全寿命周期成本模型包括三个部分的子成本，分别为购置成本、电池成本、运营成本，如图 7.1 所示。该模型可以描述在不同出行条件和电池管理策略下所需要承担的成本，在指定出行条件时，成本最低的情况即最优的电池 DOD 使用策略。其他成本，如保险、日常维护，由于没有证明其与电池 DOD 使用策略相关的文献，在该模型中不予考虑。

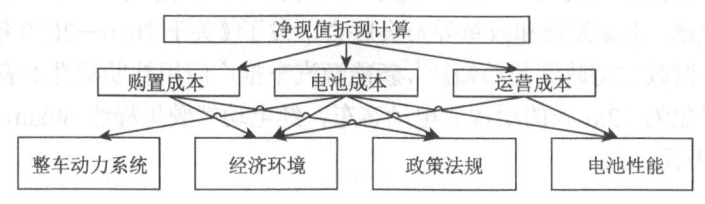

图 7.1　全寿命周期成本模型示意图

在该模型中，为考虑经济环境因素影响，采用现金流的方式逐年计算各项成本。在现金流的思想架构下，引入净现值（net present value，NPV）以处理未来的现金流。计算净现值时，按照相应的折现率将未来每一年的现金流折算到起始年份，如式（7-1）所示，即第 i 年的总成本现金流等于当年的各子成本现金流之和，包括当年发生的购置成本现金流、电池成本现金流、运营成本现金流,逐年总成本的现金流与相应年份折现率的乘积之和即折现后拥有的总成本。

$$\begin{cases} \boldsymbol{t}_{dis} = \left[\dfrac{1}{(1+t_{dis})^0} \quad \dfrac{1}{(1+t_{dis})^1} \quad \cdots \quad \dfrac{1}{(1+t_{dis})^i} \quad \cdots \quad \dfrac{1}{(1+t_{dis})^N} \right]^T \\ \begin{bmatrix} \boldsymbol{c}_{initial} \\ \boldsymbol{c}_{bat} \\ \boldsymbol{c}_{op} \end{bmatrix} = \begin{bmatrix} c_{initial}(0) & c_{initial}(1) & \cdots & c_{initial}(i) & \cdots & c_{initial}(N) \\ c_{bat}(0) & c_{bat}(1) & \cdots & c_{bat}(i) & \cdots & c_{bat}(N) \\ c_{op}(0) & c_{op}(1) & \cdots & c_{op}(i) & \cdots & c_{op}(N) \end{bmatrix} \times \boldsymbol{t}_{dis} \end{cases} \quad (7\text{-}1)$$

式中,$\boldsymbol{c}_{initial}$ 为购置成本矩阵;$\boldsymbol{c}_{bat}$ 为电池成本矩阵;$\boldsymbol{c}_{op}$ 为运营成本矩阵;$\boldsymbol{t}_{dis}$ 为总成本矩阵。

使用该模型计算子成本时,是根据模型中的子模块进行配置的,如图 7.1 所示。整车动力系统模块主要分析增程式电动汽车在不同能量管理策略、电池管理策略和运营条件下相应的油耗指标和电耗指标。经济环境模块主要包括燃油价格设定、电能价格设定、电池成本设定、折现率设定等。政策法规模块主要包括新能源汽车补贴及退坡政策、机动车出行相关规定等影响车辆使用成本的政策和法规。电池性能模块由电池衰退测试数据构成,为分析电池更换策略提供基础条件。

7.1.2 购置成本

购置成本主要包括车辆成本(除电池外)C_{veh} 和购置补贴 C_{sub} 两个部分,有

$$c_{initial} = C_{veh} - \delta C_{sub} \quad (7\text{-}2)$$

式中,δ 为补贴退坡系数。

新能源汽车购置补贴是为推动新能源汽车发展而实施的政策扶持手段。我国自 2009 年发布《关于开展节能与新能源汽车示范推广试点工作的通知》[2]起,对新能源汽车的扶持力度逐年增大。2015 年 4 月 29 日,财政部、科学技术部、工业和信息化部、国家发展和改革委员会联合下发了《关于 2016—2020 年新能源汽车推广应用财政支持政策的通知》[3],新能源汽车推广应用补助标准如表 7.1 所示。本节研究对象为 12m 长的增程式电动客车,纯电动续驶里程达 60km,因此购置补贴为 20 万元。

表 7.1 纯电动、插电式混合动力等客车推广应用补助标准 (单位:万元/辆)

车辆类型	单位载质量能量消耗量 E_{kg} /[(W·h)/(km·kg)]	标准车(10m<车长≤12m) 纯电动续驶里程 R/km(等速法)					
		6≤R<20	20≤R<50	50≤R<100	100≤R<150	150≤R<250	R≥250
纯电动客车	E_{kg}<0.25	22	26	30	35	42	50
	0.25≤E_{kg}<0.35	20	24	28	32	38	46

车辆类型	单位载质量能量消耗量 E_{kg}/ [(W·h)/(km·kg)]	标准车（10m＜车长≤12m）					
		纯电动续驶里程 R/km（等速法）					
		6≤R<20	20≤R<50	50≤R<100	100≤R<150	150≤R<250	R≥250
纯电动客车	0.35≤E_{kg}<0.5	18	22	24	28	34	42
	0.5≤E_{kg}<0.6	16	18	20	25	30	36
	0.6≤E_{kg}<0.7	12	14	16	20	24	30
插电式混合动力公交车（含增程式）		—	—	20	23	25	25

7.1.3 电池成本

目前，应用较广泛的电池成本模型依托电池成本与电池容量 κ 之间的线性关系[4,5]，其中电池成本用 c_{bat} 表示，单位为元/(W·h)。考虑到全寿命周期成本模型的现金流架构及实际使用中发生的电池更换情况，电池成本计算在整车寿命周期中的每一年都会体现，并且应该以现金流的形式体现。为体现在第 i 年电池购置现金流是否出现，在模型中引入电池更换参数 $\gamma(i)$，用于表示在第 i 年是否发生电池更换，$\gamma(i)=0$ 表示在第 i 年电池性能可以满足使用需求，不用重新购置；$\gamma(i)=1$ 说明在第 i 年电池性能衰减过度，需更换电池才可以满足使用需求。电池购置依据如下两个条件确定：①第一年，购车与购置电池同时发生，即 $\gamma(0)=1$；②在整车全寿命周期中，如果在第 i 年，电池相对容量衰退达到 0.8，则在第 i 年需要更换电池，届时 $\gamma(0)=1$。据此，可得出电池成本为

$$c_{bat} = \sum_{i=0}^{t_{life}} \frac{\kappa P_b}{(1+r)^i} \gamma(i) \tag{7-3}$$

式中，c_{bat} 为电池成本；t_{life} 为车辆运营年限；r 为折现率；P_{bat} 为电池输出功率。

在电池循环寿命实验中，电池的相对容量会随着充/放电循环次数的上升而逐渐减小。当电池相对容量减小至 0.8 以下时，通常作为电池循环寿命截止的标志。实验中对应的循环次数，即电池的循环寿命。DOD 是影响电池衰减的重要因素，然而目前的能量管理策略研究中，很少考虑 DOD 对车辆全寿命周期成本的影响。控制电池成本是降低增程式电动汽车成本的关键，据此本章采用电池 DOD 作为重要参数，以分析例子中的增程式电动客车全寿命周期最低成本。

本章中使用的电池衰减模型是基于电池全寿命周期的充/放电电量模型，不同 DOD 下的电池循环寿命如图 7.2 所示。此外，电池内阻会对电池性能产生很大影

响,参照 Omar 等[6]的研究中的测试结果,作为在不同 DOD 下的电池内阻变化模型,即随着 DOD 加深,电池内阻变化更明显,在 DOD 为 1 的情况下,内阻上升达到 132%;在 DOD 分别为 0.8、0.6、0.4、0.2 的情况下,电池内阻分别上升 126%、119%、116%、112%。因此,有必要将内阻变化考虑进全寿命周期成本模型中。

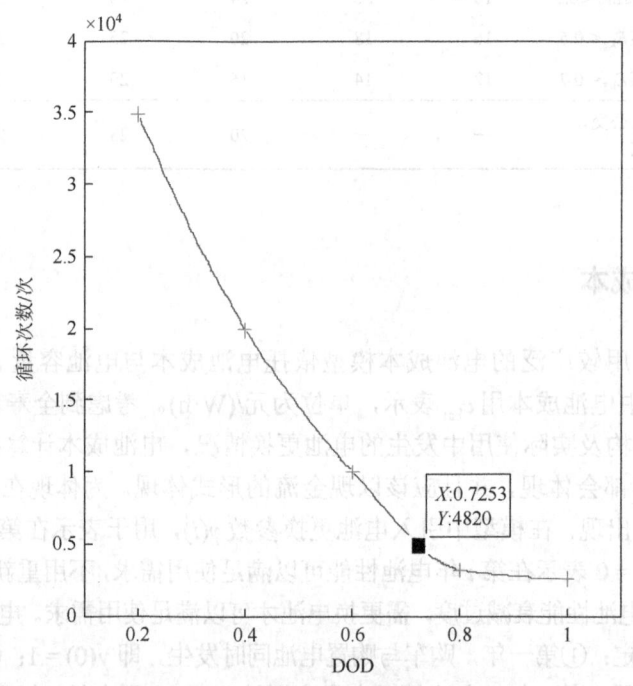

图 7.2 不同 DOD 下的电池循环寿命

根据我国 2012 年发布的《机动车强制报废标准规定》[7],公交车报废年限为 13 年,理论上相当于最多使用天数 = 13×365 = 4745 天,本章采用大多数公交公司采用的一天一次充电的运营模式,可以得出出行天数 = 充电次数,因此在实际使用中公交车全寿命周期充电次数不会超过 4745 次。如图 7.2 所示,在电池 DOD≈0.73 的情况下,电池循环寿命已经达到了 4820 天,大于 4745 天。电池 DOD 越高,耗电量越小,运营成本会越高。因此,分析电池循环寿命时,DOD 选择在 0.6~0.8 即可。

7.1.4 运营成本

对于插电式混合动力汽车、增程式电动汽车和纯电动汽车这几类与行驶里程密切相关的车辆,出行里程是优化设计和客观评价它们性能的重要基础。对于客车,出行工况与里程相对固定,在制定控制策略的过程中,其作用更加明显。出行里程的重要性主要体现在新能源汽车能耗评价中,而且还是全寿命周期成本模型的重要输入变量[8],同时也成为近年来的研究热点。本章也将出行里程纳入全寿命周期成本模型作为评价增程式电动汽车最优使用策略的重要参数。

根据我国现行的《机动车强制报废标准规定》,公交车报废年限为13年,累计出行里程限制在40万km。据此,可以分析得出在不同日出行里程条件下的车辆报废情况,如图7.3所示,可以看出,日出行里程在80km时,累计出行里程将近38万km,如果选择更小的日出行里程会导致累计出行里程更短,车辆得不到充分使用。日出行里程160km时,累计出行时间仅为2500天,约为6.8年,远小于13年。而日出行里程过长意味着日均燃油成本增加,车辆使用成本增加。因此,本章选择在80~160km内分析出行里程。此外,判定公交车报废存在两个约束条件(累计出行时间为13年/累计出行里程为40万km),因此在不同日出行里程条件下,累计出行里程和出行时间会各不相同。例如,在日出行里程为80km时,全寿命周期累计出行时间为4745天(13年报废),累计出行里程约为38万km;日出行里程为160km时,全寿命周期累计出行时间为2500天,累计出行里程为40万km。因此,在分析全寿命周期成本时,需同时考虑日出行里程和出行时间两方面因素的重要影响。

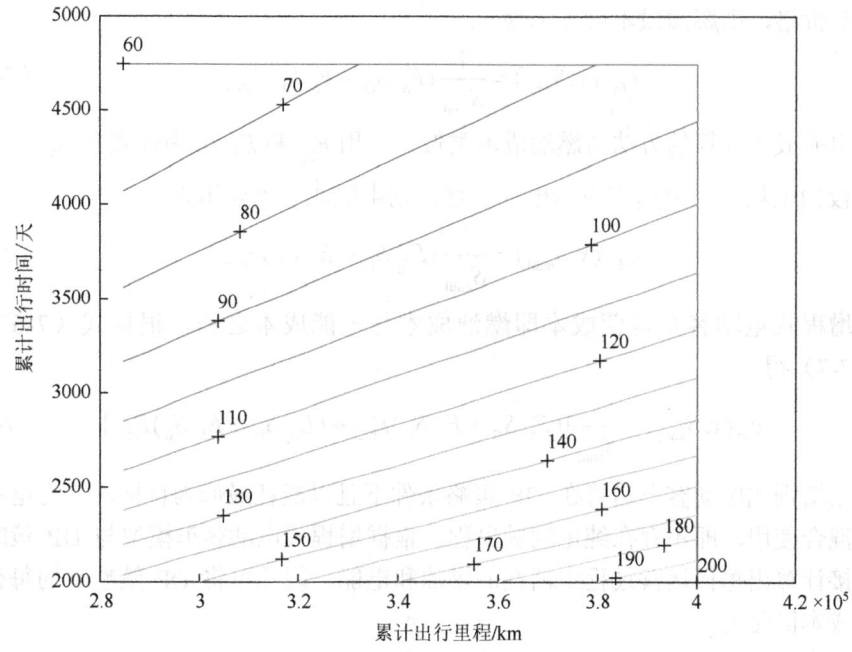

图7.3 公交车报废指标分析

在限定 DOD、日出行里程和日出行时间这三项重要前提条件后，本章进一步通过基于日出行里程的平均油耗进行燃油和电能的运营成本分析[9]。目前的全寿命周期成本分析研究都在 CDCS 策略下进行。首先，假设每天电池都充满至 SOC 上限，根据纯电续驶里程 S_{AER}，将日出行里程 S_{anul} 分为电驱动里程 S_E 和燃油驱动里程 S_G 两个部分。

$$\begin{cases} S_E(x, S_{anul}) = \begin{cases} S_{anul} & (S_{anul} \leqslant S_{AER}) \\ S_{AER}(x) & (S_{anul} > S_{AER}) \end{cases} \\ S_G(x, S_{anul}) = \begin{cases} 0 & (S_{anul} \leqslant S_{AER}) \\ S_{anul} - S_{AER}(x) & (S_{anul} > S_{AER}) \end{cases} \end{cases} \quad (7\text{-}4)$$

增程式电动客车的纯电续驶里程可以根据单体电池容量 κ [$\kappa = 0.0216(\text{kW}\cdot\text{h})$/单体]、电池单体计算个数 x_1、电池 SOC 窗口 x_2 及电池衰减程度 x_3 计算得出：

$$S_{AER}(x) = \kappa(1000 x_1) x_2 x_3 \eta_E \quad (7\text{-}5)$$

增程式电动客车的电驱动里程效率 η_E 和燃油经济性指标可通过前述的动力系统模型计算得出，F_{S_G} 和 F_{S_E} 分别代表在 S_G 阶段和 S_E 阶段的油耗指标。在分析增程式电动客车运营成本时需要注意一点，以"元/日"作为运营成本单位在本节中是不合理的。通过前面分析可知，车辆的日出行里程为 80~160km，为规避日出行里程不同造成的影响，运营成本单位使用"元/(km·日)"。那么，用 P_{fuel} 表示燃油价格，则燃油成本可表示为

$$c_{fuel}(x, S_{anul}) = \frac{1}{S_{anul}}(F_{S_G} S_G + F_{S_E} S_E) P_{fuel} \quad (7\text{-}6)$$

电能成本计算的方法与燃油成本类似，若用 E_{S_G} 和 E_{S_E} 分别代表在 S_G 阶段和 S_E 阶段的电耗，用 P_{elec} 来表示电能价格，则电能成本可表示为

$$c_{elec}(x, S_{anul}) = \frac{1}{S_{anul}}(E_{S_G} S_G + E_{S_E} S_E) P_{elec} \quad (7\text{-}7)$$

增程式电动客车运营成本即燃油成本与电能成本之和，根据式（7-6）和式（7-7）得

$$c_{op}(x, S_{anul}) = \frac{1}{S_{anul}}[(F_{S_G} S_G + F_{S_E} S_E) P_{fuel} + (E_{S_G} S_G + E_{S_E} S_E) P_{elec}] \quad (7\text{-}8)$$

当增程式电动客车运营在 DP 策略条件下且以能耗最低为目标时，将电能与燃油混合使用，即不存在纯电续驶里程。根据增程式电动客车模型与 DP 策略可以直接计算出每日运营过程中消耗的燃油和电能，因此可将 DP 策略下的每公里运营成本简化为

$$c_{op}(x, S_{anul}) = c_{fuel} + c_{elec} = \frac{1}{S_{anul}}(F_{S_{anul}} P_{fuel} + E_{S_{anul}} P_{elec}) \quad (7\text{-}9)$$

DP 与 CDCS 策略下的车辆每公里油耗和运营成本如图 7.4 和图 7.5 所示。假设车辆在夜间时间充电，P_{elec} 以北京市的谷电价格 0.37 元/(kW·h)作为标准，P_{fuel} 参考当前的柴油市场价格 5.5 元/L。

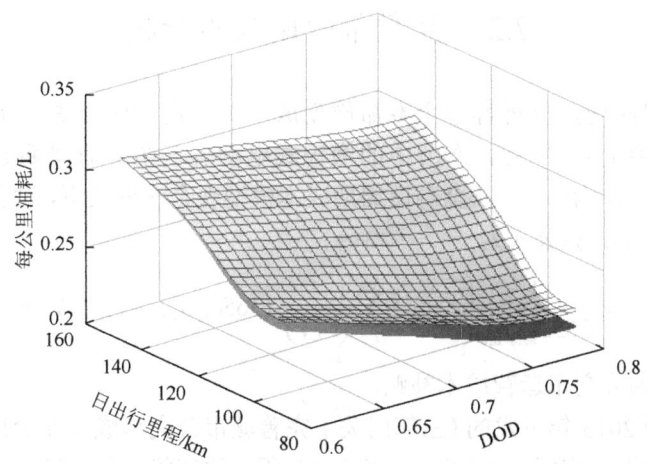

图 7.4 DP 与 CDCS 策略下的车辆每公里油耗比较

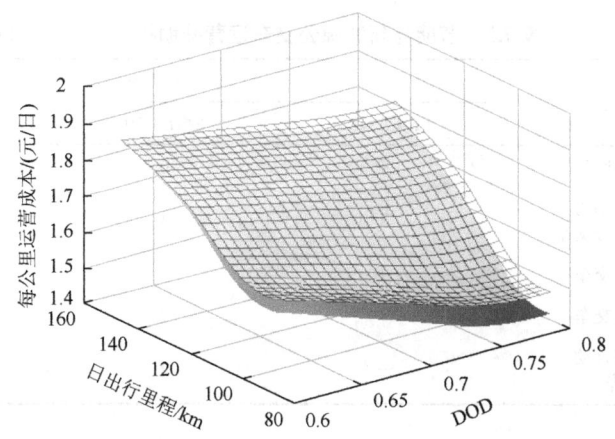

图 7.5 DP 与 CDCS 策略下的车辆每公里运营成本比较

针对本章的增程式电动汽车构型可以看出，DOD 与日出行里程两项参数对油耗和运营成本均有较大影响。当 DOD 为 0.8、日出行里程为 80km 时，在 DP 策略下，油耗为 0.216L/km，相比 CDCS 策略节约 0.011L/km；成本为 1.188 元/日，相比 CDCS 策略节约 0.06 元/km。随着 DOD 升高和日出行里程的延长，油耗和运营成本随之增加。当 DOD 为 0.6、日出行里程为 160km 时，在 DP 策略下，油耗降为 0.329L/km，运营成本下降为 1.81 元/日。同时，随着 DOD 升高和日出行里程的延长，DP 策略的油耗和运营成本与 CDCS 策略成本基本接近，油耗相差 0.001L/km，运营成本仅相差 0.0003 元/km。

7.2 全寿命周期成本分析

按照我国法规，分析客车全寿命周期成本时，需同时考虑日出行里程和出行时间两方面因素。因此，本节中的增程式电动客车全寿命周期成本同样采用 "元/(km·日)" 作为单位。在全寿命周期成本模型现金流框架下，增程式电动客车全寿命周期成本计算公式为

$$C_{\text{TCO}} = \frac{1}{365 S_{\text{anul}} t_{\text{life}}} \left(c_{\text{initial}} + \sum_{i=1}^{t_{\text{life}}} \frac{1}{(1+r)^i} (365 c_{\text{op}} S_{\text{anul}} - c_{\text{op\_sub}}) + c_{\text{bat}} \right) \quad (7\text{-}10)$$

式中，$c_{\text{op\_sub}}$ 为公交车运营成本补贴。

根据我国 2015 年下发的《三部门关于完善城市公交车成品油价格补助政策加快新能源汽车推广应用的通知》，参考表 7.2 所示的节能与新能源公交车运营补助标准，本章研究对象为车长 12m 的增程式电动公交车，每年补贴应为 4 万元/辆[10]。

表 7.2　节能与新能源公交车运营补助标准　　（单位：万元/辆）

车辆类型	车长 L/m		
	$6 \leqslant L < 8$	$8 \leqslant L < 10$	$L \geqslant 10$
纯电动公交车	4	6	8
插电式混合动力（含增程式）公交车	2	3	4
燃料电池公交车	—	6	—
超级电容公交车	—	2	—
非插电式混合动力公交车	—	2	—

在车辆全寿命周期成本模型中，本章对增程式电动客车进行基准条件下的全寿命周期成本分析，其中基准条件设置参考如下因素或遵循如下原则：①当前整车及零部件技术水平；②现实运营条件，如电价、油价、充电时间等；③不考虑购置和运营补贴等政策支持。在基准条件下运营的增程式电动客车全寿命周期成本分析如图 7.6 所示。

从图 7.6（a）中可以看出在基准条件的假设下，增程式电动公交车成本随 DOD 和日出行里程的变化情况。在 DOD 为 0.8 时，日出行里程超过 124km 后可更换电池，这是因为该条件满足了电池更换边界条件，即出行天数 = 电池的循环寿命。

第 7 章 面向电池衰减的增程式电动汽车全寿命周期成本优化

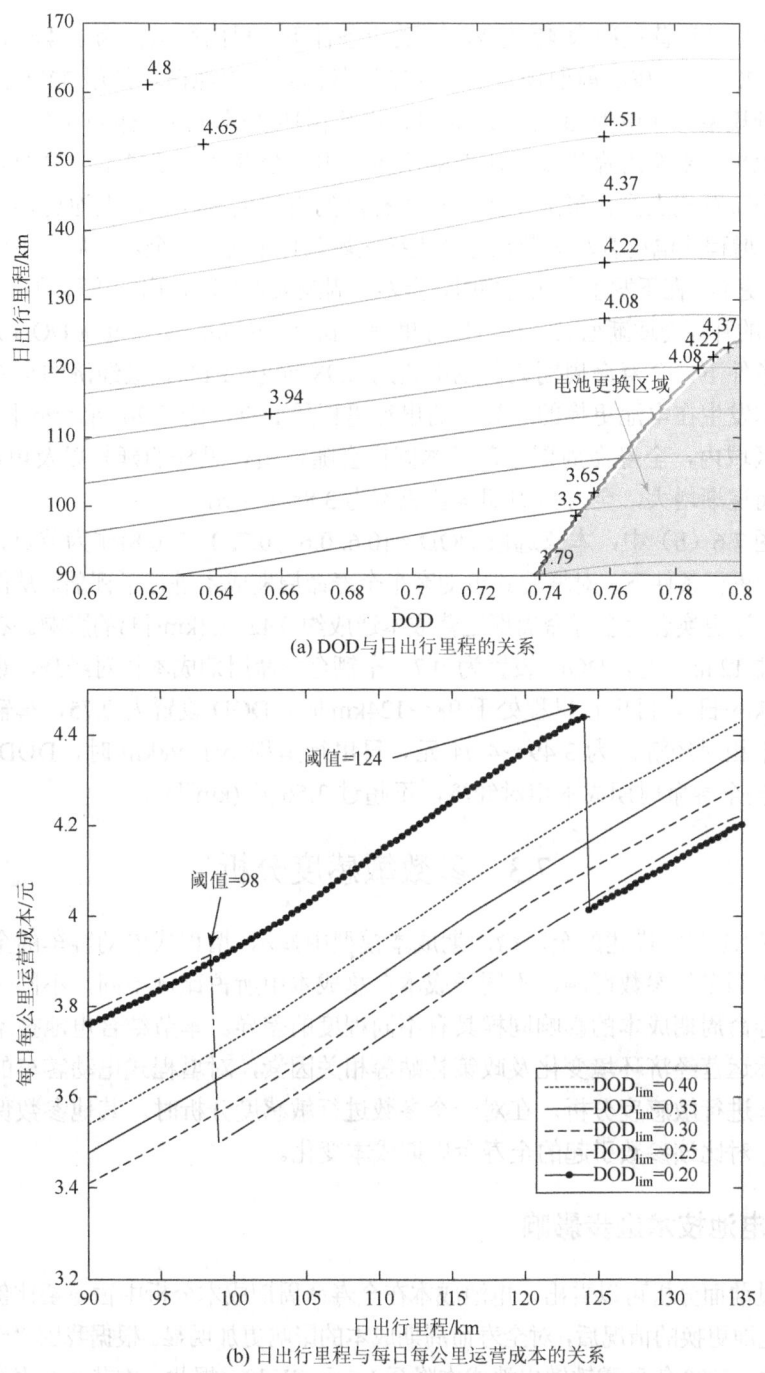

(a) DOD 与日出行里程的关系

(b) 日出行里程与每日每公里运营成本的关系

图 7.6 增程式电动客车全寿命周期成本分析

DOD_{lim} 为放电深度极限，下同

例如，在累计运营里程为 40 万 km 的约束条件下，日出行里程为 124km，出行时间仅为 3225 天。按照前面规定的公交车运营模式，电池循环使用 3225 次。根据电池衰减模型，在电池 DOD 为 0.8 时，电池循环使用寿命同样为 3225 次。

电池更换对全寿命周期成本影响明显，由于全寿命周期成本在电池更换临界条件下呈阶跃式上升，形成了图 7.6 中标注的电池更换区域。电池更换区域的意义在于，增程式电动客车运营在电池更换区域条件下时，其全寿命周期中必然存在 1 次电池更换。在不发生电池更换时，全寿命周期成本会随日出行里程的延长以及电池 DOD 的升高而逐渐增大。在日出行里程延长至 170km，动力电池 DOD 达 0.6 时的极限条件下，全寿命周期运营成本达到 4.98 元/(km·日)。最经济的全寿命周期运营成本发生在电池更换的边界上的出行里程最低点，为 3.24 元/(km·日)。在电池更换区域内，全寿命周期运营成本同样会随日出行里程的延长以及电池 DOD 的升高而逐渐增大，全寿命周期运营成本为 3.8～4.4 元。

在图 7.6（b）中，本章选取 DOD = [0.6, 0.65, 0.7, 0.75, 0.8]作为节点，在不同的日出行里程条件下，对增程式电动客车全寿命周期成本进行了评估。从图中可以看出，电池更换会对全寿命周期运营成本造成约 0.42 元/(km·日)的影响。在日出行里程超过 124km 时，DOD 设置为 0.7，车辆全寿命周期成本相对经济，最低达到 4.02 元/(km·日)。日出行里程处于 98～124km 时，DOD 设置为 0.75，车辆全寿命周期成本相对经济，为 3.49～4.04 元。日出行里程小于 98km 时，DOD 设置为 0.7，车辆全寿命周期成本相对经济，不超过 3.56 元/(km·日)。

7.3 参数敏感度分析

在 7.1.1 节中描述的全寿命周期成本模型中显示，增程式电动客车的全寿命周期成本受到多种参数影响，不同子成本在总成本中所占比例不同，不同子模块参数对全寿命周期成本的影响同样具有不同程度的差异。本节结合电池技术发展趋势、实际运营经济环境变化及政策补贴等相关因素，对增程式电动客车的全寿命周期成本进行敏感度分析。在对一个参数进行敏感度分析时，其他参数保持基准值不变，对比该参数引起的全寿命周期成本变化。

7.3.1 电池技术进步影响

通过前面分析可以看出，电池成本在全寿命周期成本分析中占重要比例，尤其在发生电池更换的情况后，对全寿命周期成本的影响更加明显。根据我国"十三五"规划文件，2020 年磷酸铁锂电池成本降至 1.5 元/(W·h)。据此，本节在全寿命周期成本模型中，电池成本设置为 2.0 元/(W·h)和 1.5 元/(W·h)，以分析在未来 5 年内，电池成本下降对增程式电动客车全寿命周期成本的影响，其结果如图 7.7 所示。

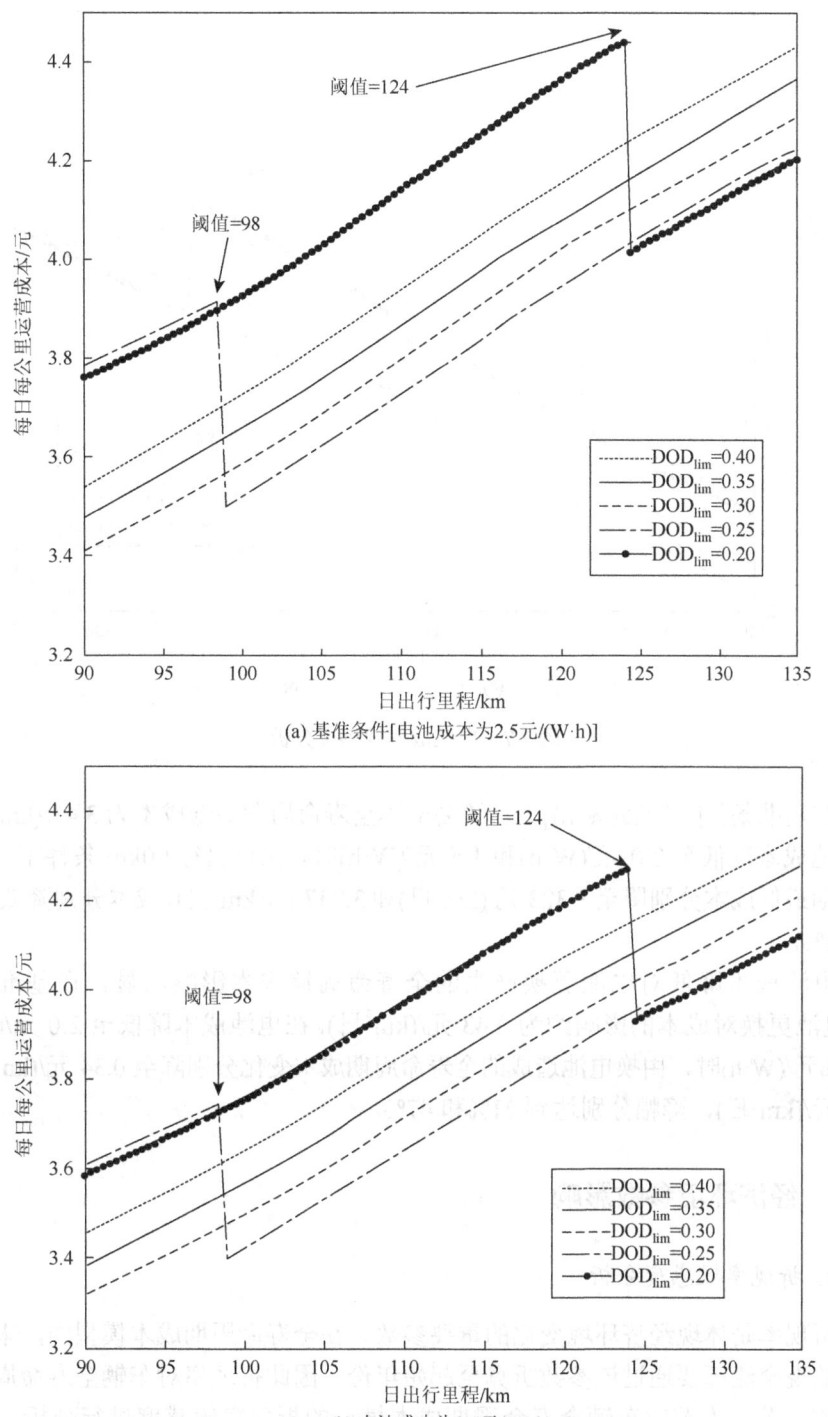

(a) 基准条件[电池成本为2.5元/(W·h)]

(b) 电池成本为2.0元/(W·h)

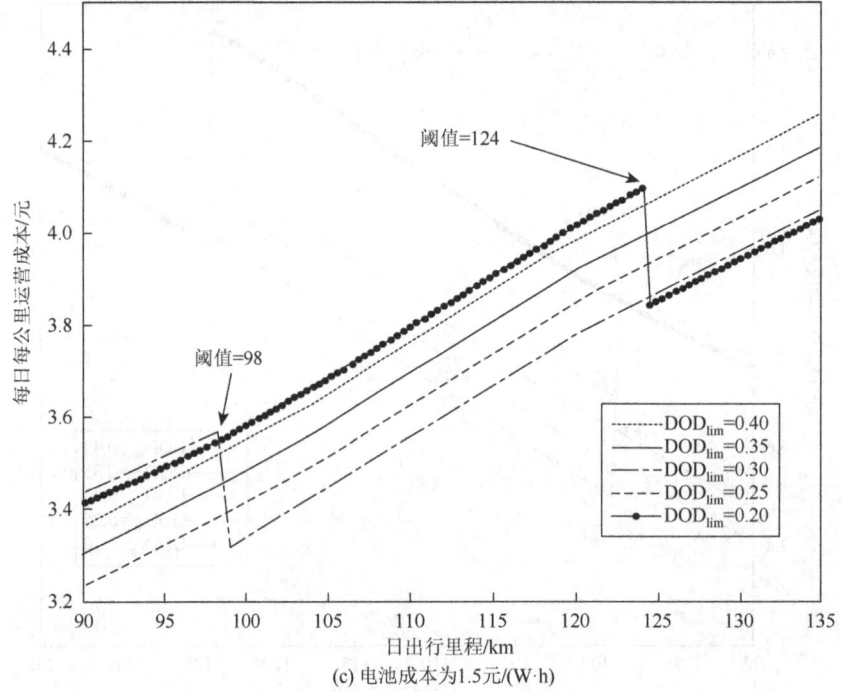

图 7.7 电池成本敏感度分析

在基准条件[2.5 元/(W·h)]下，该公交车全寿命周期最低成本为 3.41/(km·日)。随电池成本降低至 2.0 元/(W·h)和 1.5 元/(W·h)时，在日出行 90km 条件下，全寿命周期最低成本分别降至 3.323 元/(km·日)和 3.237 元/(km·日)，成本分别降低 2.6%和 5.1%。

电池成本降低对电池更换产生的全寿命周期成本影响明显，在基准条件下，电池更换对成本的影响约为 0.43 元/(km·日)。在电池成本降低至 2.0 元/(W·h)和 1.5 元/(W·h)时，由换电池造成的全寿命周期成本变化分别降至 0.34 元/(km·日)、0.23 元/(km·日)，降幅分别达到 21%和 47%。

7.3.2 经济环境参数影响

1. 折现率敏感度分析

折现率是体现经济环境变化的重要参数。在全寿命周期成本模型中，未来每一年的现金流都要通过该参数折算至起始年份，因此折现率对车辆全寿命周期成本影响显著。本节对车辆全寿命周期成本模型的折现率敏感度进行分析，其结果如图 7.8 所示。

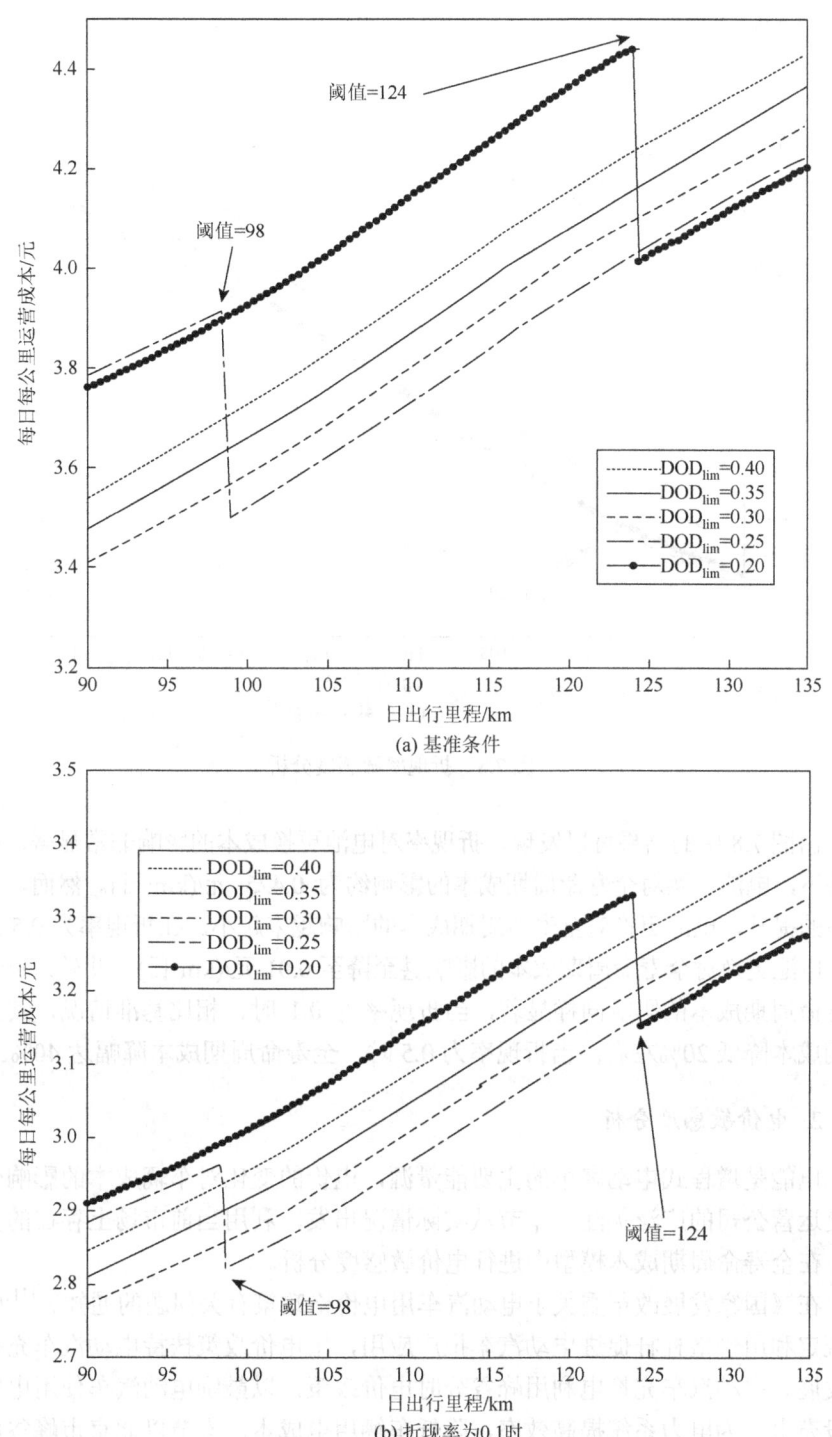

(a) 基准条件

(b) 折现率为0.1时

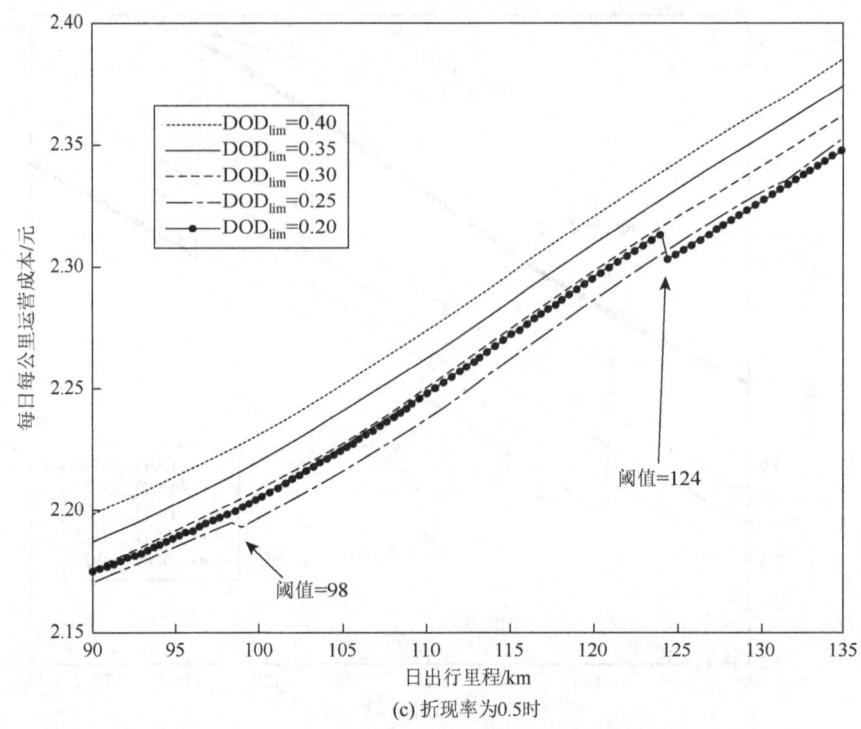

(c) 折现率为0.5时

图7.8 折现率敏感度分析

由图7.8中的结果可以发现,折现率对电池更换成本的影响非常显著,在基准条件下,电池更换对全寿命周期成本的影响约为 0.425 元/(km·日)。然而,随着折现率的提升,电池更换对全寿命周期成本的影响越来越小。在折现率为0.5的条件下,电池更换对全寿命周期成本的影响甚至降至0.01元/(km·日)。此外,折现率对全寿命周期成本的影响同样显著,当折现率为 0.1 时,相比基准情况,其全寿命周期成本降低20%左右;当折现率为0.5时,全寿命周期成本降幅达40%。

2. 电价敏感度分析

电能是增程式电动客车的主要能量源,电价的变化对车辆成本的影响受到了公交运营公司的广泛关注。本节从实际情况出发,利用当前市场上存在的多种电价,在全寿命周期成本模型中进行电价敏感度分析。

在《国家发展改革委关于电动汽车用电价格政策有关问题的通知》[11]中,明确规定利用价格杠杆促进电动汽车推广应用,用电价政策扶持电动汽车充换电设施发展。电动汽车充换电利用峰谷分时电价政策,以鼓励电动汽车使用电网低谷时段充电,为电力系统提高效率,降低车辆用电成本。本节以北京市峰谷电价为例进行全寿命周期成本的电价敏感度分析。根据《北京市发展和改革委员会关于降低本市燃煤发电上网电价等有关问题的通知》[12]，2015年北京市峰谷分时电价标准如表7.3所示。

表7.3 峰谷分时电价标准（2015年北京市）

名称	尖峰电价（7~9月）		峰段电价		平段电价			谷段电价
时间段	11:00~13:00	20:00~21:00	10:00~15:00	18:00~21:00	7:00~10:00	15:00~18:00	21:00~23:00	23:00~次日7:00
金额	1.5295[元/(kW·h)]		1.4002[元/(kW·h)]		0.8745[元/(kW·h)]			0.3748[元/(kW·h)]

据此，在全寿命周期成本模型中，本节得出的电价敏感度分析结果如图7.9所示。考虑客车多在夜间非运营时间充电，因此以谷段电价作为分析基准。从图7.9可以得出，在平段或者峰段时间充电时，分别导致全寿命周期成本上升7%或15%左右。而且，电价上升使不同DOD策略下的全寿命周期成本趋于接近，在峰段电价时，不同DOD策略下的全寿命周期成本仅相差2%左右。

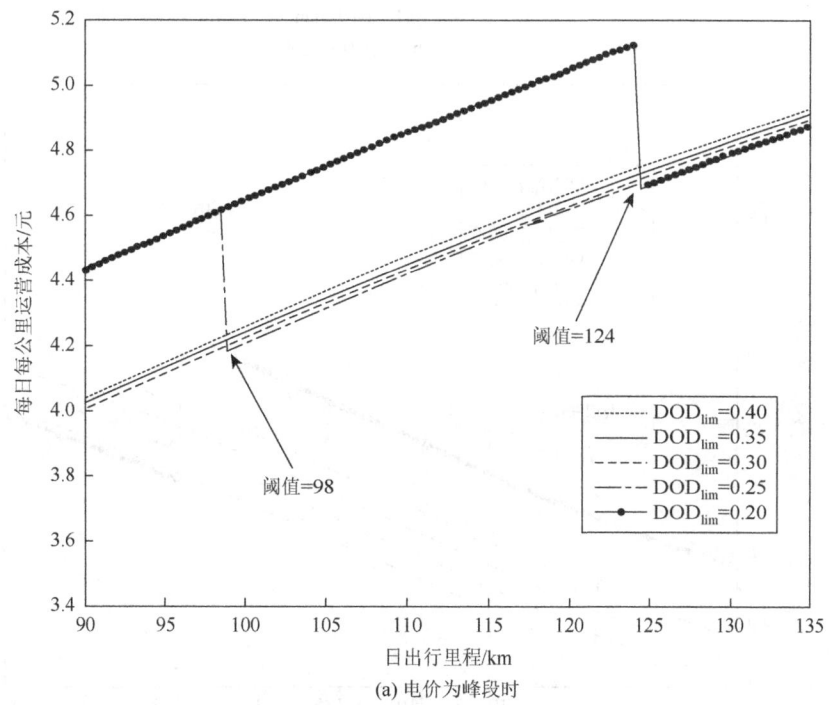

(a) 电价为峰段时

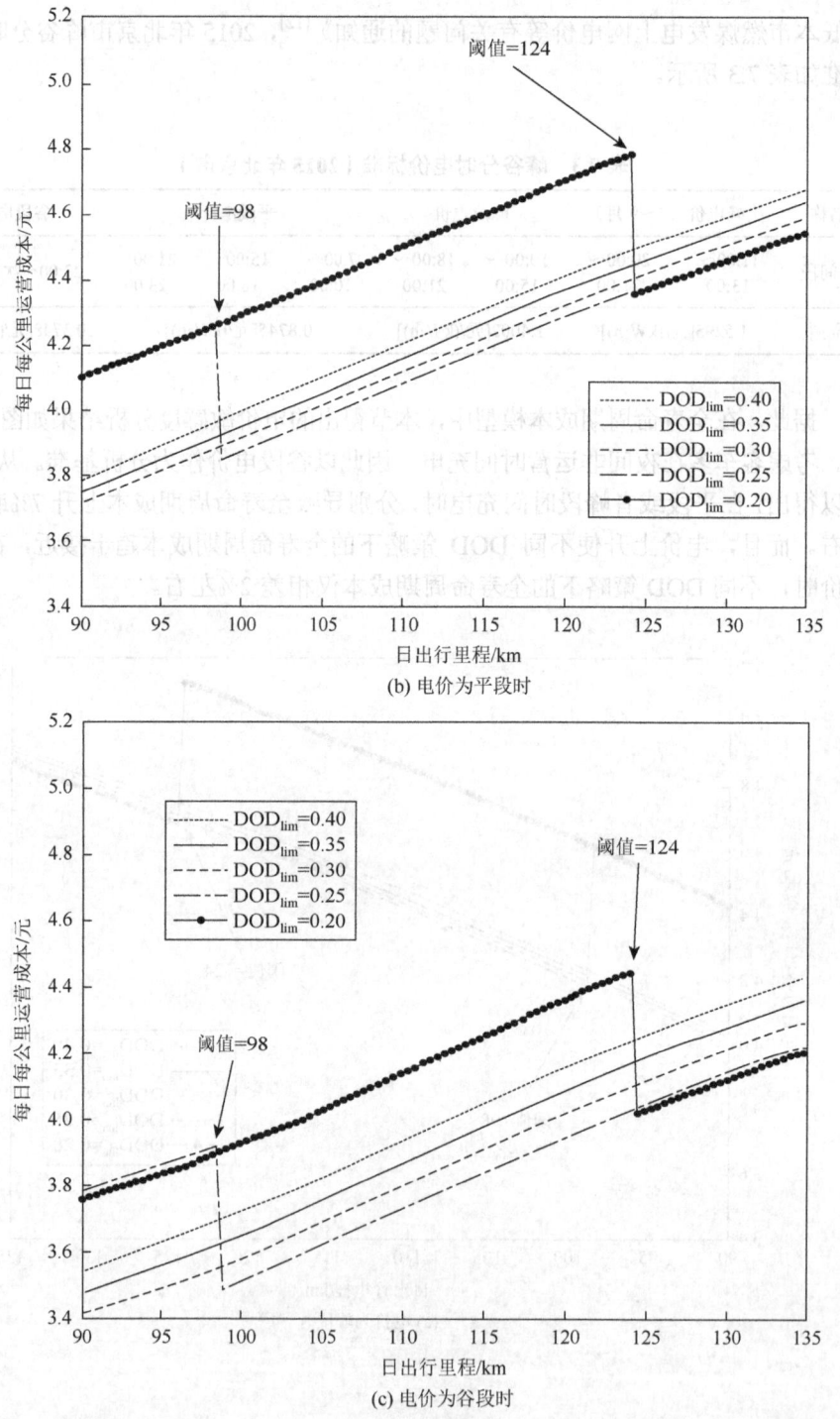

图 7.9 电价敏感度分析

7.3.3 补贴政策影响

为推动新能源汽车的发展,我国推行了各种各样的刺激政策,其中包含刺激力度很强的各项补贴。这些补贴在降低消费者的总拥有成本的同时,也调整了新能源汽车技术路线的发展方向,各项补贴对新能源汽车的影响成为相关企事业单位关注的焦点。本节在全寿命周期成本模型中分析运营成本补贴和购置补贴对增程式电动汽车的影响,分析结果如图 7.10 所示。

从图 7.10 可以看出,补贴对全寿命周期成本刺激明显,在运营成本补贴下,最低成本达到 2.2 元/(km·日),为无补贴条件下的 64%;在运营成本补贴 + 购置补贴条件下,最低成本达到 1.05 元/(km·日),为无补贴条件下的 31%。

根据《关于 2016—2020 年新能源汽车推广应用财政支持政策的通知》,为促进新能源汽车逐步适应市场需求、摆脱补贴依赖并成为完全市场化的产品,我国制定了补贴退坡方案。本节参考该方案,利用全寿命周期成本模型量化了补贴退坡对全寿命周期成本的影响,结果如图 7.11 所示。从图 7.11(a)可以得出,在 2016 年补贴条件下,最低全寿命周期成本为 1.21 元/(km·日);由图 7.11(b)可知,

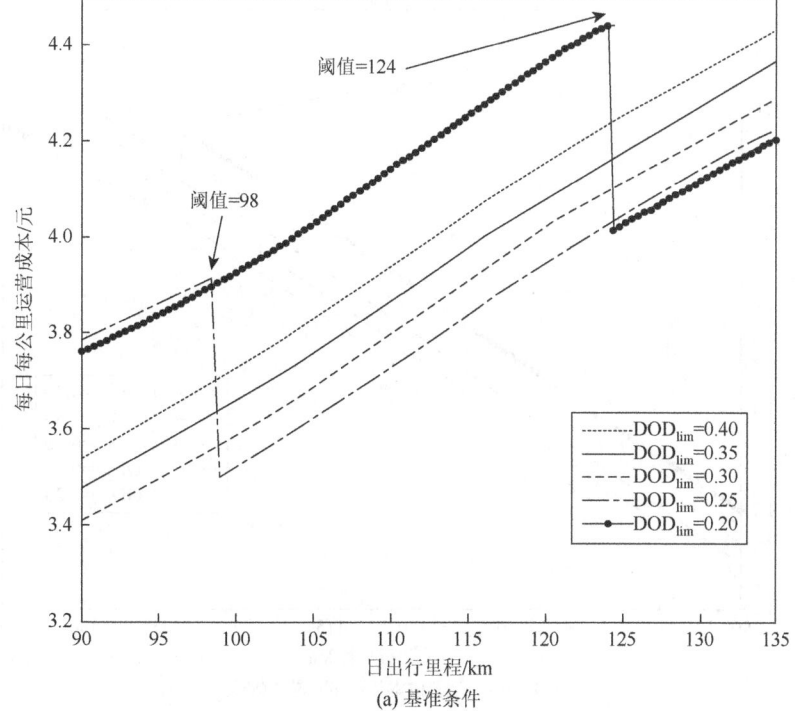

(a) 基准条件

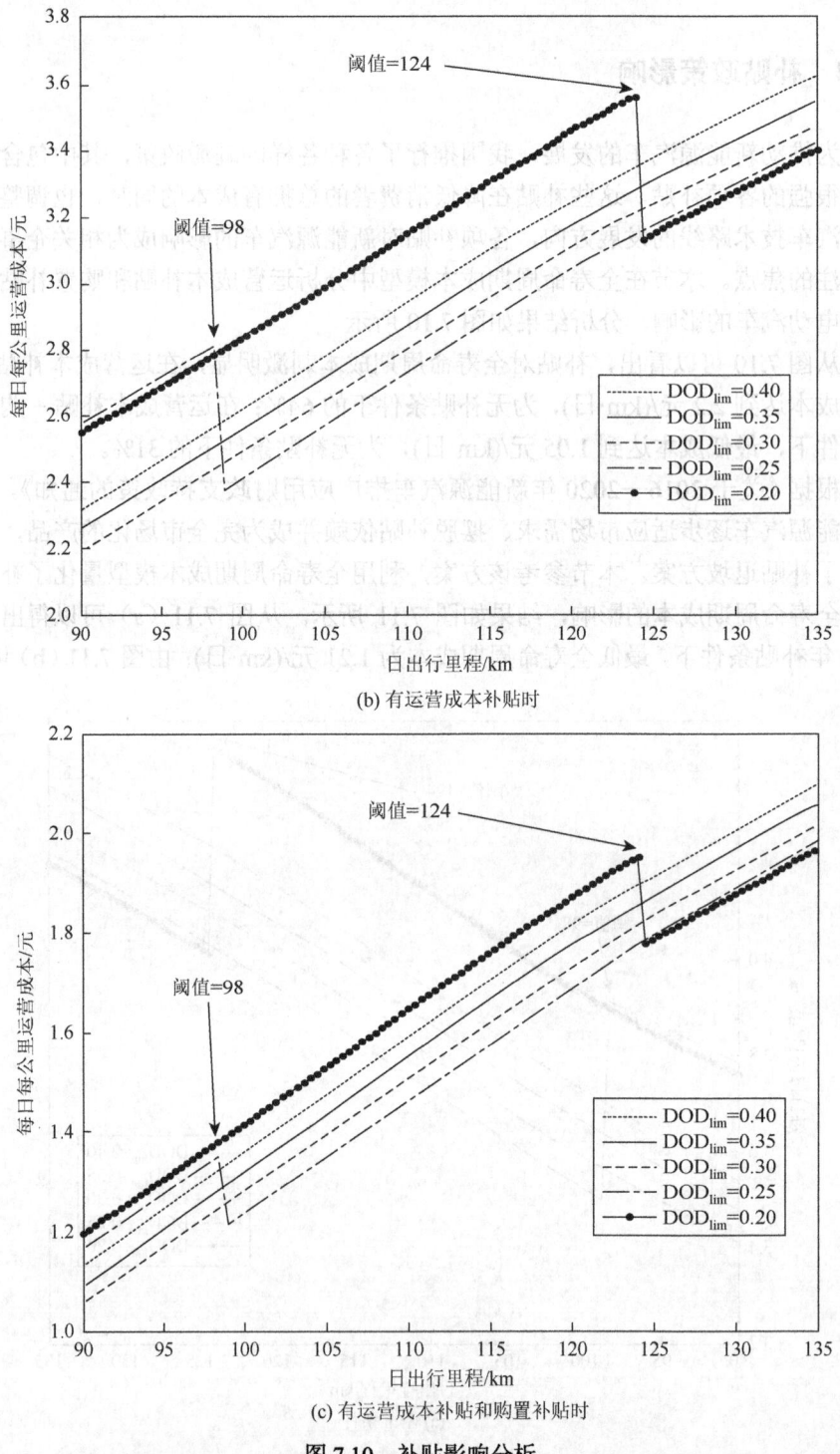

(b) 有运营成本补贴时

(c) 有运营成本补贴和购置补贴时

图 7.10 补贴影响分析

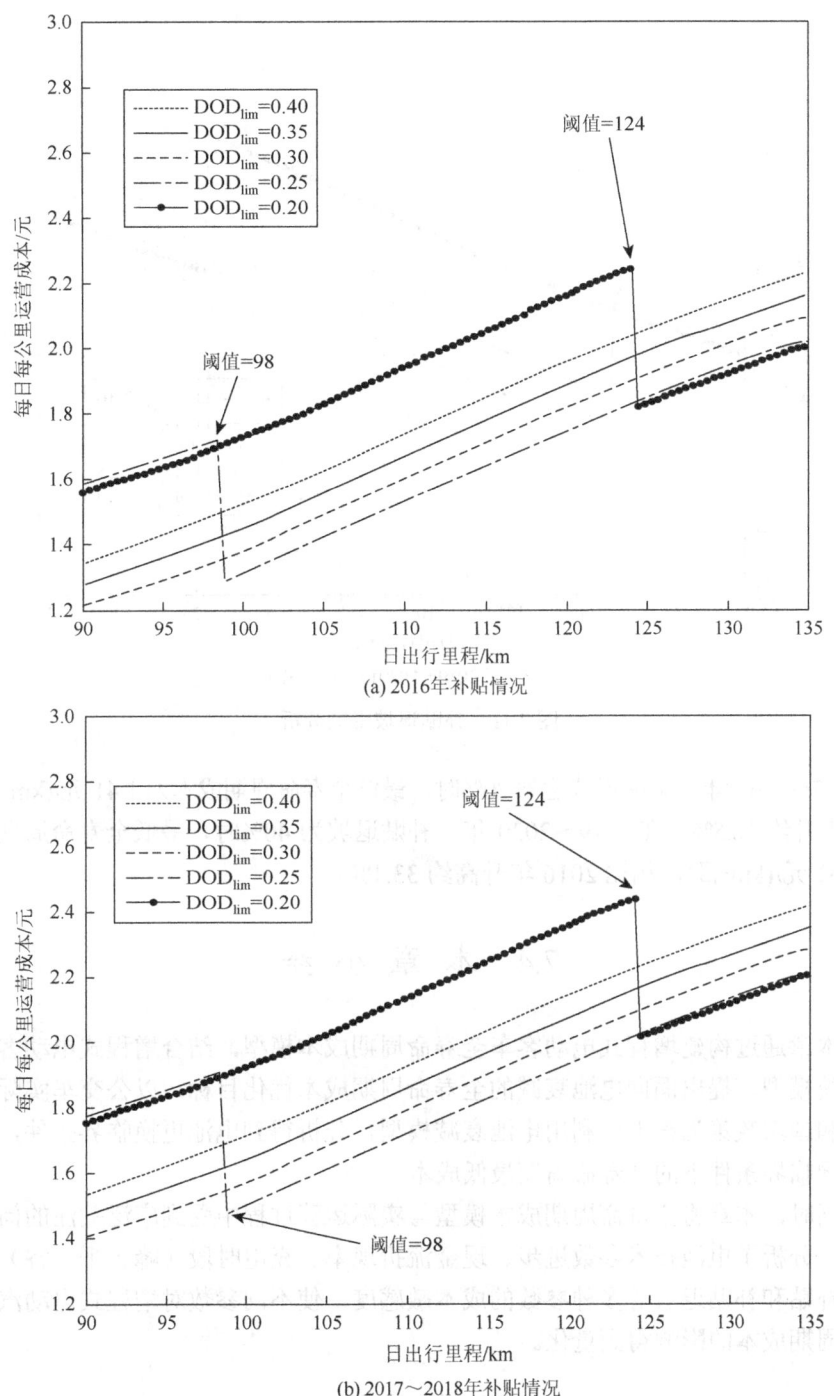

(a) 2016年补贴情况

(b) 2017~2018年补贴情况

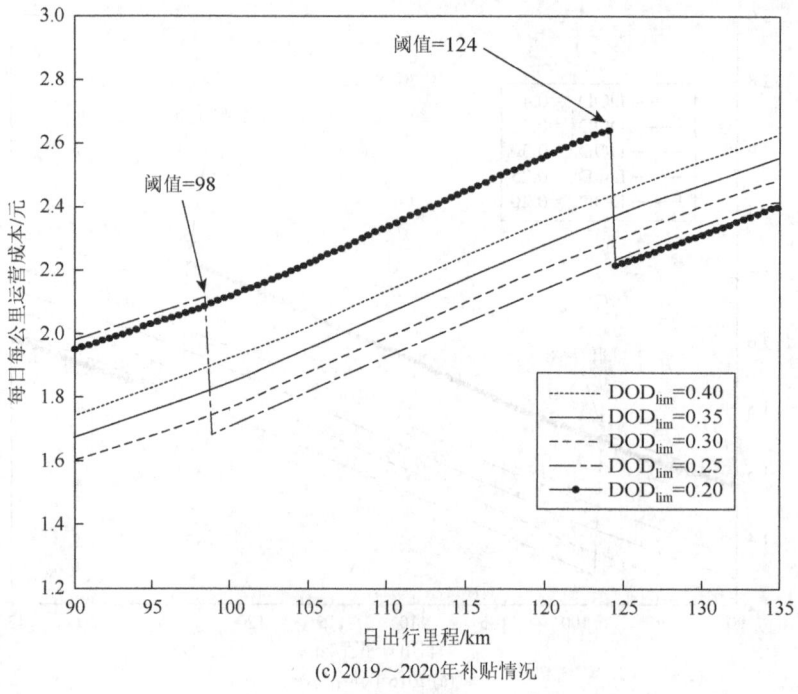

图 7.11 补贴退坡影响分析

在 2017～2018 年,补贴退坡达到 20%时,最低全寿命周期成本为 1.41 元/(km·日),成本上升约 16.5%;在 2019～2020 年,补贴退坡为 40%时,最低全寿命周期成本为 1.61 元/(km·日),相比 2016 年升高约 33.1%。

7.4 本章小结

本章通过构建增程式电动客车全寿命周期成本模型,结合增程式电动客车动力系统模型,提出面向电池衰减的全寿命周期成本优化目标,以公交车实际运营状况和国家政策为根据,利用电池衰减模型,分析得到电池更换临界条件,以及在不同临界条件下的全寿命周期最低成本。

同时,本章将全寿命周期成本模型与实际运营过程中受到广泛关注的问题相结合,分析了电池技术参数进步、现金流折现率、充电时段(峰、平、谷)的电价、补贴和补贴退坡等多种参数的成本敏感度,使不同参数对增程式电动汽车全寿命周期成本的影响得到量化。

参 考 文 献

[1] Wu X G, Chen H, Demenkov N P. Comparative study on energy consumption for plug-in hybrid electric vehicles

based on trip characteristics[J]. International Journal of Electric and Hybrid Vehicles, 2016, 8(1): 78-96.

[2] 中华人民共和国财政部, 中华人民共和国科技部. 关于开展节能与新能源汽车示范推广试点工作的通知[EB/OL].(2009-01-23)[2020-02-05]. http://www.gov.cn/zwgk/2009-02/05/content_1222338.htm.

[3] 中华人民共和国工业和信息化部. 关于2016—2020年新能源汽车推广应用财政支持政策的通知[EB/OL]. (2015-04-29)[2020-02-05]. http://www.miit.gov.cn/n1146285/n1146352/n3054355/n3057585/n3057589/c3617158/content.html.

[4] Al-Alawi B M, Bradley T H. Review of hybrid, plug-in hybrid, and electric vehicle market modeling studies[J]. Renewable and Sustainable Energy Reviews, 2013, 21: 190-203.

[5] Wu G, Inderbitzin A, Bening C. Total cost of ownership of electric vehicles compared to conventional vehicles: a probabilistic analysis and projection across market segments[J]. Energy Policy, 2015, 80: 196-214.

[6] Omar N, Monem M A, Firouz Y, et al. Lithium iron phosphate based battery-Assessment of the aging parameters and development of cycle life model[J]. Applied Energy, 2014, 113: 1575-1585.

[7] 中华人民共和国商务部, 中华人民共和国国家发展和改革委员会, 中华人民共和国公安部, 等. 机动车强制报废标准规定[EB/OL]. (2012-12-27)[2020-02-05]. http://www.mofcom.gov.cn/article/b/d/201301/20130100003957.shtml.

[8] Karabasoglu O, Michalek J. Influence of driving patterns on life cycle cost and emissions of hybrid and plug-in electric vehicle powertrains[J]. Energy Policy, 2013, 60: 445-461.

[9] Shiau C S N, Peterson S B, Michalek J J. Optimal plug-In hybrid vehicle design and allocation for minimum life cycle cost, petroleum consumption and greenhouse gas emissions[C]//Proceedings of the ASME Design Engineering Technical Conference and Computers and Information in Engineering Conference, Montreal, 2010: 183-195.

[10] 中华人民共和国财政部, 中华人民共和国工业和信息化部, 中华人民共和国交通运输部. 关于完善城市公交车成品油价格补助政策加快新能源汽车推广应用的通知[EB/OL].(2015-05-11)[2020-02-05]. http://www.miit.gov.cn/n1146295/n1652858/n1652930/n3757016/c3764397/content.html.

[11] 中华人民共和国国家发展和改革委员会. 关于电动汽车用电价格政策有关问题的通知[EB/OL]. (2014-07-22)[2020-02-05]. https://baike.baidu.com/reference/15145561/13e5bVtzmZD3XS5gxIJuJ2su-jimTR94SEdJgewjzthh-YDnTE3fAM3M9tlcZNRaD-3wTXh5fnDNtJKkhZhMITjITMV3I2aiOmGhn94j3akJg8gaihg.

[12] 北京市发展和改革委员会. 北京市发展和改革委员会关于降低本市燃煤发电上网电价等有关问题的通知[EB/OL]. (2015-04-19)[2020-02-05]. http://fgw.beijing.gov.cn/fgwzwgk/zcgk/bwqtwj/201912/t20191226_1506541.htm.

第 8 章 增程器输出功率控制方法

在增程式电动汽车系统中，增程器向动力总线输送电能量，而动力电池组既可以向动力总线输送电能量，也可以从动力总线吸收电能量。由于增程器在电动汽车上应用的特殊性，增程器低成本、高效率和低排放的要求是其未来的发展趋势[1]，而增程器本身的控制也是一直以来研究的难点问题。

目前，增程器的控制方法大都仍采用传统的 PID 控制，PID 控制具有算法简单、鲁棒性较好、可靠性高等优点。通过了解对象的响应特性，PID 控制已经成功应用于不依赖被控对象的精确模型的场合[2-4]。但是 PID 控制是一种反馈控制算法，当应用在增程器这类对动态特性要求较高的系统时，其存在稳定性与快速性相互矛盾的问题。一方面，增大比例系数能够提高响应速度、减小稳态误差，但是比例系数过大又会导致超调量过大，甚至引起系统输出振荡，从而使系统稳定性变差；另一方面，增大微分系数虽然可以抑制超调，但是却带来系统响应速度变慢的问题[5,6]。

前馈控制根据设定值或者外界干扰的变化，产生合适的控制作用去改变操纵变量，使受控变量维持在设定值上，具有不影响系统稳定性的特点。前馈控制量直接通过信号源和前馈模型计算得出，因此可直接反映信号源的变化，从而使调节速度加快[7-9]。

本章分别采用 PID 控制、前馈补偿与 PID 反馈控制相结合的控制算法，对增程器的输出功率进行调节。另外，通过仿真验证该构型方案及控制算法的合理性。同时针对原动机分别为柴油发动机和汽油发动机的增程器，在搭建动态测试平台的基础上进行发动机、发电机及总线电压变化的测试，并在此基础上对增程器的动态控制进行研究。

8.1 原动机为柴油发动机的增程器输出功率前馈补偿 + PID 反馈控制

8.1.1 增程器控制目标的确定

对于增程式电动客车的车载发电系统，增程器的输出功率目标指令是根据驾驶员油门踏板位置、电池 SOC 状态和增程器自身的工作状态并通过能量管理策略制定的。本节所设计的增程器控制系统的目标是在满足输出功率能够及时跟踪目标功率的同时,保持发动机转速波动在一定范围内,因此设计的控制器需要具备优异的鲁棒稳定性和动态跟踪性能。

8.1.2 增程器前馈补偿+PID反馈控制器的设计

为了改进增程器反馈控制器的性能,有必要在控制器的设计中对系统的耦合特性进行进一步考虑。而在反馈控制器基础上增加前馈补偿通道来对耦合特性进行补偿,是系统解耦控制器设计中的一种有效设计方法。

前馈补偿是直接根据造成被控参数偏差的原因进行控制的方法。对被控回路而言,前馈补偿可以更直接地实现对目标量的调节,从而提高系统的跟踪性能。

本节针对增程器的非线性特性,根据前馈补偿和PID反馈控制的特点,利用前馈补偿与PID反馈控制相结合的控制方法,对增程器输出功率进行控制[10],控制系统结构如图8.1所示。

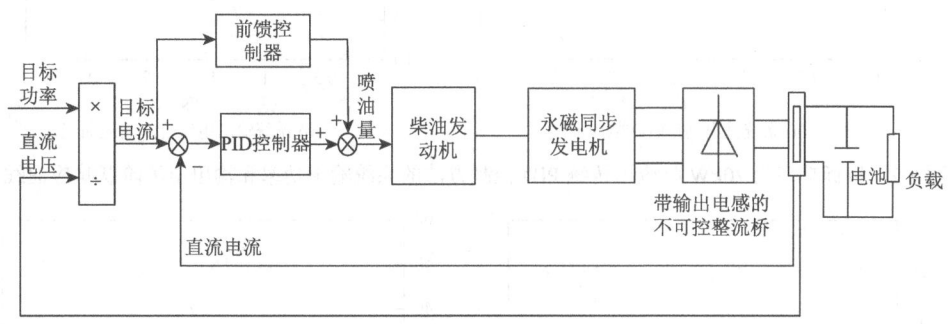

图8.1 增程器控制系统结构图

8.1.3 增程器控制器的仿真分析

为了验证所研究增程器的构型和控制方法的有效性,本节在建立增程器系统仿真模型的基础上,分别采用传统PID控制、前馈补偿+PID反馈控制两种方法进行仿真分析和控制效果的对比[11]。仿真模型中的发动机模型依据某公司生产的1.9L柴油发动机实验数据,永磁同步发电机模型采用某公司生产的额定功率为50kW的永磁同步发电机实验数据,电池依据匹配结果选择标称电压为363V的锰酸铁锂电池。关于增程器的匹配方法已在第4章进行说明,这里不再详细介绍。

两种控制方法均以柴油发动机的喷油量作为控制变量,通过目标功率与采集的直流端电压信号进行运算得到目标电流,进而设计控制器,实现电流的精确控制,从而实现增程器输出功率的精确控制。

图 8.2 分别为采用传统 PID 控制方法下且目标功率为 20kW 时的系统输出功率和输出电流的阶跃响应仿真结果，图 8.3 分别为采用前馈补偿 + PID 反馈控制方法下且目标功率为 20kW 时的系统输出功率和输出电流的阶跃响应仿真结果。由图 8.2 和图 8.3 的比较可以看出，传统 PID 控制方法下，输出功率超调量接近 20%，调整时间在 2.5s 左右。而采用前馈补偿 + PID 反馈的控制方法，输出功率超调量为 10%，调整时间在 1.8s 左右，与传统 PID 控制方法相比，其超调量减少了近 10%，调整时间减少了近 0.7s，因此具有较好的动态特性。

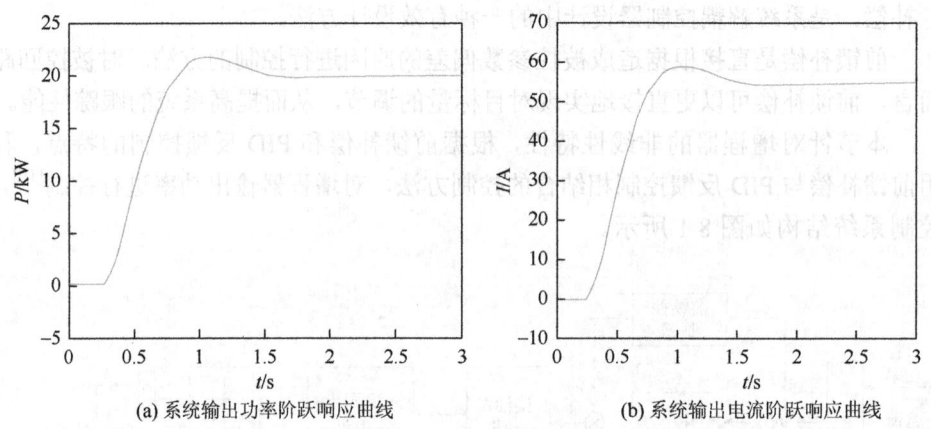

图 8.2 目标功率为 20kW 时应用传统 PID 控制方法的系统输出功率和输出电流阶跃响应曲线

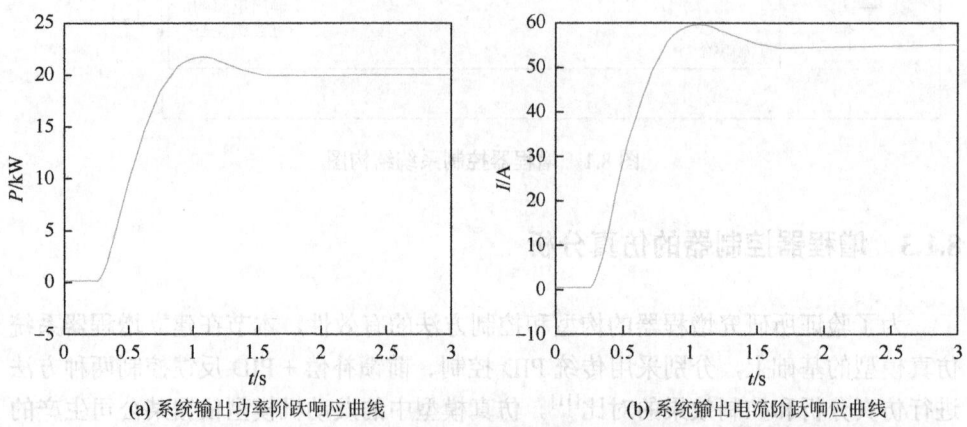

图 8.3 目标功率为 20kW 时应用前馈补偿 + PID 反馈控制方法的系统输出功率和输出电流阶跃响应曲线

图 8.4 和图 8.5 分别为传统 PID 控制方法与前馈补偿 + PID 反馈控制方法下柴油发动机转速变化的仿真结果。由图 8.4 和图 8.5 的比较可以看出，当输出功率一定时，采用前馈补偿 + PID 反馈控制方法，柴油发动机转速阶跃响应超调量与调整时间均优于传统 PID 控制，柴油发动机转速较为稳定。

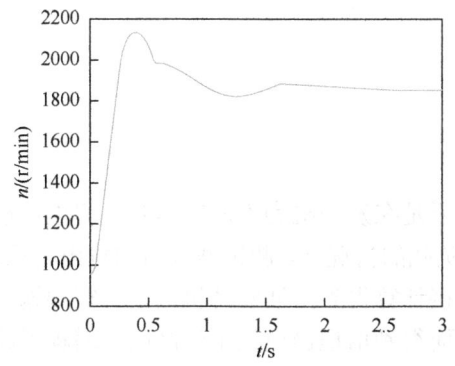 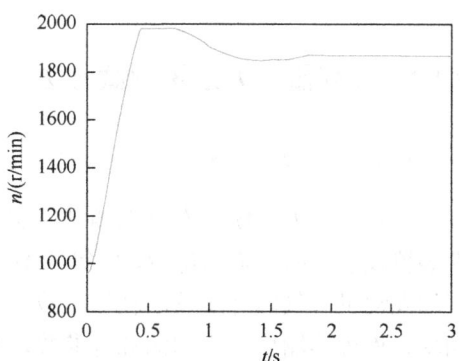

图 8.4 目标功率为 20kW 时应用传统 PID 控制方法的柴油发动机转速响应曲线

图 8.5 目标功率为 20kW 时应用前馈补偿 + PID 反馈控制方法的柴油发动机转速响应曲线

8.2 原动机为汽油发动机的增程器集成与台架测试

8.2.1 增程器动力系统测试平台及测试内容

采用汽油发动机作为原动机的增程器，其动力系统测试平台的设计如图 8.6 所示，主要由汽油发动机、永磁同步发电机、三相不可控整流器、电池模拟装置和负载装置等几部分组成。

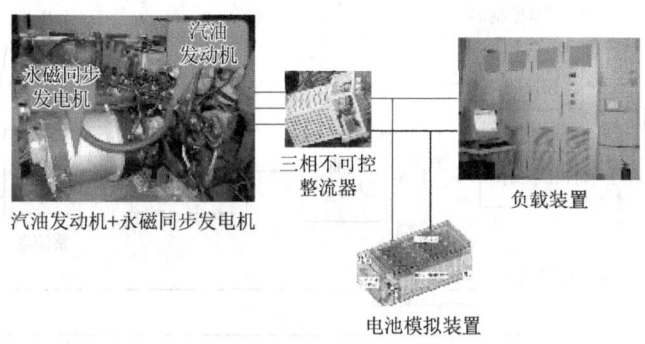

图 8.6 汽油发动机增程器动力系统测试平台

为了验证所匹配的增程器动力系统的合理性，在对增程器集成后，测试其稳态和动态特性，因此需要进行稳态油耗和工作点测试及动态阶跃响应实验。

增程器动力系统的稳态特性测试内容包括节气门开度、负载端电压、增程器输出功率和输出电流、增程器效率和增程器油耗，动态特性测试内容包括不同功率（电流）条件下的阶跃响应调整时间、超调量和稳态误差等。

8.2.2 增程器动力系统测试方法

1. 增程器动力系统稳态特性测试方法

增程器动力系统稳态特性测试方法主要是在发动机为不同转速时,将电池模拟装置设置为固定输入电流,即等效不同负载的情况下,测试增程器的输出电压、汽油发动机节气门开度及油耗等参数,间接计算得到汽油发动机输出转矩和输出功率、增程器输出功率和油耗等参数,从而得到增程器最优工作区间。增程器输出功率的计算方法为测试的输出电压乘以增程器输出电流,增程器输出功率与永磁同步发电机效率相除即得到汽油发动机的输出功率。由于已知汽油发动机转速,可以利用汽油发动机输出功率除以转速得到输出转矩。通过测控系统得到汽油发动机在每个工况点的节气门开度大小,作为动态控制中的前馈控制量。

2. 增程器动力系统动态特性测试方法

增程器动力系统动态特性实验是通过控制器的设计得到不同转速下的阶跃响应,从而分析其动态响应特性。本节中控制器主要采用前馈补偿 + PID 反馈控制的方法,以增程器输出电流作为目标控制量,以汽油发动机进气量作为控制变量,其控制方法示意图如图 8.7 所示。

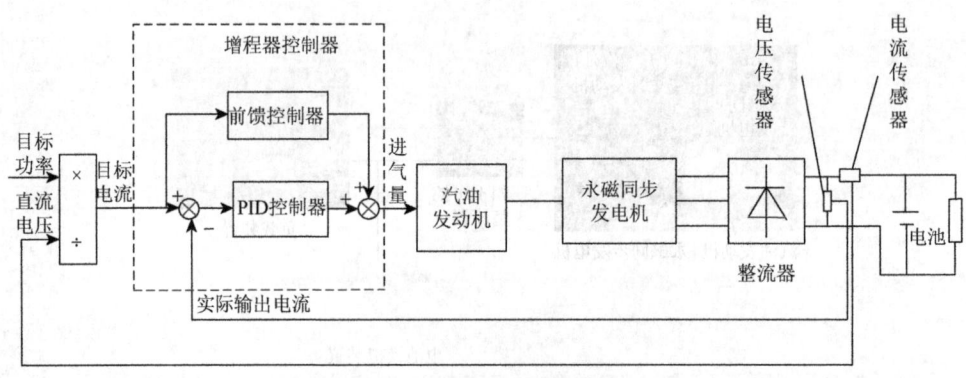

图 8.7 增程器控制方法示意图

增程器具有较强的非线性,实现动态前馈补偿设计比较困难,因此在前馈补偿器的设计中,采用静态前馈补偿的方式,以目标电流为输入量,可以通过寻找输出电流与汽油发动机进气量的映射关系来实现控制量的直接补偿。利用反馈控制消除电流稳态跟踪误差,利用前馈控制补偿动态过程中的非线性耦合并加快目标指令的跟踪速度,从而提高整个系统的控制性能。

第8章 增程器输出功率控制方法

在实际应用中，稳态实验下静态前馈控制器可以标定成映射关系图，并以此形式保存在增程器控制器中。图 8.8 为汽油发动机工作在目标转速区域内，实验标定得到的增程器输出电流与汽油发动机节气门开度的映射关系图，采用前馈控制，根据目标电流，通过查找映射关系图，即可得到汽油发动机进气量的前馈量。

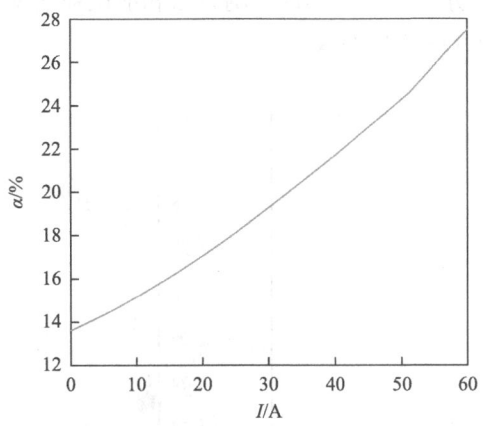

图 8.8　增程器输出电流与汽油发动机节气门开度映射关系

为了验证所研究增程器的构型和控制方法的有效性，本节在建立增程器台架的基础上，分别采用传统 PID 控制、前馈补偿 + PID 反馈控制两种方法进行实验分析和控制效果的对比[12]。两种控制方法均以汽油发动机的进气量作为控制变量，设计控制器实现电流的精确控制，从而实现增程器输出电流的精确控制。

图 8.9 为采用传统 PID 控制方法下，目标电流为 30A 的系统阶跃响应实验结果。图 8.10 为采用前馈补偿 + PID 反馈控制方法下，目标电流为 30A 的系统阶跃响应实验结果。

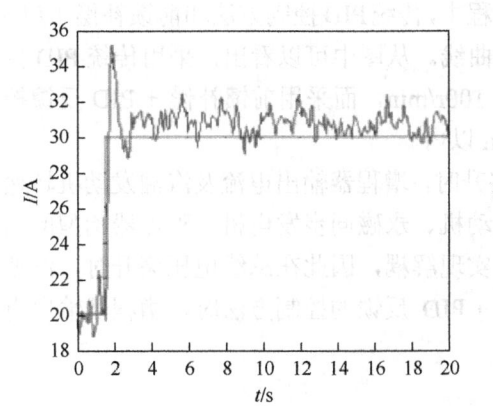

图 8.9　传统 PID 控制方法下的系统阶跃响应

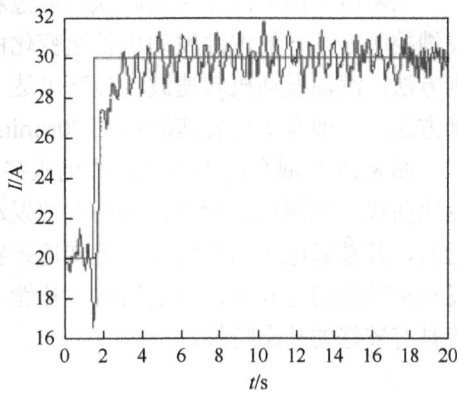

图 8.10　前馈补偿 + PID 反馈控制方法下的系统阶跃响应

由图 8.9 和图 8.10 的比较可以看出，传统 PID 控制方法下，输出电流具有较大的超调量，调整时间在 2.7s 左右。而采用前馈补偿 + PID 反馈的控制方法，输出电流超调量几乎为 0，调整时间在 2.5s 左右，与传统 PID 控制方法相比，该方法在减小超调量的同时缩短了调整时间，具有较好的动态特性。

图 8.11 和图 8.12 分别为传统 PID 控制方法和前馈补偿 + PID 反馈控制方法下的汽油发动机节气门开度变化曲线。

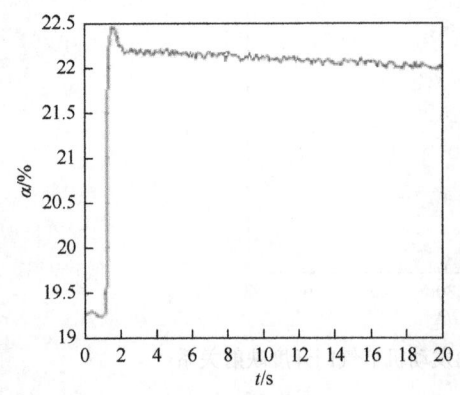

图 8.11 传统 PID 控制方法下的发动机节气门开度变化曲线   图 8.12 前馈补偿 + PID 反馈控制方法下的发动机节气门开度变化曲线

由图 8.11 和图 8.12 可以看出，传统 PID 控制方法下，节气门开度具有较大的超调量。而采用前馈补偿 + PID 反馈的控制方法，节气门开度超调量几乎为 0，与传统 PID 控制方法相比，该方法在减小超调量的同时，缩短了调整时间，具有较好的动态特性。

图 8.13 和图 8.14 分别为阶跃响应过程中，传统 PID 控制方法和前馈补偿 + PID 反馈控制方法下的汽油发动机转速变化曲线。从图中可以看出，采用传统 PID 控制方法，汽油发动机转速波动最高可达 100r/min，而采用前馈补偿 + PID 反馈控制方法，汽油发动机转速波动在 90r/min 以内。

图 8.15 为混合动力系统总线电压突升时，增程器输出电流及汽油发动机转速变化曲线。由图可以看出，采用汽油发动机、永磁同步发电机、整流器构型的增程器，其总线电压与汽油发动机转速未实现解耦，因此在总线电压突升时，汽油发动机转速随之升高，在采用前馈补偿 + PID 反馈的控制方法时，增程器输出电流具有较好的动态特性。

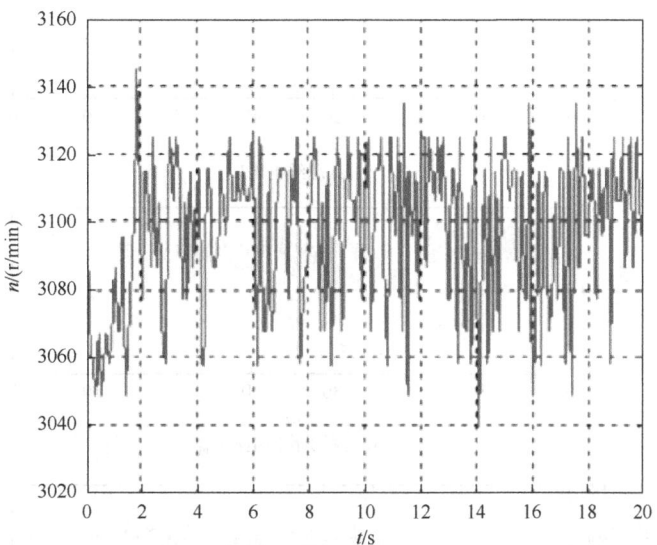

图 8.13 传统 PID 控制方法下的汽油发动机转速变化曲线

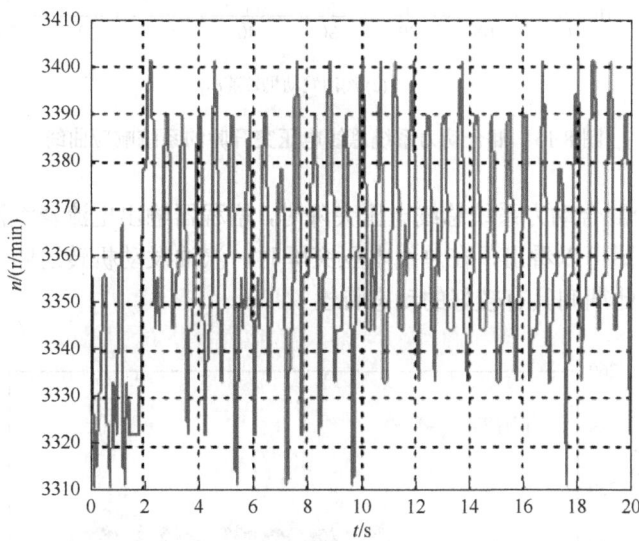

图 8.14 前馈补偿 + PID 反馈控制方法下的汽油发动机转速变化曲线

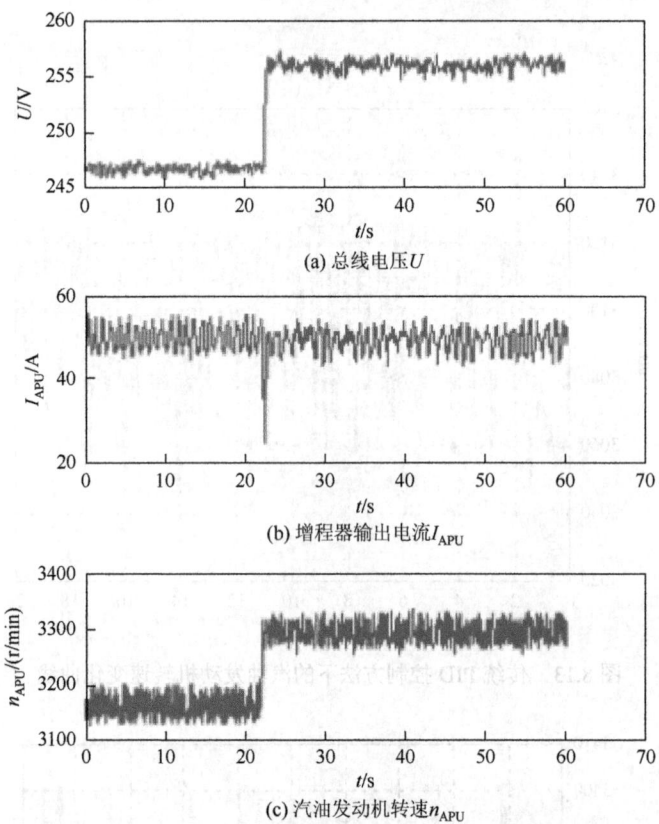

图 8.15 混合动力系统总线电压突升时的系统响应曲线

图 8.16 为混合动力系统总线电压突降时,增程器输出电流及汽油发动机转速变化曲线。由图可以看出,在总线电压突降时,汽油发动机转速随之降低,增程器输出电流在此期间具有较好的动态特性。

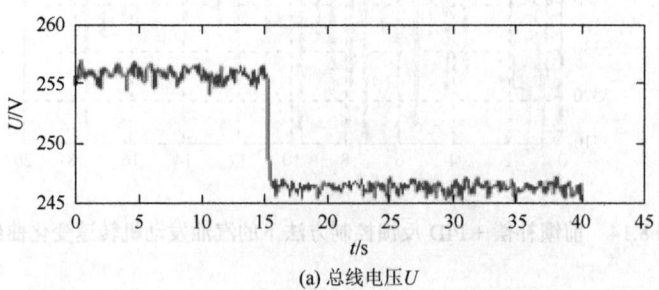

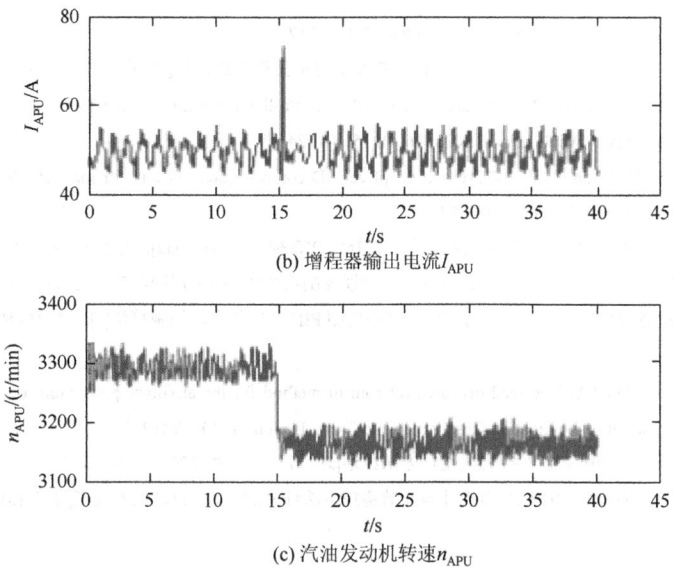

图 8.16 混合动力系统总线电压突降时的系统响应曲线

8.3 本章小结

增程式电动汽车的增程器能够有效增加电动汽车的行驶里程,是增程式电动汽车的核心部件,增程器主要由发动机、发电机和三相不可控整流器等组成。在工作时,增程器通过"机械能——→电能"的转换向动力系统总线输送能量,动力电池既可以向动力系统总线输送能量,也可以从增程器中吸收能量,还可以吸收回馈制动时出现在动力系统总线上的能量。因此,研究增程器动力系统的控制方法十分必要。

本章以不同原动机、永磁同步发电机和三相不可控整流器等组成的增程器为研究对象,分别采用传统 PID 控制方法和前馈补偿+PID 反馈控制方法对增程器的输出功率进行调节。

仿真和实验结果表明,采用前馈补偿+PID 反馈控制方法,可在满足增程器动力系统动态性能的同时,在一定程度上保证系统的鲁棒性。

参 考 文 献

[1] 王耀南, 孟步敏, 申永鹏, 等. 燃油增程式电动汽车动力系统关键技术综述[J]. 中国电机工程学报, 2014, 34(27): 4629-4639.

[2] Jafarov E M, Parlakci M N A, Istefanopulos Y. A new variable structure PID-controller design for robot manipulators[J]. IEEE Transactions on Control Systems Technology, 2005, 13(1): 122-130.

[3] Meza J L, Santibanez V, Soto R, et al. Fuzzy self-tuning PID semiglobal regulator for robot manipulators[J]. IEEE

Transactions on Industrial Electronics, 2012, 59(6): 2709-2717.

[4] 夏长亮, 刘丹, 王迎发, 等. 基于模糊规则的无刷直流电机免疫 PID 控制[J]. 电工技术学报, 2007, 22(9): 68-73.

[5] Kim K, Rao P, Burnworth J A. Self-tuning of the PID controller for a digital excitation control system[J]. IEEE Transactions on Industry Applications, 2010, 46(4): 1518-1524.

[6] Lin C M, Lin M H, Chen C W. SoPC-based adaptive PID control system design for magnetic levitation system[J]. IEEE Systems Journal, 2011, 5(2): 278-287.

[7] 李云伍, 乌建中, 刘彦伯. 内燃发电机组频率前馈补偿 PID 神经网络控制[J]. 内燃机学报, 2007, 25(4): 379-383.

[8] 段其昌, 段盼, 董平, 等. 汽油发电机转速前馈-反馈控制系统[J]. 控制理论与应用, 2011, 28(4): 525-530.

[9] 吕威, 郭孔辉, 张建伟. 电动助力转向综合前馈和模糊 PID 反馈的电流控制算法[J]. 农业机械学报, 2010, 41(8): 10-15.

[10] Wu X G, Han J, Du J Y. The feedforward PID control method for the auxiliary power unit of the HEV[C]//2014 IEEE Transportation Electrification Conference and Expo, Beijing, 2014: 6941233.

[11] 王伟, 张晶涛, 柴天佑. PID 参数先进整定方法综述[J]. 自动化学报, 2000(3): 347-355.

[12] 杨智, 朱海锋, 黄以华. PID 控制器设计与参数整定方法综述[J]. 化工自动化及仪表, 2005(5): 1-7.